Unterrichtsmodell

Rhetorik

erarbeitet von Jürgen Möller

herausgegeben von Johannes Diekhans

EINFACH DEUTSCH

Schöningh

? Arbeitsfrage

Einzelarbeit

Partnerarbeit

Gruppenarbeit

Unterrichts-
gespräch

abc Schreibauftrag

Szenisches Spiel

Mal- und
Zeichenauftrag

Bastelauftrag

P Projektorientierung,
offenes
Unterrichtsangebot

Vorwort

Der vorliegende Band ist Teil einer Reihe, die Lehrerinnen und Lehrern erprobte und an den Bedürfnissen der Schulpraxis orientierte Unterrichtsmodelle zu ausgewählten Ganzschriften und weiteren relevanten Themen des Faches Deutsch bietet.

Im Mittelpunkt dieses Modells stehen Bausteine, die jeweils thematische Schwerpunkte mit entsprechenden Untergliederungen beinhalten.

In übersichtlich gestalteter Form erhält der Benutzer/die Benutzerin zunächst einen Überblick zu den im Modell ausführlich behandelten Bausteinen.

Es folgen:

- Vorüberlegungen zum Einsatz des Buches im Unterricht
- Hinweise zur Konzeption des Modells
- Ausführliche Darstellung der einzelnen Bausteine
- Zusatzmaterialien

Ein besonderes Merkmal der Unterrichtsmodelle ist die Praxisorientierung. Enthalten sind kopierfähige Arbeitsblätter, Vorschläge für Klassen- und Kursarbeiten, Tafelbilder, konkrete Arbeitsaufträge, Projektvorschläge. Handlungsorientierte Methoden sind in gleicher Weise berücksichtigt wie eher traditionelle Verfahren der Texterschließung und -bearbeitung.

Das Bausteinprinzip ermöglicht es dabei den Benutzern, Unterrichtsreihen in unterschiedlicher Weise und mit unterschiedlichen thematischen Akzentuierungen zu konzipieren: Auf diese Weise erleichtern die Modelle die Unterrichtsvorbereitung und tragen zu einer Entlastung der Benutzer bei.

© 2005 Bildungshaus Schulbuchverlage
Westermann Schroedel Diesterweg Schöningh Winklers GmbH
Braunschweig, Paderborn, Darmstadt

www.schoeningh.de
Schöningh Verlag, Jühenplatz 1–3, 33098 Paderborn

Das Werk und seine Teile sind urheberrechtlich geschützt.
Jede Nutzung in anderen als den gesetzlich zugelassenen Fällen bedarf der vorherigen schriftlichen Einwilligung des Verlages.
Hinweis zu § 52a UrhG: Weder das Werk noch seine Teile dürfen ohne eine solche Einwilligung gescannt und in ein Netzwerk gestellt werden.
Das gilt auch für Intranets von Schulen und sonstigen Bildungseinrichtungen.

Auf verschiedenen Seiten dieses Buches befinden sich Verweise (Links) auf Internet-Adressen. Haftungshinweis: Trotz sorgfältiger inhaltlicher Kontrolle wird die Haftung für die Inhalte der externen Seiten ausgeschlossen. Für den Inhalt dieser externen Seiten sind ausschließlich deren Betreiber verantwortlich. Sollten Sie dabei auf kostenpflichtige, illegale oder anstößige Inhalte treffen, so bedauern wir dies ausdrücklich und bitten Sie, uns umgehend per E-Mail davon in Kenntnis zu setzen, damit beim Nachdruck der Verweis gelöscht wird.

Druck A 5 4 3 2 / Jahr 2009 08 07 06
Alle Drucke der Serie A sind im Unterricht parallel verwendbar.
Die letzte Zahl bezeichnet das Jahr dieses Druckes.

Umschlaggestaltung: Peter Wypior
Umschlagmotiv: Honoré Daumier: Camille Desmoulins vor dem Palais-Royal, 1848/1849. © artothek
Druck und Bindung: AZ Druck und Datentechnik GmbH/Kempten (Allgäu)

ISBN 13: 978-3-14-022411-6
ISBN 10: 3-14-022411-7

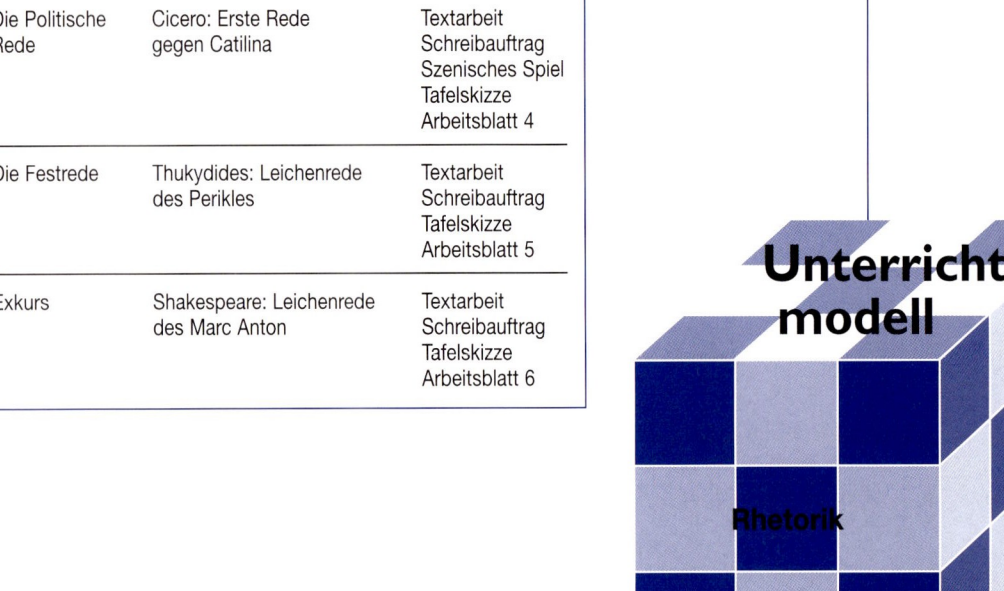

Bau-stein 1

Antike Rhetorik
S. 11–35
im Modell

1.1	Einführung	
1.2	Theoretische Grundlagen	Textarbeit Tafelskizze Arbeitsblatt 1
1.3	Gerichtsreden	Platon: Apologie des Sokrates Cicero: Rede gegen Caecilius
		Textarbeit Schreibauftrag Tafelskizze Arbeitsblatt 2 Arbeitsblatt 3
1.4	Die Politische Rede	Cicero: Erste Rede gegen Catilina
		Textarbeit Schreibauftrag Szenisches Spiel Tafelskizze Arbeitsblatt 4
1.5	Die Festrede	Thukydides: Leichenrede des Perikles
		Textarbeit Schreibauftrag Tafelskizze Arbeitsblatt 5
1.6	Exkurs	Shakespeare: Leichenrede des Marc Anton
		Textarbeit Schreibauftrag Tafelskizze Arbeitsblatt 6

Unterrichts-modell

Rhetorik

Bau-stein 3

Reden der Nachkriegs-zeit
S. 63–90
im Modell

3.1	Einführung	
3.2	Die Reden im Unterricht	Fernsehansprache Adenauers zum Staatsbesuch de Gaulles 1962 John F. Kennedy: Rede vor dem Rathaus in Berlin (26.6.1962) Heinemann/Kiesinger: Ansprachen zum Attentat auf R. Dutschke (13./14.4.1968) Walter Jens: Rundfunkansprache (11.3.1979) Roman Herzog: Berliner Rede (26.4.1997)
		Textarbeit Schreibauftrag Tafelskizzen Projekt Arbeitsblätter 13–17

Bau-stein 4

Abiturreden
S. 91–107
im Modell

4.1	Einführung	
4.2	Der Aufbau einer Abiturrede	Rede zur Abiturentlassung einer Elternvertreterin
		Textarbeit Schreibauftrag Tafelskizze Arbeitsblatt 18
4.3	Zwei historische Abiturreden	Dank an den Staat (um 1965) Vorschläge und Kritik (1968)
		Textarbeit Schreibauftrag Tafelskizzen Arbeitsblätter 19–20
4.4	Einführung in die Produktion einer Abiturrede	Beispiel für eine neuere Abiturrede eines Schülers
		Textarbeit Schreibauftrag Tafelskizze Arbeitsblatt 21
4.5	Produktion einer eigenen Abiturrede	Kurt Tucholsky: Ratschläge für einen schlechten Redner
		Textarbeit Schreibauftrag Tafelskizze Projekt Arbeitsblatt 22

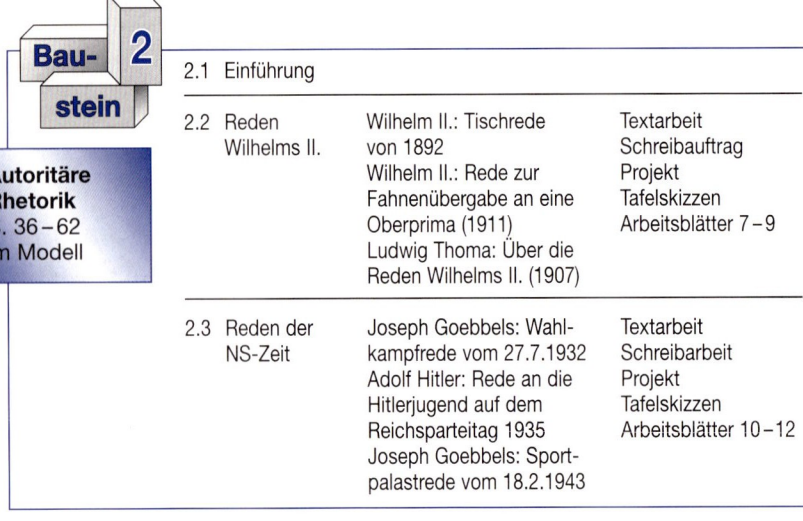

Bau-stein 2

Autoritäre Rhetorik
S. 36–62
im Modell

2.1	Einführung	
2.2	Reden Wilhelms II.	Wilhelm II.: Tischrede von 1892 Wilhelm II.: Rede zur Fahnenübergabe an eine Oberprima (1911) Ludwig Thoma: Über die Reden Wilhelms II. (1907)
		Textarbeit Schreibauftrag Projekt Tafelskizzen Arbeitsblätter 7–9
2.3	Reden der NS-Zeit	Joseph Goebbels: Wahlkampfrede vom 27.7.1932 Adolf Hitler: Rede an die Hitlerjugend auf dem Reichsparteitag 1935 Joseph Goebbels: Sportpalastrede vom 18.2.1943
		Textarbeit Schreibarbeit Projekt Tafelskizzen Arbeitsblätter 10–12

Inhaltsverzeichnis

Sokrates: Also belehrt auch der Redner nicht in den Gerichts- und anderen Versammlungen über Recht und Unrecht, sondern er macht nur glauben. Auch könnte er wohl nicht so viele Menschen in so kurzer Zeit über so wichtige Dinge belehren.

Gorgias: Gewiss nicht.

[...]

Sokrates: Eben weil ich hierüber staune, Gorgias, frage ich so lange schon, was doch das eigentliche Wesen der Redekunst ist. Denn ganz dämonisch groß dünkt sie mich, wenn ich es mir so überlege.

Gorgias: Wenn du erst alles wüsstest, Sokrates, dass sie mit einem Wort alle anderen Kräfte zusammengenommen unter sich begreift! Einen Beweis will ich dir hiervon geben. Nämlich gar oft bin ich mit meinem Bruder oder anderen Ärzten zu einem Kranken gekommen, der entweder keine Arznei nehmen oder sich von dem Arzte nicht wollte schneiden oder brennen lassen, und da dieser ihn nicht überreden konnte, habe ich ihn doch überredet durch keine andere Kunst als die Redekunst. Ja, ich behaupte auch, es möge in eine Stadt, wohin du willst, ein Redekünstler und ein Arzt kommen, und wenn sie vor der Gemeinde oder sonst einer Versammlung redend durchfechten müssten, welcher gewählt werden sollte, so würde nirgends an den Arzt gedacht werden, sondern der, welcher zu reden versteht, würde gewählt werden, wenn er es wollte.

Aus: Platon: Gorgias. 455f. Übersetzt von Friedrich Schleiermacher. In: Platon: Sämtliche Werke Band 1. S. 209f.

Sokrates
(470–399 v. Chr.)

EIN UNGEPRÜFTES LEBEN ABER IST **NICHT** LEBENSWERT.

Sokrates (470 – 399 v. Chr.)

Vorüberlegungen zum Einsatz der Materialien im Unterricht

„Rhetorik, aus dem Griechischen stammender Begriff für die Kunst der Rede in praktischem wie theoretischem Sinn, d. h. für die Fähigke t des wirkungsvollen Redens und die dazugehörige Theorie bzw. Kunstlehre. Dabei bezog sich der Begriff R. schon in der Antike nicht nur auf die mündliche Beredsamkeit, sondern auch auf die verschiedenen Arten der Kunstprosa, die denselben Regeln unterworfen waren. Die R. als Kunstlehre bot ein differenziertes Modell zur Herstellung – und damit auch zur Analyse – von Texten, das bis ins 18. Jh. hinein Verbindlichkeit beanspruchen konnte. Zugleich verstand sich die rhetorische Erziehung als Charakterbildung; Ziel dieser Bildung war, so Quintilian, der „vir bonus dicendi peritus", der die Kunst des Redens beherrschende Ehrenmann."[1]

Bereits diese Kurzdefinition mag hinreichen, um den Umfang des Themas und zugleich die Unmöglichkeit zu verdeutlichen, alle diese Bereiche erschöpfend abzudecken. Es dürfte daher klar werden, dass eine Beschränkung des Themas gleich in mehrfacher Hinsicht notwendig ist. Zugleich verdeutlicht der Lexikoneintrag aber auch die große Bedeutung, die dieses Thema aus kulturhistorischer und praktischer Sicht bis heute hat. Daher ist es auch nicht weiter verwunderlich, dass das Thema Rhetorik seit jeher einen großen Stellenwert im Deutschunterricht hat. Wie auch die meisten Oberstufenlehrwerke zeigen, wird das Thema im Unterricht meist auf zwei Arten angegangen. Im Zentrum steht zum einen die Analyse und Interpretation rhetorischer Texte. Ziel hierbei ist implizit, „dass die Schüler dadurch lernen, Manipulation durch Sprache zu durchschauen und sich mittels erlernter Analyse- und Reflexionstechniken davor zu schützen".[2]

Zum anderen wird aber auch ein Schwerpunkt auf die Ausbildung praktischer rhetorischer Fähigkeiten gelegt, was durch den Verweis auf entsprechende Anlässe wie Referate an Schulen und Universitäten, die mündliche Abiturprüfung sowie eventuell sich anschließende Bewerbungsgespräche leicht zu rechtfertigen ist, da diese alle auf die eine oder andere Weise rhetorische Fähigkeiten erfordern. Das vorliegende Unterrichtsmodell beschäftigt sich vor allem mit der Analyse und Interpretation, wobei jedoch in einigen Bausteinen, vor allem im Baustein 4 (Abiturreden), die Möglichkeit besteht, auch die Produktion rednerischer Beiträge einzuüben. Hierbei soll neben dem Hauptziel, der Einführung in rhetorische Analysekriterien und Methoden des Umgangs mit rhetorischen Texten, auch der Versuch unternommen werden, den Schülern einen Einblick in die Geschichte der Rhetorik zu geben, wobei notwendigerweise einige Bereiche, wie etwa die mittelalterliche Rhetorik, ausgeklammert werden mussten.

Bei der Textauswahl stand das Bemühen im Vordergrund, möglichst exemplarische Texte zu finden, an denen sich die typischen Strategien der Manipulation, der Auf- bzw.- Abwertung sowie der Beschwichtigung nachweisen lassen. Dies führte naturgemäß dazu, dass vor allem bekannte Reden ins Blickfeld rückten, die teilweise seit langem im Deutschunterricht behandelt werden. Dies hat aber den Vorteil, dass zumindest die eine oder andere Rede wahrscheinlich in einem der gängigen Lehrwerke für die Oberstufe zu finden ist, sodass die ansonten für eine solche Einheit drohende Kopierflut zumindest eingedämmt werden kann. Zudem stellt die Kenntnis zentraler Reden der Geschichte bzw. Literatur wie etwa der Leichenrede des Marc Anton aus Shakespeares „Julius Caesar" oder der Sportpalastrede von Joseph Goebbels auch einen Bildungswert an sich dar, sodass ihre Aufnahme auch unter diesem Gesichtspunkt ihre Rechtfertigung findet.

Die Beschäftigung mit politischen Reden, vor allem der jüngeren Vergangenheit, kann aber neben der Vermittlung von Basiswissen bezüglich Textanalyse und Überredungsstrategien auch einen Beitrag leisten, sich über die eigene Standortgebundenheit klar zu werden und einen Eindruck davon zu gewinnen, dass scheinbar eindeutige Begriffe wie „Freiheit", oder „Demokratie" eben nicht eindeutig sind, sondern in unterschiedlichen Zusammenhängen

---

[1] Meid, Volker: Sachwörterbuch zur Literatur. Stuttgart 1999.
[2] Bachem, Volker: Politische Rede im Deutschunterricht. In: Taschenwörterbuch des Deutschunterrichts. Band 2. 6. Aufl. Baltmannsweiler 1998, S. 865–881, hier S. 865.

oder sogar schon zwischen unterschiedlichen Sprechergruppen ganz unterschiedliche Bedeutungen haben. Diese Erkenntnis kann bei Schülern Kompromissbereitschaft und die Bereitschaft zum Zuhören erhöhen.

Folgende Literatur, die auch diesem Unterrichtsmodell zugrunde liegt, kann zur Vertiefung und Vorbereitung einbezogen werden.

Grundlagenliteratur:

Dieckmann, Walther: Sprache in der Politik. 2. Aufl. Heidelberg 1975.
Fuhrmann, Manfred: Die Antike Rhetorik. Eine Einführung. 4. Aufl. München 1995.
Klein, Josef (Hrsg.): Politische Semantik. Bedeutungsanalytische und sprachkritische Beiträge zur politischen Sprachverwendung. Opladen 1989.
Ueding, Gerd: Klassische Rhetorik: 3. Aufl. München 2000.
Ueding, Gerd: Moderne Rhetorik. Von der Aufklärung bis zur Gegenwart. München 2000.

Sammlungen von Primärtexten:

Brodersen, Kai: Große Reden. Von der Antike bis heute. Darmstadt 2002.
Günther, Rolf und Thiel, Hans (Hrsg.): Politische Reden der Bundesrepublik Deutschland. Frankfurt o. J.
Pelster, Theodor: Rede und Politik. 4. Aufl. Düsseldorf 1975.
Reden, die die Welt bewegten. 10. Auflage. Stuttgart 1989.

Video und Tonaufnahmen (Auswahl):

Aus einer Wahlkampfrede Hitlers vom 27. Juli 1932 (16-mm-Film) 15 min, FWU.
Rede von Dr. Joseph Goebbels am 27. Juli 1932 (Kassettentonband), 6 min. FWU.
Geschichte Lernen: Historische Reden (Audio CD). Friedrich Verlag (Bstnr. 92329).
Das Ermächtigungsgesetz (Kassettentonband), 18 min, FWU.
John F. Kennedy in Berlin, the 26th of June 1963 (Kassettentonband) 41 min, FWU.

Vorschläge für Klausuren sind im Zusatzmaterial (13 – 16) enthalten. Zur Vorbereitung auf die Klausur kann den Schülern ein Analyseschema (Zusatzmaterial 2, S. 111f.) als Kopie zur Verfügung gestellt werden. Mögliche Aufgabenstellungen für die Klausurtexte sind:

❏ *Analysieren Sie die vorliegende Rede nach dem Ihnen bekannten Analyseschema.*

❏ *Analysieren Sie die Rede, indem Sie*
   – *in der Einleitung die Redesituation und Konstellation darstellen,*
   – *eine gegliederte Inhaltsangabe der Rede verfassen,*
   – *sie anschließend abschnittweise analysieren,*
   – *die Rede im Schlussteil einer Gattung zuordnen und bewerten.*

Falls nötig, können den Schülern und Schülerinnen für den Hauptteil noch Hinweise zu besonderen Aspekten der vorgelegten Rede gegeben werden (Auf-, Abwertung, Pronomenstruktur usw.).

Konzeption des Unterrichtsmodells

Das vorliegende Unterrichtsmodell versucht mithilfe verschiedener Methoden der Text-analyse, Schülern Grundkenntnisse über die Analyse historischer und aktueller Reden zu geben sowie einen Einblick in die Geschichte der Rhetorik zu vermitteln. Bei den neueren Reden ist es in der Regel empfehlenswert, zusätzlich zu den Texten Ton- bzw. Videoauf-nahmen einzusetzen. Die Kreismedienzentren/Kreisbildstellen bieten hierzu eine Auswahl, leider oft auf veralteten Medien. Eine feste Reihenfolge der Bearbeitung der Bausteine im Unterricht ist nicht vorgesehen, doch empfiehlt es sich, mit den antiken Reden zu begin-nen, da hier besonderes Gewicht auf die Erarbeitung der theoretischen Grundlagen gelegt wird. Soll auf die antiken Reden ganz verzichtet werden, so kann zu diesem Zweck alter-nativ auch auf ein Arbeitsblatt aus dem Zusatzmaterial zurückgegriffen werden (Zusatz-material 12, S. 125), um in die unterschiedlichen Redegattungen einzuführen.

Baustein 1 setzt sich mit der antiken Rhetorik auseinander, wobei die Reden so ausge-wählt wurden, dass mit ihnen die Unterschiede zwischen den einzelnen Redegattungen sowie die theoretischen Grundlagen erarbeitet werden können. Teil dieses Bausteins ist zudem eine Einführung in die Analyse historischer Reden. Aufgenommen wurde in diesen Baustein ferner die Leichenrede des Marc Anton, die zwar keine antike Rede ist, aber the-matisch der Reihe zugeordnet werden kann.

Baustein 2 beschäftigt sich mit autoritärer Rhetorik. Hierbei wurden zum einen Reden Wil-helms II. ausgewählt, an denen bestimmte stilistische Eigenarten besonders gut aufzuzei-gen sind, zum anderen beschäftigt sich ein Teil des Bausteins mit den Reden des Natio-nalsozialismus, an denen sich manipulative Strategien besonders eindrucksvoll aufzeigen lassen.

Baustein 3 widmet sich den Reden der Nachkriegszeit. An diesen demokratischen Reden können zum einen verschiedene Strategien der Beschwichtigung bzw. Vereinnahmung nachgewiesen werden, zum anderen kann anhand der „Ruckrede" Roman Herzogs mit-hilfe einer semantischen Analyse das Problem der unterschiedlichen Auslegung politischer Begriffe behandelt werden.

Baustein 4 schließlich behandelt einige Abiturreden, die auf verschiedene Weisen mit der Situation der Festrede umgehen. Der Baustein kann zudem dazu genutzt werden, in die Produktion eigener Reden einzuführen.

Die thematischen Bausteine des Modells

Bau- **1**
stein

Antike Rhetorik

1.1 ☐ Einführung

Die Frühgeschichte der antiken Rhetorik liegt weitestgehend im Dunkeln, ist „voller weißer Flecken", wie Gerd Ueding[1] treffend bemerkt. Unstrittig ist jedoch, dass zwischen der Entstehung der *rhetorike techne* als einer Wissenschaft, die sich mit Theorie und Praxis der Beredsamkeit auseinander setzte, und der Tendenz zur Ausweitung der Partizipation an politischer Macht, die die griechischen Gesellschaften seit dem frühen 6. Jahrhundert erfasste, ein enger Zusammenhang besteht. Erst mit der Verlagerung der politischen Entscheidungsprozesse auf die Volksversammlung (*ekklesia*) entstand überhaupt Bedarf an einer rednerischen Ausbildung, die es dem angehenden Politiker ermöglichen sollte, durch geschicktes Argumentieren eine Entscheidung in seinem Sinne herbeizuführen. Die Erfahrung, durch die Macht seiner Worte andere überzeugen, ja sogar verführen zu können, führte zu einem gewaltigen Selbstbewusstsein bei denjenigen, die über dieses Wissen verfügten. Diese so genannten Sophisten nahmen für sich in Anspruch, mit der Macht der Rhetorik jede Sache erfolgreich vertreten zu können, sei sie nun gerecht oder auch ungerecht. Diese scheinbare Prinzipienlosigkeit, die sich bis zum Vorwurf der völligen Amoral steigerte, führte schließlich dazu, dass der ursprünglich wertneutrale Begriff Sophistik bis heute geradezu als Synonym für lügnerische Propaganda gilt.

Wir kennen die Lehren der bekanntesten Sophisten wie zum Beispiel Gorgias und Protagoras zumeist nur aus den verzerrten Darstellungen Platons, der sich in einer ganzen Reihe seiner philosophischen Dialoge mit diesen auseinander setzte und ihnen vorwarf, schmeichlerische Scheinwahrheiten zu verbreiten. Dass gerade Platons Lehrer Sokrates, der sich scharfe Wortgefechte mit den Sophisten geliefert hatte, unter dem Vorwurf, ein Sophist zu sein und die Jugend zu verführen, angeklagt und zum Tode verurteilt wurde, stellt eine Ironie der Geschichte dar, verdeutlicht jedoch das Spannungsverhältnis, in dem sich Wahrheit und Beredsamkeit befinden.

Früh entstanden auch die ersten Systematiken, die sich mit der Einteilung der Rhetorik in Gattungen und der Frage des richtigen Aufbaus einer Rede (siehe auch Arbeitsblatt 1, S. 26) beschäftigten, wobei man sich bemühte, Theorie und praktische Anwendung miteinander in Einklang zu bringen. Auf Aristoteles geht letztlich jene Einteilung der Rhetorik in Gattungen zurück, die dann – vermittelt durch die lateinischen Schriftsteller – bis ins 19. Jahrhundert gültig blieb, ergänzt vor allem durch das *genus pradicativum* (Predigt) und das *genus doctile* (Lehrrede). Er unterschied zwischen Gerichtsreden (*genos dikanikon/genus iudicale*/Darstellung von Vergangenem), Lobrede (*genos epainos/genus demonstrativum*/Darstellung und vor allem Honorierung von Gegenwärtigem) und politischer Rede (*genos symbouleutikon/genus deliberativum*/Erörtern von Zukunftsvorstellungen).

Die römische Rhetorik knüpfte an diese theoretischen Überlegungen an, wobei jedoch bei ihnen die Redepraxis größere Beachtung fand. Langfristig am wirkungsmächtigsten wur-

---

[1] Ueding, Gerd: Klassische Rhetorik. 3. Auflage München 2002.

de hier der Politiker Marcus Tullius Cicero (106 – 43 v. Chr.), der sich in seinen rhetorischen Hauptwerken *Ad Herennium* und *De Oratore* für eine umfassende rhetorische und philosophische Ausbildung des Redners im Sinne einer Rhetorik im Dienste der Wahrheitsfindung einsetzte. Weitergeführt und in gewisser Weise zum Abschluss gebracht, wurden diese theoretischen Bemühungen durch Marcus Fabius Quintilianus (35 – 100 n. Chr.), dessen umfangreiche zwölfbändige *Institutiones* eine enorme Wirkung entfalteten. Allerdings wurde die Rhetorik in der Kaiserzeit, in der wenig Bedarf für politische Reden bestand, vor allem auf den Bereich der Gerichts- und Lobrede zurückgedrängt. Als sich die Rhetorik in der Spätantike endgültig fest in den Kanon der *septem artes liberales*, der Sieben Freien (= eines freien Menschen würdigen) Künste (Arithmetik, Geometrie, Astronomie, Musiktheorie, Grammatik, Dialektik und Rhetorik) eingereiht hatte, wurde ihr nur noch in formaler Hinsicht ein Wert zugesprochen.

Hinweise für den Einsatz im Unterricht

Im Zentrum des ersten Bausteins steht vor allem die Vermittlung eines knappen Überblicks über die antike Rede, wobei allerdings auf die Aufnahme der nur für die späte Kaiserzeit wichtige Panegyrik (Lobrede) verzichtet wurde, sowie den Erwerb bzw. die Festigung rhetorischer Analysekriterien und Methoden. Hierzu erscheint gerade die antike Rhetorik wegen ihres strengen Aufbaus und ihres reichen rhetorischen Schmucks als besonders geeignet. Aufgrund der thematischen Verwandtschaft bietet sich auch eine Einbeziehung der Leichenrede des Marc Anton aus Shakespeares Drama „Julius Caesar" an (Arbeitsblatt 6, S. 34f.). Eine feste Reihenfolge ist im Prinzip nicht vorgesehen, doch wird davon abgeraten, mit der Erarbeitung der theoretischen Grundlagen der antiken Rhetorik (Arbeitsblatt 1, S. 25f.) zu beginnen, da dies erfahrungsgemäß auf Schüler nur wenig motivierend wirkt. Am unmittelbarsten und für Schüler ansprechendsten ist vielleicht der Einstieg über die Apologie des Sokrates (Arbeitsblatt 2, S. 26f.), da diese nur geringes historisches Vorwissen erfordert und zudem aufgrund ihrer Thematik direkt auf ein Kernproblem der Rhetorik verweist, nämlich ihr Verhältnis zu Wahrheit und Moral.
Zu einem Großteil wird naturgemäß textanalytisch gearbeitet, produktionsorientierte Verfahren könnten aber möglicherweise in Form der Parodie, für die sich insbesondere die Reden Ciceros eignen, mit in den Unterricht einfließen.

1.2 ☐ Theoretische Grundlagen

Wegen des großen Umfangs ist die Lektüre einer antiken Rede als Ganzschrift im Unterricht nahezu unmöglich. Dies gilt ironischerweise insbesondere für die tatsächlich gehaltenen römischen Staats- und Gerichtsreden, während die literarischen Reden wie etwa die Leichenrede des Perikles vom Umfang teilweise eher moderat sind. Da die Lektüre einer Rede als Ganzschrift also im Regelfall nahezu ausgeschlossen ist, wird im Unterricht vor allem mit gekürzten Fassungen gearbeitet, wodurch allerdings die strengen Aufbaukriterien einer antiken Rede aus dem Blick zu geraten drohen.
Methodisch wird das Verfahren des Textpuzzles vorgeschlagen, um den Schülern auf induktive Weise zu ermöglichen, die in einem Text vorhandenen Gliederungssignale und Kohärenz stiftenden Merkmale wahrzunehmen und sich den Aufbau einer antiken Rede bewusst zu machen.
Da die Textausschnitte aus Ciceros Rede gegen Caecilius stammen (Arbeitsblatt 1, S. 25f., siehe auch Arbeitsblatt 3, S. 28f.) und teilweise mit dieser identisch sind, darf diese Rede zuvor noch nicht im Unterricht besprochen worden sein. Die Auszüge sind so gewählt, dass die von den Regeln der Rhetorik geforderte zentrale Aufgabe der *dispositio* an ihnen deutlich wird.

Nachdem die Texte von den Schülern gelesen worden sind, sollen in Partnerarbeit folgende Fragen beantwortet werden:

☐ *Bringen Sie die Ausschnitte in eine Ihnen sinnvoll erscheinende Reihenfolge und ordnen Sie sie den in der antiken Rhetorik geforderten Redeteilen zu.*

❐ *Begründen Sie, zu welcher Redegattung der Text Ihrer Meinung nach gehört, und versuchen Sie zu erläutern, wodurch sich diese von den anderen Gattungen unterscheidet.*

❐ *Grenzen Sie anhand des Darstellungstextes die unterschiedlichen Redegattungen voneinander ab.*

Es sollte den Schülern keine Probleme bereiten, die Redeteile in die korrekte Reihenfolge zu bringen und die Rede als Gerichtsrede zu identifizieren.

Exordium (Einleitung): d
Narratio: b
Argumentatio: a und e
Peroratio: c

Die Einordnung der Rede als Gerichtsrede ergibt sich zum einen aus gewissen Signalwörtern (Verteidigung, Verfahren, Fall), zum anderen zeigt sich allein aus der den Auszügen eigenen Angriffslust, dass es sich in keinem Falle um eine Festrede handeln kann. Eine politische Rede wiederum scheidet aus, da trotz der direkten Angriffe auf eine Person keine auf die Zukunft bezogenen Alternativen aufgezeigt werden. Die Ergebnisse des Unterrichtsgesprächs können in folgendem Tafelbild festgehalten werden.

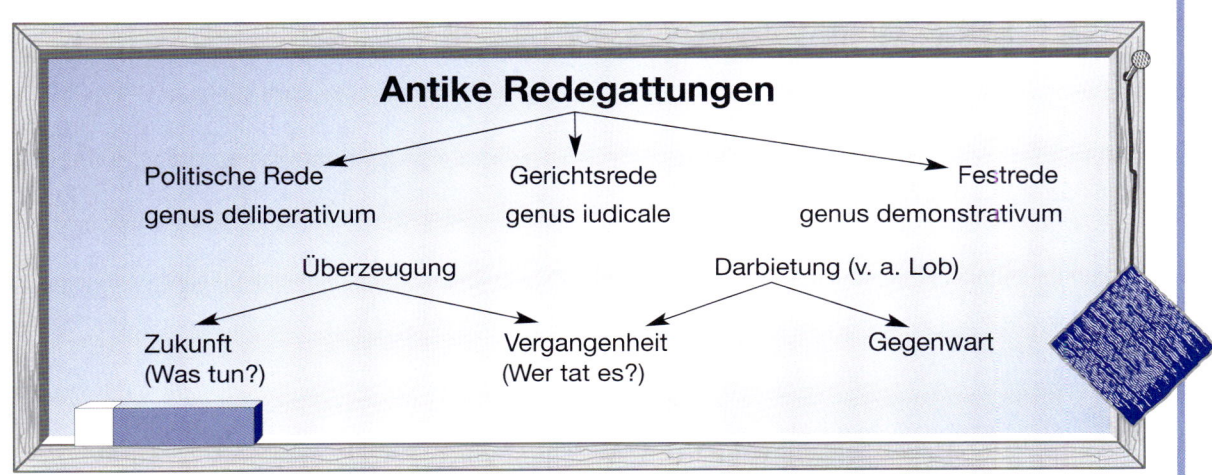

Antike Redegattungen

Politische Rede	Gerichtsrede	Festrede
genus deliberativum	genus iudicale	genus demonstrativum

Überzeugung Darbietung (v. a. Lob)

| Zukunft (Was tun?) | Vergangenheit (Wer tat es?) | Gegenwart |

Sinnvoll ist an dieser Stelle auch, Beispiele für die einzelnen Redegattungen, vor allem aber für die Festreden, nennen zu lassen (z. B. Trauerrede, Abiturrede, Reden auf Feierlichkeiten allgemein), um den Unterschied zwischen den agitativen Formen der Rede und der Festrede noch deutlicher hervortreten zu lassen.

❐ *Für die Antike stellte die Rede ein „Gesamtkunstwerk" dar, für dessen Bewertung alle Aspekte des Aufbaus und der Durchführung wichtig waren. Welche der Pflichten des Redners können wir heute noch beurteilen und was bedeutet dies für unser Urteil über eine antike Rede?*

Die Frage kann entweder im Unterrichtsgespräch beantwortet oder alternativ auch in Stillarbeit als Hausaufgabe bearbeitet werden. Ergeben sollte sich, dass wir im Grunde nur noch die *dispositio* (Anordnung) und die *elocutio* (schriftliche Ausführung) überhaupt beurteilen können. Die tatsächliche Ausführung der Rede und damit auch ihre Wirkung entzieht sich jedoch ebenso unserer Kenntnis wie die *inventio* (Recherche). Unser Urteil bezüglich antiker Reden muss also notwendigerweise ein partielles bleiben, oder anders ausgedrückt: Wir sind im Grunde genommen gar nicht in der Lage, die Wirkung, die eine antike Rede gehabt haben mag, zu beurteilen. Was wir beurteilen können, ist die Kunstfertigkeit und Geschicklichkeit des Redners bei der Ausarbeitung. Der Lehrende sollte an dieser Stelle darauf hinweisen, dass die uns überlieferten antiken Reden keine Mitschriften der gehaltenen Reden sind, sondern nachträglich vom Redner überarbeitete Versionen, die vermutlich deutlich mehr rhetorische Finessen enthielten als die gehaltenen Fassungen, da der Autor bei einem lesenden Publikum eher davon ausgehen konnte, dass diese auch bemerkt wurden, als bei den Zuhörern der teilweise bis zu fünf Stunden langen Reden.

1.3 ☐ Gerichtsreden (genus iudicale)

1.3.1 Platon: Apologie des Sokrates

Einführung in den historischen Hintergrund

Sokrates (470–399 v. Chr.) ist wohl der einzige Philosoph, über dessen Leben und Lehren wir genauestens unterrichtet sind, obwohl er nicht eine einzige Zeile hinterlassen hat. Er verdankt dies seinem Schüler Platon (ca. 428–348 v. Chr.), der seine Lehren in den von ihm verfassten philosophischen Dialogen fast ausschließlich seinem Lehrer in den Mund legt. Dies führt teilweise zu der Schwierigkeit, den Anteil des Sokrates an der Philosophie Platons nicht zweifelsfrei bestimmen zu können. Dies gilt auch für die vorliegende Rede, die letztlich aus der Feder Platons stammt. Wie groß die Gemeinsamkeiten mit der von Sokrates tatsächlich gehaltenen Rede sind, ist nicht bestimmbar.

Sokrates stammte aus dem athenischen Mittelstand und erfüllte zeitlebens seine Bürgerpflicht als Athener Bürger. Bekanntheit erlangte er vor allem durch seine Neigung, auf öffentlichen Plätzen das Gespräch zu suchen, wobei es ihm darum ging, allgemein anerkannte Begriffe und Wahrheiten zu hinterfragen, um auf diese Weise einem von der Tugend geprägten Leben näher zu kommen. In den Dialogen Platons erweist sich Sokrates seinen Gesprächspartnern meist überlegen, wobei seine Überlegenheit darauf beruht, dass er zugibt, „nichts zu wissen", während seine Gesprächspartner, oft Sophisten, vermeintlich etwas wissen, aber am Ende in ihrer Unwissenheit bloßgestellt werden. Diese Neigung, die ihm den Spitznamen „Stechmücke" eintrug, mag zu seinem zu Lebzeiten hohen Bekanntheitsgrad beigetragen haben, doch machte er sich dadurch auch Feinde. Die intakte attische Demokratie ertrug die Andersartigkeit des Sokrates, doch nach der katastrophalen Niederlage Athens im Peloponnesischen Krieg (431–404 v. Chr.) änderte sich das geistige Klima: Sokrates wurde wegen angeblicher Asebie, der Verletzung der religiösen und politischen Loyalität gegenüber seiner Polis, vor Gericht gestellt. Sokrates, der sich wie alle Bürger Athens vor Gericht selbst verteidigen musste, verzichtete bewusst darauf, sich eine Verteidigungsrede von einem professionellen Redenschreiber anfertigen zu lassen, ein Verfahren, das damals üblich war. In einer knappen Entscheidung wurde er schließlich von dem aus 500 ausgelosten Athener Bürgern bestehenden Gericht zum Tode verurteilt. Auch machte er aus Respekt vor den Gesetzen keinen Gebrauch von der zumindest tolerierten Möglichkeit, sich der Vollstreckung des Todesurteils durch Flucht ins Exil zu entziehen, sondern trank den sprichwörtlichen Schierlingsbecher, die in Athen übliche Hinrichtungsmethode.

Hinweise zum Einsatz im Unterricht

Empfehlenswert ist der Einstieg über ein Kurzreferat (nicht länger als 10 Minuten) zur Biografie des Sokrates, das natürlich einige Zeit vorher mit einem Schüler vereinbart werden muss. Das Referat sollte den Prozessverlauf ausklammern und allenfalls sein Ergebnis kurz erwähnen.

Im Anschluss an das Referat sollte dann folgende Frage aufgeworfen werden:

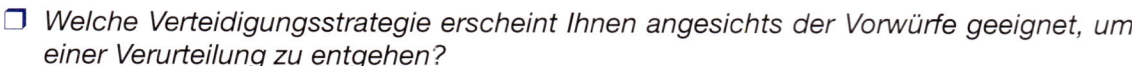

☐ *Welche Verteidigungsstrategie erscheint Ihnen angesichts der Vorwürfe geeignet, um einer Verurteilung zu entgehen?*

Zu erwarten ist, dass die Schüler einen sachorientierten Ansatz favorisieren, indem sich Sokrates mit den gegen ihn erhobenen Vorwürfen auseinander setzt. Möglich wäre ferner die „Empfehlung", zum direkten Angriff auf die Kläger überzugehen, um deren Motive und die hinter ihnen stehenden Interessen offen zu legen. Die hierbei erzielten Ergebnisse können später als Kontrast zur tatsächlichen Verteidigungsrede genutzt werden.

Es empfiehlt sich wegen der hierdurch erzielten unmittelbaren Wirkung, die Rede zunächst selbst vorzulesen bzw. von einem Schüler vorlesen zu lassen und im Anschluss mögliche Verständnisfragen zu klären. Die Rede ist auf Arbeitsblatt 2 (S. 27) abgedruckt.

❑ *Stellen Sie in Gruppen das Beziehungsgefüge zwischen Anklägern, dem Angeklagten und den Richtern grafisch dar. Belegen Sie Ihre Einschätzung auch an geeigneten Textstellen.*

❑ *Beurteilen Sie seine Haltung zum Verhältnis von Rhetorik und Wahrheit. Bedenken Sie hierbei auch die Erwartungshaltung seiner Ankläger.*

Im Sinne einer leichteren Abrufbarkeit der Ergebnisse ist es sinnvoll, an einige oder an alle Arbeitsgruppen Folien auszugeben. Ergeben sollte sich, dass Sokrates sein Verhältnis zu den Anklägern – wie nicht anders zu erwarten – stark antithetisch darstellt. Nachweisen lässt sich die Abwertung des Gegners vor allem an den zahlreichen pejorativen Formulierungen, die er im Zusammenhang mit seinen Kontrahenten verwendet („Lügen", Z. 8, „entblödeten", Z. 12, „Gipfel der Dreistigkeit", Z. 17f., „nichts Wahres", Z. 23), während er die genau entgegengesetzten Formulierungen für sich selbst gebraucht („Wahrheit", Z. 19, „volle Wahrheit", Z. 24, „Tatsachen", Z. 13/14). Auffallend ist auch, dass Sokrates sichtlich bemüht ist, sich selbst als unbescholten, ungefährlich und bescheiden darzustellen (erstes Mal vor Gericht, Verweis auf sein hohes Alter, Z. 44f.). Den Richtern gegenüber wirbt er hingegen um „Vertrauen" (Z. 32) und wendet sich gleich mehrfach höflich mit einer „Bitte" (Z. 38, Z. 52) an diese. Den Anklägern wird wiederum der Vorwurf gemacht, die Richter durch „schön gedrechseltes und wohlverziertes Redewerk" (Z. 27/28) getäuscht zu haben. Als grafische Darstellung könnte sich möglicherweise ergeben:

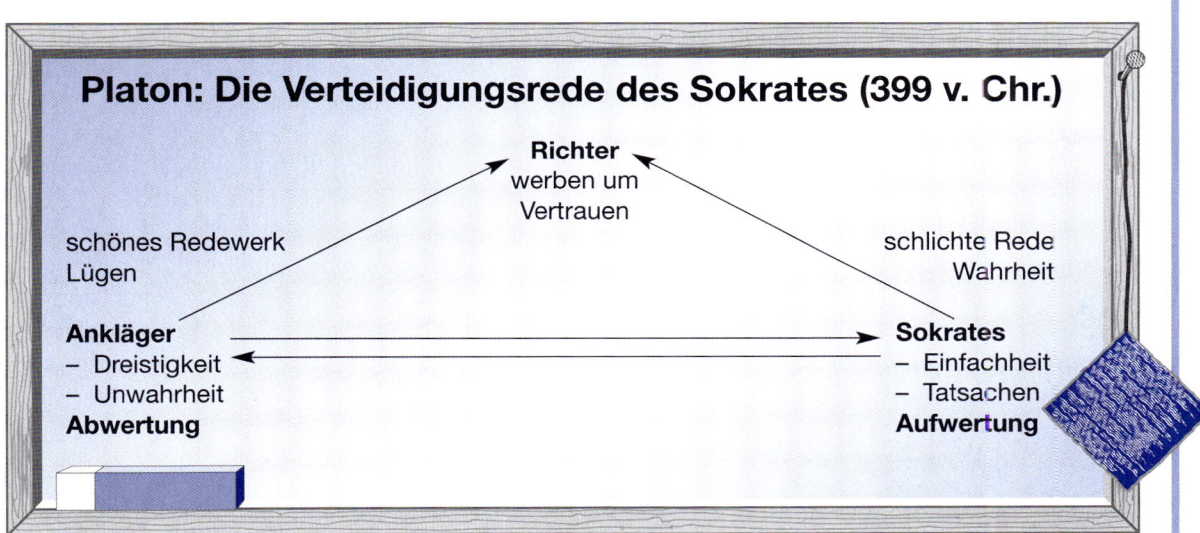

Sollte für eine Gruppenarbeit keine Zeit sein, so kann die Vorlage natürlich auch als Tafelbild gemeinsam mit den Schülern im Unterrichtsgespräch entwickelt werden.

Auffallend an der von Sokrates eingeschlagenen Verteidigungsstrategie ist die durchgängige Abwertung der Rhetorik, die geradezu auf eine Stufe mit der Lüge gestellt wird (vgl. Z. 5ff.) und die zudem nur eitle „Jünglinge" (Z. 35) nötig hätten. Ob die Schüler dieses vernichtende Urteil über die Rhetorik für angemessen halten, muss hier natürlich offen bleiben. Beispiele für die manipulative Macht der Rhetorik lassen sich in der jüngeren Geschichte ebenso leicht finden wie Beispiele für den Einsatz von Rhetorik zum Zweck der Aufklärung. Im Hinblick auf die zu vermutende Erwartungshaltung der Ankläger sollte sich allerdings ergeben, dass der Einstieg in die Verteidigung durch die Eröffnung mittels dieses Angriffs auf die damals gültigen Konventionen und das Pochen auf die Macht der Wahrheit zumindest als ungeschickt zu werten ist. Zudem könnte eingewandt werden, dass Sokrates durch den (zumindest behaupteten) Verzicht auf die Macht der Beredsamkeit seine Erfolgsaussichten geschmälert habe.

1.3.2 Cicero: Rede im Vorverfahren gegen Caecilius

Einführung in den historischen Hintergrund

Der römische Staatsmann und Philosoph Marcus Tullius Cicero (106 – 43 v. Chr.) ist ohne Zweifel der berühmteste Redner der Antike. Sein Ruhm lässt sich allein an der großen Zahl der von ihm überlieferten Gerichts- und Staatsreden ablesen.

Die steile Karriere, die ihn schließlich im Jahre 63 v. Chr. bis zum Konsulat führte, war jedoch trotz seines unbestrittenen überragenden Talents nicht absehbar gewesen. Als Abkömmling einer zwar wohlhabenden, aber politisch bedeutungslosen Familie aus einer italischen Landgemeinde musste er sich zunächst einen Namen als Anwalt in Rom machen, bevor er an eine politische Karriere denken konnte. Cicero tat sich seit 79 v. Chr. zunächst vor allem als Verteidiger hervor, nicht zuletzt deswegen, weil man als Ankläger leicht in Gefahr geriet, sich mächtige Feinde zu machen. Lohn der Mühen war das Erreichen der Quästur, des untersten Amts der römischen Ämterlaufbahn, das zugleich einen Sitz im Senat auf Lebenszeit bedeutete. Im Jahr 70 v. Chr. fühlte Cicero sich sicher genug, auch in der prestigeträchtigeren Rolle als Ankläger auf der politischen Bühne Roms zu erscheinen. Zum Rechtssystem Roms ist zu erwähnen, dass es kein dem heutigen Staatsanwalt vergleichbares Amt gab: Jeder römische Bürger war berechtigt, Anklage gegen eine beliebige Person zu erheben, musste die Anklage jedoch auch persönlich vor Gericht vertreten. Ein Anlass für eine Anklage ergab sich, als die Bewohner Siziliens, einer römischen Provinz, Cicero um Rechtsbeistand baten. Die römischen Statthalter tendierten zu dieser Zeit dazu, ihren Amtsbereich rücksichtslos zur eigenen Bereicherung zu missbrauchen. Die Provinzialen, die nicht das römische Bürgerrecht besaßen, hatten kaum Möglichkeit, sich zu wehren, sofern sie nicht einen mächtigen Römer fanden, der in ihrem Namen handelte und das erpresste Gut vor Gericht zurückforderte (Repetundenprozess). Besonders schlimm hatte es in den vorangegangenen Jahren der Statthalter Gaius Verres getrieben, der sich während seiner dreijährigen Statthalterschaft ein riesiges Vermögen zusammengerafft hatte. Da die Beweislage völlig eindeutig zu seinen Ungunsten war, griff Verres möglicherweise zu einer List. Während sich zahlreiche Sizilier an Cicero gewandt hatten, überzeugte er, zumindest wird dies von Cicero behauptet, seinen Vertrauten Quintus Caecilius, die Anklage zu übernehmen. Der Hintergedanke war einfach: Sollte er die Anklage übernehmen, so würde er es wahrscheinlich in einer Art und Weise tun, die eine Verurteilung unwahrscheinlich machen würde. Möglicherweise ist dies aber auch nur eine bösartige Unterstellung Ciceros, zumal sich durchaus einzelne Gemeinden mit der Bitte um Hilfe an Caecilius gewandt zu haben scheinen. Nun musste zunächst einmal in einem Vorverfahren geklärt werden, wer die Anklage übernehmen sollte.

Hinweise zum Einsatz im Unterricht

Ähnlich wie im Fall der Verteidigungsrede des Sokrates bietet sich auch hier der Einstieg mittels eines Referats über Cicero an, wobei allerdings wegen der Fülle des zur Verfügung stehenden Materials das Thema auf die Zeit bis 70 vor Christus begrenzt werden sollte, um die Schüler nicht mit einer Flut für das Verständnis der Rede unnötiger Informationen zu überfordern. Falls auf das Referat verzichtet wird, sollten mittels eines Lehrervortrages die wichtigsten Informationen zusammengefasst werden. Hilfreich ist, wenn die Lehrperson darauf hinweist, dass die hier gegen Caecilius erhobenen Vorwürfe nicht bezüglich ihres Wahrheitsgehalts überprüft werden können, da wir diese Person nur aus der Rede Ciceros kennen.

Die wichtigsten rhetorischen Figuren sollten den Schülern eigentlich bereits aus der neunten und zehnten Klasse bekannt sein. Sollte dies nicht der Fall sein, so kann den Schülern das entsprechende Arbeitsblatt (Zusatzmaterial 1, S. 108ff.) an die Hand gegeben werden, falls das eingeführte Lehrbuch nicht ohnehin eine entsprechende Auflistung bietet.

Sprachlich sollte das Verständnis des Redeauszugs (Arbeitsblatt 3, S. 28f.) trotz der auf den ersten Blick kompliziert erscheinenden Rechtslage eigentlich kein Problem darstellen. Um den Inhalt zu sichern, erhalten die Schüler zunächst folgenden Arbeitsauftrag:

16

❏ *Gliedern Sie den Text in Sinnabschnitte und formulieren Sie anschließend mögliche Fragen, die Cicero in diesen Sinnabschnitten beantwortet.*

Ergeben sollte sich folgende Gliederung:

Exordium (Z. 1–12); mögliche Frage: Wie kam es zu Ciceros plötzlichem Sinneswandel bezüglich der Übernahme einer Anklage?
Narratio (Z. 13–61); mögliche Frage: Warum trat er gerade in diesem Fall als Ankläger auf?
Argumentatio (Z. 62–74); mögliche Frage: Warum hielt Cicero sich für geeigneter als seinen Rivalen zur Übernahme dieses Falles?
Peroratio (Z. 75–135); mögliche Frage: Was unterschied ihn am meisten von seinem Rivalen?

Durch die Umformung in Frageform tritt die Funktion der einzelnen Redeteile klar zutage, sodass im Anschluss hieran auch als Alternative zu Arbeitsblatt 1 der Aufbau der antiken Rede erarbeitet werden kann. Sollte die Rede bei jüngeren Lerngruppen eingesetzt werden, kann der Arbeitsauftrag möglicherweise in eine Umformung der Rede in ein „Interview mit Cicero" umgewandelt werden.

❏ *Welche Strategien verfolgt Cicero in seiner Rede?*

❏ *Mit welchen sprachlichen Mitteln versucht er diese zu erreichen?*

Da die Sachlage dieses Prozesses recht eindeutig war und Cicero zudem das Rechtsempfinden auf seiner Seite wusste, kann er in dieser Rede relativ rasch zum Angriff übergehen. Die Rede ist insgesamt geprägt durch die zahlreichen rhetorischen Fragen und die vielen Aufzählungen, mit denen Cicero einerseits die Nichtigkeit der Ansprüche seines Kontrahenten, andererseits das Ausmaß der Verwüstungen auf Sizilien verdeutlichen will. Als Strategie der Gegenpartei scheint Cicero einen Angriff auf seine Kompetenz als Ankläger vorausgesehen zu haben. Daher kündigt er bereits in der Einleitung an, diesen Vorwurf in seiner Rede widerlegen zu wollen. In der kurzen Schilderung des Sachverhalts erläutert er dann, wie ihm von den Bewohnern der Provinz die Vertretung der Anklage angetragen worden sei. Geschickt betont Cicero zunächst die große Verzweiflung der Provinzialen, wobei er vor allem die Mittel der Klimax (Z. 30f.) und der Aufzählung (Z. 36ff.) verwendet, um die Verzweiflung zu verdeutlichen, mit der sich die Provinzialen an ihn gewandt hatten. Cicero behauptet ferner, die Bitten seien ihm unangenehm, ja sogar peinlich gewesen, da sie seinen Prinzipien widersprochen hätten, wodurch er seine Rechtschaffenheit und Bescheidenheit herausstellen möchte. Nur sein Pflichtgefühl habe ihn dazu gebracht, dem Ansinnen der Sizilier nachzukommen, wobei er auch das Dilemma, in die Anklägerrolle schlüpfen zu müssen, dadurch löst, dass er es zu einer Verteidigung der Provinzialen ummünzt.

Zudem betont er mithilfe mehrerer rhetorischer Fragen und einer Aufzählung (Z. 62–68), dass seine Anklage im Interesse aller sei, sogar im Interesse des römischen Staates liege. Der Ausruf (Z. 62) lässt die rhetorischen Fragen noch eindringlicher wirken. Um das Ausmaß der Verheerungen Siziliens zu verdeutlichen, greift Cicero noch einmal zum Mittel der Aufzählung, die durch die antithetische Hyperbel der nicht „um Aussicht auf Rettung, sondern nach Trost in ihrem Untergang" (Z. 72ff.) verlangenden Bewohner Siziliens noch zusätzlich verstärkt wird.

Im Folgenden versucht Cicero sich dann als berufenen Sachwalter der Interessen der Provinz darzustellen, indem er diese personifiziert und selbst ihre Anklage formulieren lässt. Durch die folgende rhetorische Frage wird Caecilius erstmals direkt angegangen und durch die Wortwahl und ein Hendiadyoin („unverschämt und dreist", Z. 88f.) stark abgewertet. Die folgenden anaphorischen und parallel aufgebauten rhetorischen Fragen dienen einmal mehr dazu, die Haltlosigkeit der Ansprüche des Caecilius zu verdeutlichen. Die antithetisch aufgebaute Hyperbel, dass die Bewohner Siziliens lieber von allen verlassen als von Caecilius verteidigt sein wollen, verstärkt diesen Eindruck noch zusätzlich.

Der Schlussteil der Rede fasst die Argumentation Ciceros noch einmal zusammen und dient zudem dazu, seine Verdienste um den römischen Staat ins rechte Licht zu rücken. Zu diesem Zweck stellt er seine Person der des Caecilius gegenüber: Da Caecilius nichts erstrebe, werde er den Prozess auch nicht sonderlich ernst (Aufzählung, Parallelismus, Z. 109f.)

nehmen. Sich selbst wertet Cicero hingegen auf durch die Behauptung, seinen mühsam erworbenen guten Ruf in diesem Prozess zu riskieren. Hierbei verwendet er eine ganze Reihe von parallel aufgebauten Teilsätzen („es besitzt...") sowie zahlreiche positiv besetzte Worte (Pflichteifer, Gewissenhaftigkeit, Zuverlässigkeit, Umsicht, Klugheit, Ansehen). Deutlich wird hier vor allem der Stolz des Aufsteigers auf das bisher Erreichte.

Insgesamt hat es Cicero mit dieser Rede geschickt verstanden, die Frage nach seiner intellektuellen Befähigung zur Erhebung einer Anklage erst gar nicht aufkommen zu lassen, indem er sich vor allem auf den Willen der Betroffenen und die Frage der moralischen Eignung bezog. Die Richter folgten offenbar Ciceros Ansicht und erteilten ihm allein den Auftrag, die Vertretung der Anklage in dem Prozess zu übernehmen.

Die Ergebnisse können in folgendem Tafelbild gesichert werden:

Cicero: Rede im Vorverfahren gegen Caecilius (70 v. Chr.)

Strategien	Umsetzung	rhetorische Mittel
Zerstreuung von Zweifeln an der Eignung	Betonung der Unwilligkeit zur Übernahme der Anklage (Bescheidenheit) „Umkehr" des Verfahrens (Anklage = Verteidigung aller) Übernahme des Amtes aus Pflichtgefühl wegen der großen Verzweiflung der Betroffenen	Wortwahl („peinlich und unangenehm", Z. 44f.) Antithese, Paradoxon (Z. 53f.) Aufzählungen (Z. 36f.) Superlative (Z. 34f.) Klimax (Z. 29ff.)
Begründung der Eignung (Aufwertung der eigenen Position)	Sachargument: Übernahme durch Cicero ist Wunsch der Betroffenen Betonung der charakterlichen Vorzüge	Personifikation Siziliens (Z. 75ff.) Akkumulation (Z. 76ff.) Wortwahl (Pflichteifer, Gewissenhaftigkeit, etc.)
Weckung von Zweifeln an der Integrität des Caecilius (Abwertung des Gegners)	Sachargument: Caecilius ist als Ankläger unerwünscht Caecilius drängt sich unrechtmäßig in das Verfahren Caecilius besitzt kein Pflichtgefühl	Rhetorische Fragen (Z. 92ff.) Parallelismus, Anaphern, Antithese, Hyperbel (Z. 92ff.) Aufzählung, Euphemismen („nicht gar zu genau", Z. 110)

❏ *Entwerfen Sie mögliche Gegenstrategien des Caecilius, indem Sie auf die von Cicero erhobenen Vorwürfe eingehen.*

Die Aufgabe, in die Rolle des in der Rede Ciceros wenig schmeichelhaft dargestellten und zudem unterlegenen Caecilius zu schlüpfen, erscheint auf den ersten Blick wenig verlockend. Die Lehrperson sollte als Vorbereitung darauf hinweisen, dass die von Cicero erhobenen Vorwürfe nach Meinung von Historikern und Philologen vermutlich nicht zutreffend sind, da das Mittel der infamen Unterstellung bei Cicero durchaus häufiger anzutreffen ist. In jedem Falle kann diese produktionsorientierte Methode dazu dienen, den Redner Cicero in ein anderes Licht zu rücken und seine vermeintliche Selbstlosigkeit zu hinterfragen.

Als Strategien bieten sich folgende Lösungsmöglichkeiten an:

Der Verweis auf die mangelnde fachliche Kompetenz Ciceros.
Der Hinweis auf den Auftrag durch einige sizilische Gemeinden.
Der Nachweis, dass Cicero mit der Anklage nicht die Interessen der Betroffenen, sondern seine eigene politische Karriere im Blick hat.

18

1.4 ☐ Die Politische Rede (genus deliberativum)

Cicero: Erste Rede gegen Catilina im Senat

Einführung in den politischen Hintergrund

Mit dem Erreichen des Konsulats im Jahre 63 v. Chr. war Cicero am Ziel seiner Wünsche: Als einer der wenigen *homines novi* (neuen Männer) der späten Römischen Republik hatte er es geschafft, innerhalb von einer Generation den Aufstieg aus politischer Bedeutungslosigkeit bis hin zum Konsulat zu erreichen.

Allerdings verdankte Cicero die Wahl vermutlich weniger seinen Fähigkeiten als der für ihn günstigen politischen Konstellation: Der konservativen Senatsmehrheit (*optimates*), die eigentlich Aufsteigern gegenüber eher abgeneigt war, erschien der anpassungsfähige Cicero bei den Wahlen als das kleinere Übel gegenüber seinem Gegenkandidaten, Lucius Sergius Catilina. Mit dem abermaligen Scheitern bei der Konsulatswahl war Catilinas politische Karriere im Grunde gescheitert, zumal er sich im Wahlkampf noch hoch verschuldet hatte. Catilina setzte daher im Konsulatsjahr Ciceros vor allem auf das Mittel der politischen Verschwörung, indem er unter den Unzufriedenen und in wirtschaftlichen Schwierigkeiten Steckenden eine zu allem entschlossene Anhängerschaft rekrutierte. Im Herbst des Jahres 63 war die Verschwörung so weit gediehen, dass ein Anhänger Catilinas begann, im Norden Italiens eine Armee zum Marsch auf Rom zusammenzustellen. Cicero veranlasste daraufhin den Senat, den Staatsnotstand auszurufen und alle erforderlichen Maßnahmen zur Niederschlagung der Verschwörung zu ergreifen. Catilinas Beteiligung an der Verschwörung wurde zwar vermutet, konnte aber zunächst nicht bewiesen werden, sodass dieser sich weiterhin unbehelligt in Rom aufhalten konnte. Nach einem gescheiterten Mordanschlag auf Cicero sah dieser die Chance zum Losschlagen gekommen. In einer Rede vor dem Senat griff er Catilina scharf an und veranlasste ihn, zu seinen Truppen zu fliehen.

Nach scharfen politischen Auseinandersetzungen im Senat wurden die in der Stadt verbliebenen Anhänger Catilinas schließlich auf Veranlassung Ciceros ohne Gerichtsurteil hingerichtet und der Aufstand niedergeschlagen.

Der vorliegende Redeauszug stammt aus der bereits erwähnten ersten Rede im Senat gegen Catilina.

Hinweise zum Einsatz im Unterricht

Nachdem den Schülern die nötigen historischen Vorinformationen gegeben und die Rede (vor)gelesen wurde (Arbeitsblatt 4, S. 30f.), wird empfohlen, mithilfe des bekannten Gemäldes von Cesare Maccari (1902–1973) (Zusatzmaterial 3, S. 113) in die Besprechung einzusteigen:

☐ *Beschreiben Sie die Einzelheiten des Bildes und deuten Sie es im Hinblick auf die Rede Ciceros.*

Die Schüler werden vermutlich sofort erkennen, dass das Gemälde genau die Situation der ersten Catilinarischen Rede darstellt. Es sollte darauf geachtet werden, dass zumindest einige der Details und Gestaltungsmomente des Gemäldes erarbeitet werden, wie zum Beispiel der drohend nach vorn gebeugt, völlig isoliert sitzende Catilina auf der rechten Seite, die im hellen Licht mit beschwörend erhobenen Händen und gen Himmel gerichteten Augen stehende Gestalt Ciceros und die am Gemälde abzulesenden Reaktionen in den Gesichtern der versammelten Senatoren, die nicht alle zustimmend zu sein scheinen.

Auch die Deutung des Gemäldes dürfte den Schülern kaum schwer fallen: Das Gemälde schließt sich weitgehend der Argumentation Ciceros an. Catilina wird als ein in die Enge getriebener Verbrecher dargestellt, dessen Körpersprache und Sitzplatz im Halbdunkel bereits seine verbrecherischen Absichten widerspiegeln. Cicero erscheint dagegen als jemand, der buchstäblich Licht in die Affäre bringt.

Tragen Sie den ersten Abschnitt der Rede (Z. 1–25) so vor, dass die Stimmung des Redners zum Ausdruck kommt. Wenn Sie es für sinnvoll erachten, können Sie Ihren Vortrag auch durch entsprechende Gesten unterstreichen.

Die Auswertung sollte ergeben, dass die vorherrschende Stimmung der Rede die Empörung ist, die sich bereits im ersten Absatz in einer seltenen Schärfe äußert. Zugleich scheint aber bereits im zweiten Absatz das Unverständnis darüber durch, dass Catilina noch nicht hingerichtet wurde. Gerade letzterer Punkt deutet jedoch scheinbar auf eine Inkonsequenz der Rede hin, auf die im Unterrichtsgespräch hingewiesen werden sollte: Wenn ein Beschluss vorlag und der Konsul von der Verschwörung wusste, warum lebte Catilina dann noch?

❏ *Welche Wirkung sollte die Rede auf Catilina haben? Warum verzichtet Cicero auf die sofortige Vollstreckung der Todesstrafe gegen Catilina?*

Der Text zeigt an einer Vielzahl von Stellen, dass Cicero sich durchaus nicht der Zustimmung aller Senatoren sicher sein konnte, zumal handfeste Beweise für eine Beteiligung Catilinas an der Verschwörung offenbar nicht existierten. Das Ziel Ciceros war es denn auch nicht, die Hinrichtung Catilinas zu erwirken, sondern ihn zur Flucht aus der Stadt Rom zu bewegen (vgl. Z. 53f., Z. 97ff.). Als Grund für den Verzicht auf die Vollstreckung der Todesstrafe gibt Cicero ferner an, dass in diesem Falle nicht alle Verschwörer enttarnt würden. Immer wieder scheint jedoch durch, dass nicht alle Senatoren von den Umsturzplänen Catilinas überzeugt waren, wenngleich Cicero sichtlich bemüht ist, diese zu marginalisieren (vgl. Z. 41ff., Z. 64ff.).

Nachdem die wesentlichen Intentionen im Unterrichtsgespräch geklärt wurden, soll der Text im Anschluss sprachlich genauer untersucht werden.

❏ *Gliedern Sie den Text in Sinnabschnitte und versehen Sie diese mit einer aussagekräftigen Überschrift.*

❏ *Untersuchen Sie die Rede auf die Verwendung rhetorischer Mittel und beschreiben Sie jeweils möglichst genau ihre Wirkungsabsicht.*

Der Arbeitsauftrag soll die Schüler dazu anhalten, die rhetorischen Mittel immer im Zusammenhang mit ihrer Wirkungsabsicht zu sehen. Die Ergebnisse können anschließend in folgendem Tafelbild gesichert bzw. ergänzt werden.

Marcus Tullius Cicero: Erste Rede gegen Catilina (63 v. Chr.)

Rhetorische Mittel	Intention/Wirkung
Parallelismen/Anaphern/rhetorische Fragen (Z. 1 ff.)	Ausdruck von Empörung und Dringlichkeit des Anliegens
Ausruf/Ellipse (Z. 18)	Prägnanz, Einprägsamkeit, Ausdruck der Erschütterung
Correctio, Klimax (Z. 20f.)	Empörung
Metapher/Hyperbel (Z. 34)	Verdeutlichung des Ausmaßes der Verschwörung
Parallelismus (Z. 69ff.)	Marginalisierung möglicher Gegner
Metaphern, Vergleiche aus dem Bereich Krankheit (Z. 73ff.)	Abwertung Catilinas
Antithese/Aufzählungen (Z. 109f.)	Abwertung Catilinas
Ausruf, Anrufung der Götter (Z. 113ff.)	Aufwertung der eigenen Position
Akkumulation (Z. 120ff.)	Abwertung

1.5 ☐ Die Festrede (genus demonstrativum)

Thukydides: Leichenrede des Perikles

Einführung in den historischen Hintergrund

Die vorliegende Rede zählt zu den berühmtesten der aus der Antike überlieferten Reden überhaupt. Jedoch muss hier in besonderer Weise angemerkt werden, was auch für die meisten anderen antiken Reden gilt. Es handelt sich mit Sicherheit nicht um die tatsächlich gehaltene Rede, die Perikles kurz vor seinem Tod im Jahre 431 v. Chr. gehalten hat, sondern zumindest um eine Überarbeitung durch den Historiker Thukydides (ca. 460 – 400 v. Chr.), wenn es sich nicht gar um eine komplette Neuschöpfung durch diesen handelt. Die Rede zeigt die Attische Demokratie auf dem Höhepunkt ihrer Macht. Seit den von Spartanern und Athenern gemeinsam siegreich beendeten Perserkriegen (490 – 479 v. Chr.) hatten sich die Gegensätze zwischen den einstigen Verbündeten immer mehr verschärft. Während Athen durch seine Vormachtstellung im Attischen Seebund zu Wohlstand gelangte – nicht zuletzt durch Ausnutzung der eigenen Bundesgenossen – und sich mehr und mehr zu einer radikalen Demokratie entwickelte, verharrte Sparta in seinem Gesellschaftssystem und beargwöhnte die Machterweiterung Athens. In Athen selbst hatte sich Perikles durch seine Fähigkeit, die Massen zu lenken, eine so starke Stellung verschafft, dass geradezu von einer Alleinherrschaft dieses Mannes gesprochen wurde. Allerdings blieb diese Stellung nicht unwidersprochen, sodass sich Perikles fast dauernd mit teilweise starken Oppositionsbewegungen auseinander setzen musste. Ob und inwiefern er gezielt auf den Ausbruch des Peloponnesischen Krieges (431 – 404 v. Chr.) hingearbeitet hat, ist umstritten. Möglich ist, dass Perikles den Krieg gegen Sparta als ein Mittel gesehen hat, die zerstrittene athenische Gesellschaft noch einmal hinter sich zu vereinen. Die Kriegführung Athens konnte er jedenfalls nicht mehr entscheidend beeinflussen, da er bereits 429 v. Chr. an der in Athen grassierenden Pest starb.

Somit kommt der von ihm im Winter 431/30 v. Chr. gehaltenen Leichenrede für die Gefallenen des ersten Kriegsjahres ein besonderes Gewicht zu, da sie einer seiner letzten großen öffentlichen Auftritte darstellte und nicht zuletzt deshalb geradezu in der Rang eines politischen Vermächtnisses erhoben worden ist.

Der griechische *Epitaph* (Leichenrede) unterlag genau wie alle anderen Redegattungen einer strengen Regelung in Bezug auf Aufbau und Stil. Traditionell begann der Redner seine Ausführungen mit einer Bemerkung über die Schwierigkeit seiner Aufgabe. Hieran schlossen sich folgende Punkte an:

– Lob des Landes und seiner Bewohner
– Erziehung der Gefallenen unter der freiheitlichen Gestaltung ihres Staatswesens, Taten der Vorfahren
– Lobpreis der Gefallenen und ihrer Tapferkeit
– Ermahnung der Lebenden, es ihnen nachzutun
– Tröstung der Hinterbliebenen

Es dürfte auf den ersten Blick erkennbar sein, dass die antike Leichenrede eher dem Lob der Polis (Stadtstaat) als dem Lob der Gefallenen oder gar der Tröstung der Angehörigen galt. Die Leichenrede des Perikles stellt hierbei keine Ausnahme dar, denn auch sie beschäftigt sich in weiten Teilen ausschließlich mit dem Preis des athenischen Gemeinwesens, wobei allerdings die Taten der Vorfahren keine Berücksichtigung finden. Es geht Perikles ganz allein um das Lob der gegenwärtigen Attischen Demokratie.

Hinweise für den Einsatz im Unterricht

Auf eine genaue Analyse sprachlicher Merkmale und insbesondere der rhetorischen Figuren wurde bei dieser Rede (Arbeitsblatt 5, S. 32f.) bewusst verzichtet, da die vorliegende Übersetzung in dieser Hinsicht nur wenig hergibt. Stattdessen soll diese Rede verstärkt auf ihren propagandistischen Gehalt und ihre Bedeutung für die Gegenwart untersucht werden. Als Einstieg sollte zunächst einmal die Erwartungshaltung der Schüler bezüglich einer Totenrede abgefragt werden.

❏ *Welche Erwartungen verbinden Sie mit einer Totenrede für gefallene Soldaten?*

Erfahrungsgemäß erwarten Schüler von einer solchen Rede vor allem das Lob der Gefallenen allgemein oder sogar die Würdigung der Verdienste des Individuums. Zudem könnten die Schüler darauf verweisen, dass die Tröstung der Hinterbliebenen zu den Hauptaufgaben einer solchen Rede gehören sollte. Die Äußerungen der Schüler sollten zunächst nur gesammelt werden, da sie im Anschluss als interessanter Kontrast zu der tatsächlichen Rede genutzt werden können.

❏ *Inwiefern wird die vorliegende Rede ihren Erwartungen an eine Trauerrede gerecht?*

❏ *Perikles bezeichnet Athen in dieser Rede als „Schule von Hellas". Ordnen sie die Bereiche des Lebens, in denen Perikles Athen als Vorbild sieht, nach übergeordneten Sachbegriffen.*

❏ *Worauf führt Perikles die Überlegenheit Athens zurück und welche Anforderungen werden an den einzelnen Bürger gestellt?*

Durch den Vergleich mit den zuvor erarbeiteten Erwartungen sollte sich ergeben, dass das Ziel des Perikles offenbar ein ganz anderes gewesen ist, als der moderne Leser erwartet. Insgesamt nimmt die Rede einen eher belehrenden Gestus ein und kümmert sich kaum um die Gefühle der Hinterbliebenen, denen allenfalls ein Recht zur privaten Trauer zugebilligt wird, verbunden mit dem Versprechen, für die materiellen Belange der Kinder der Gefallenen zu sorgen (vgl. Z. 136ff.).
Ansonsten bestehen weite Teile der Rede aus einem Lob aller Bereiche des öffentlichen und privaten Lebens in Athen.
Die Ergebnisse können im folgenden Tafelbild gesichert werden.

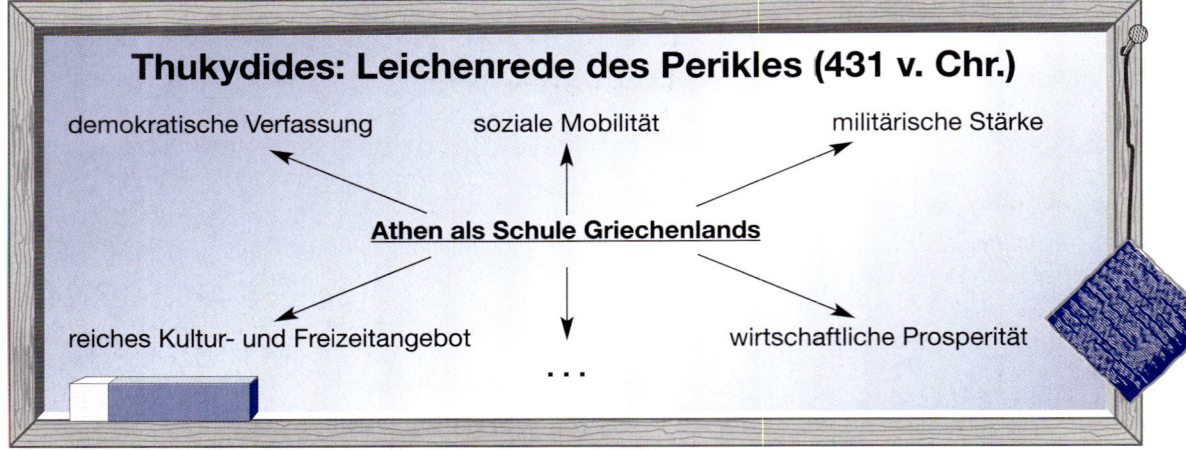

Gerade durch die Ordnung nach Sachgebieten dürfte der idealisierte Charakter dieser Staatsbeschreibung offensichtlich werden. Schlüsselbegriff des Perikles, auf den alle positiven Leistungen des Athener Staates zurückgeführt werden, ist die hier herrschende freie Geisteshaltung (vgl. Z. 25f.), die jedem Athener die Entfaltung seiner Fähigkeiten ermöglicht. Zugleich fordert der Staat aber auch die Tätigkeit. Kernsätze zu dieser Einstellung lauten: „Einzig und allein bei uns heißt doch jemand, der nicht daran teilnimmt, nicht untätig, sondern unnütz" (Z. 43ff.) bzw. „Armut einzugestehen ist für niemanden schmählich, ihr nicht zu entrinnen durch eigene Arbeit gilt als schmählicher" (Z. 87ff.). Zugleich erwartet Perikles, dass das freie Individuum sich ganz in den Dienst der Polis stellt.

❏ *Inwiefern halten Sie die Einstellung, die Perikles hier vertritt, heute noch für zeitgemäß?*

Die Frage sollte möglichst offen diskutiert werden. Zu erwarten ist, dass die Schüler den von Perikles hergestellten Zusammenhang zwischen Freiheit und positiver Gesellschaftsentwicklung prinzipiell bejahen werden, während die hier angedeutete Indienstnahme des Individuums wohl eher skeptisch gesehen werden wird.

❏ *Die Rede wurde zu Beginn des Peloponnesischen Krieges gehalten. Weisen Sie an dem Text propagandistische Elemente nach, die den Feind abwerten und die eigene Bevölkerung zur Fortsetzung des Krieges ermuntern sollten.*

Die Spartaner werden, obwohl sie nur einmal genannt werden, gleich in mehrfacher Hinsicht abgewertet. So wird ihnen etwa Fremdenfeindlichkeit unterstellt (Z. 50ff.) und das auf Härte ausgerichtete spartanische Erziehungsideal wird kritisiert (Z. 57ff.), zumal die Ergebnisse zeigen würden, dass der Mut der Athener überlegen sei. Die Ermunterung der Bevölkerung ergibt sich zum einen durch das Beschwören der athenischen Sieghaftigkeit, aber auch durch den Verweis auf die großzügige finanzielle Unterstützung der Hinterbliebenen, die durchaus als Versuch gewertet werden kann, den Kämpfenden das Sterben zu erleichtern.

1.6 ❐ Exkurs: William Shakespeare: Die Leichenrede des Marc Anton (Julius Caesar III,2)

Es handelt sich, wie bereits erwähnt, selbstverständlich nicht um eine antike Rede, doch bietet sich der Einsatz dieser literarischen Rede unter thematischen Gesichtspunkten in dieser Reihe geradezu an. Eine genaue Kenntnis des Dramas ist zum Verständnis der Rede nicht notwendig, doch müssen zumindest die Umstände und Voraussetzungen, unter denen Marc Anton diese Rede hält, zuvor im Unterricht besprochen worden sein. Shakespeare stellt Caesar als einen zweifelnden, seinen nahenden Untergang zumindest ahnenden Menschen dar. Eine Gruppe von Senatoren ist von seinem Streben nach der Königsherrschaft überzeugt und plant seine Ermordung während einer Senatssitzung an den Iden des März (15.3.44 v. Chr.). Der Plan gelingt, doch fürchten die Caesarmörder, dass die Anhänger Caesars das Volk von Rom aufwiegeln könnten. Als kurze Zeit später Marc Anton den Senat betritt, zeigt er sich über die Tat erschüttert, vermeidet aber eine direkte Konfrontation und bittet lediglich darum, Caesar durch das Halten einer Leichenrede die letzte Ehre erweisen zu dürfen. Die Verschwörer ahnen die Gefahr, wagen es jedoch auf Anraten von Brutus nicht, Marc Anton diese Bitte abzuschlagen. Brutus nimmt ihm jedoch das Versprechen ab, in seiner Rede nicht gegen die Verschwörung zu argumentieren und diese nicht anzugreifen. Um ganz sicher zu gehen, spricht anschließend zunächst Brutus zu dem vor dem Senat wartenden Volk und schafft es scheinbar, die Menge von der Notwendigkeit der Beseitigung des Tyrannen zu überzeugen.

Kurzinterpretation der Rede und Hinweise für den Einsatz im Unterricht

Die Analyse der Redesituation ergibt, dass die Ausgangslage für Antonius gleich in doppelter Hinsicht eine schwierige ist: Er steht einer Menge gegenüber, die seinem Anliegen gegenüber negativ eingestellt ist, zugleich darf er seine Gegner jedoch auch nicht angreifen. Als Redestrategie bleiben also scheinbar zunächst nur das Lob Caesars und die Beschwichtigung der Menge übrig.

Der angegebene Redeausschnitt (Arbeitsblatt 6, S. 34f.) lässt sich in drei Teile gliedern. Im ersten Abschnitt (Z. 21–33) bemüht sich Antonius zunächst darum, die Menge zu beschwichtigen, indem er ihre Haltung scheinbar teilt, indem er Caesars „Herrschsucht" (Z. 27) erwähnt und Brutus ausdrücklich als „edel" (Z. 26) bezeichnet. Im zweiten Abschnitt (Z. 34–58) beginnt er dann mit der schrittweisen Widerlegung. Er benutzt hierzu insbesondere das Mittel der Antithese: Immer wieder erwähnt er Caesars angebliche „Herrschsucht" (Z. 35, 39, 41, 42, 46, 47) und wiederholt in verschiedenen Variationen, dass Brutus ein ehrenwerter Mann sei (Z. 31, 36, 43, 48). Dem werden die Verdienste Caesars gegenübergestellt. Im Einzelnen erwähnt Antonius die Treue und Gerechtigkeit Caesars gegenüber seinen Freunden (Z. 34f.), seine Erfolge, die sich in finanziellen Gewinnen für Rom niedergeschlagen hätten (Z. 37f.), seine Sorge für die Armen (Z. 40) sowie die Ablehnung der ihm angebotenen Königskrone (Z. 44ff.). Die Argumente weisen also eine deutlich klimaktische Struktur auf, indem sie sich von Caesars privaten Vorzügen über seine Sorge um das Gemeinwohl bis zu seiner Ablehnung der Alleinherrschaft steigern und an Gewicht zunehmen. Hierzu passt, dass auch die Verwendung des Wortes Herrschsucht sich verändert. Tauchte dieses Wort zu Beginn noch in der indirekten Rede auf und besaß somit noch eine gewisse Wahrscheinlichkeit, so verwendet Antonius dieses Wort in der Folge nur noch in Frageform, die aufgrund der Tatsache, dass er seine Argumente zuerst anführt, den Charakter von rhetorischen Fragen annehmen. Auch die Verwendung des Wortes „ehrenwert" in Verbindung mit den Caesarmördern wird zunehmend von einem Mittel der Beschwichtigung zu einer ironischen Diskreditierung des Gegners. Betrachtet man die

Argumente, so wird die demagogische und manipulative Absicht noch deutlicher. Den vier Argumenten, von denen die ersten drei allenfalls im Hinblick auf die typische Tyrannen-topik etwas mit Herrschsucht zu tun haben, steht kein einziges Argument der Gegenseite gegenüber, sie werden lediglich mit der Behauptung kontrastiert. Die scheinbare Argumentation erweist sich also im Wesentlichen als Appell an die Gefühle der Zuschauer. Dieser wird in der Folge durch mehrere Ausrufe sowie das Bekenntnis des Redners, vor lauter Trauer nicht weitersprechen zu können, noch zusätzlich verstärkt (Z. 53ff.).

Die folgenden Reaktionen der Zuschauer zeigen, dass Antonius bei den meisten bereits einen Stimmungsumschwung bewirkt hat. Dennoch tut er weiterhin so, als wolle er die Interessen der Caesarmörder schützen, und behauptet, verstärkt durch zwei Hendiady-oin (Z. 81f.), dass er die Stimmung nicht gegen diese anheizen wolle. Durch die folgende Antithese zeigt sich jedoch das Gegenteil. Zwar beteuert er, dass er den Caesarmördern nicht Unrecht tun wolle, sondern lieber dem Toten. Durch den klimaktischen Zusatz, dass er aber auch sich selbst und sogar den Zuhörern lieber Unrecht tun wolle als diesen, zeigen sich seine wahren Absichten, da er durch diese Steigerung die Zuhörer weiter schritt-weise auf seine Seite zieht. Das nun im Folgenden von Antonius ins Spiel gebrachte Tes-tament wird von ihm dazu genutzt, die Menge vollends für sich einzunehmen. Auch hier behauptet er, dass er das Testament aus Rücksicht auf die Caesarmörder nicht vorlesen könne, doch steigert er zugleich durch die hyperbolische und klimaktische Beschreibung der angeblichen Wirkung des Testaments (Z. 90 – 97, Z. 109) sowie durch den dezenten Hinweis auf ein zu erwartendes Erbe für das Volk, dass diese ihn förmlich zwingen, das Testament vorzulesen und von der Rednertribüne herunterzusteigen.

Im Unterricht muss zunächst die Redekonstellation geklärt werden. Hierzu bietet sich der Einsatz einer Passage aus der Verfilmung des Dramas an. Sollte diese nicht zur Verfügung stehen, so können die Informationen natürlich auch als vorbereitende Hausaufgabe von den Schülern recherchiert werden.

❑ *Informieren Sie sich über den Handlungsverlauf William Shakespeares Drama „Julius Caesar " (Akt 1 bis einschließlich III, 1).*

❑ *Charakterisieren Sie die Redesituation, in der die sich anschließende Leichenrede des Marc Anton stattfindet.*

Nachdem die Redekonstellation im oben skizzierten Sinne im Unterrichtsgespräch gesi-chert worden ist, kann die eigentliche Erarbeitung der Redestrategie erfolgen.

❑ *Welche Intention verfolgt Marc Anton mit seiner Rede? Mit welchen Mitteln versucht er, seine Zuhörer zu überzeugen? (Z. 21 – 57)*

❑ *Bewerten Sie den Gehalt seiner Argumentation.*

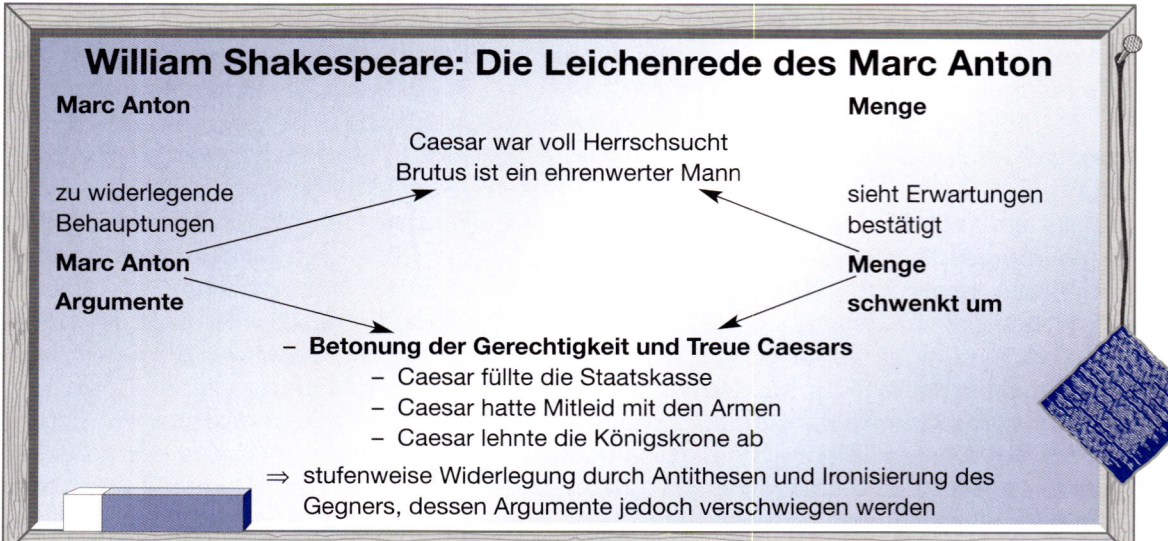

William Shakespeare: Die Leichenrede des Marc Anton

Marc Anton   Menge

Caesar war voll Herrschsucht
Brutus ist ein ehrenwerter Mann

zu widerlegende   sieht Erwartungen
Behauptungen   bestätigt

Marc Anton   Menge

Argumente   schwenkt um

– **Betonung der Gerechtigkeit und Treue Caesars**
  – Caesar füllte die Staatskasse
  – Caesar hatte Mitleid mit den Armen
  – Caesar lehnte die Königskrone ab

⇒ stufenweise Widerlegung durch Antithesen und Ironisierung des Gegners, dessen Argumente jedoch verschwiegen werden

Das hier als Beispiel angeführte Tafelbild bezieht sich nur auf den ersten Teil der Rede. Der weitere Verlauf der Rede kann entweder analog im Unterrichtsgespräch oder in Form ei-ner schriftlichen Hausaufgabe bearbeitet werden.

Theoretische Grundlagen der antiken Rhetorik

Fachbegriffe zur antiken Rhetorik

Rhetorik, die Kunst der Rede, war bereits in der Antike von großer Bedeutung.

Aus dieser Zeit stammen auch detaillierte Anlei-
5 tungen zum Erlernen der Rhetorik, die zu den sogenannten „Sieben Freien Künsten" (septem artes liberales) gehörte und an den Schulen und
Universitäten gelehrt wurde. Maßgebliche Bedeutung erlangten bis weit in das 19. Jahrhundert hin-
10 ein insbesondere die Vorschriften der römischen
Redner Cicero (106–43 v. Chr.) und Quintilian
(35–100 n. Chr.). Insgesamt war die Redekunst einer strengen Einteilung nach Gattungen sowie genauen Vorschriften bezüglich des Aufbaus unter-
15 worfen, die zusammenfassend als „Pflichten des
Redners" (officia oratoris) bezeichnet werden.
Aristoteles (384–322 v. Chr.) unterteilt die Redegattungen nach der Haltung, die das Publikum der
Rede gegenüber einnimmt. Verhält es sich genie-
20 ßend, so liegt eine **Festrede** (genos epainnos/ge-
nus demonstrativum) vor. Wird das Publikum auf-
gefordert, über eine vergangene Handlung zu
urteilen, handelt es sich um eine **Gerichtsrede**
(genos dikanikon/genus iudicale). Bezieht sich die
25 Entscheidung des Zuhörers auf ein zukünftiges
Geschehen, liegt eine **politische Rede** (genos
symbouleutikon/genus deliberativum) vor.

Die Pflichten des Redners (officia oratoris)

- Inventio (Auffindung des Stoffes und der Argu-
30 mente)
- Dispositio (Anordnung des Stoffes). Hierbei
mussten die vorgegebenen Redeteile beachtet
werden:
  1. Exordium (Einleitung)
35 2. Narratio (Erklärung des Sachverhalts)
  3. Argumentatio (Beweisführung)
  4. Peroratio/Conclusio (Schluss, Schlussfolgerung)
- Elocutio (Formulierung und Stil): Hierzu zählt
40 neben der Niederschrift auch die Ausschmü-
ckung der Rede durch rhetorische Figuren.
- Memoria (Auswendiglernen): Reden wurden in
der Antike grundsätzlich völlig frei vorgetragen.
- Actio (Vortrag der Rede)

Die folgenden Auszüge stammen aus einer Re- 45
de des römischen Staatsmanns Cicero (106 –
43 v. Chr.), die dieser im Jahre 70 v. Chr. hielt:

a) Ihr dürft daher überzeugt sein [...]: Man hat von
Quintus Caecilius noch nie eine besondere Meinung gehabt, und auch in diesem Verfahren 50
braucht man nichts von ihm zu erwarten, er ist
weder bestrebt, einen früher erworbenen Ruf zu
erhalten, noch seine Aussichten für die Zukunft
zu verbessern; da wird er diese Sache nicht gar
zu streng, nicht gar zu genau, nicht gar zu ge- 55
wissenhaft führen.

b) Nachdem ich Quästor[1] in Sizilien gewesen war
[...], da hinterließ ich, als ich aus dieser Provinz
zurückkehrte, bei allen Siziliern ein dauerndes
freundliches Andenken an meine Quästur und 60
an mich selbst, so blieb es nicht aus, dass sie
zwar den größten Beistand in ihren zahlreichen
früheren Schutzherren, zugleich aber auch in
mir einige Hilfe für ihr Ergehen zu besitzen
glaubten. Die kamen jetzt, ausgeplündert und 65
heimgesucht, wie sie waren, allesamt häufig in
öffentlichem Auftrage zu mir: Ich möge die Sache und Verteidigung ihrer gesamten Existenz
übernehmen.

c) Es ist daher eure Pflicht [...], den Mann zu be- 70
stimmen, von dem ihr annehmen dürft, dass er
der Bedeutung dieses Falles und Verfahrens
durch Zuverlässigkeit, Umsicht, Klugheit und
Ansehen am ehesten gerecht zu werden vermöge. 75

d) Vielleicht wundert sich manch einer von euch
[...] oder von den Zuhörern über mich: Habe ich
doch schon so viele Jahre lang öffentliche
Rechtssachen und Prozesse nur in der Weise
betrieben, dass ich viele verteidigte, aber nie- 80
manden angriff, und jetzt weiche ich plötzlich
von meinem Grundsatz ab und lasse mich zu
einer Anklage herbei.

---

[1] Römisches Staatsamt, dessen Inhaber zumeist mit Aufgaben der Finanzverwaltung in den Provinzen beschäftigt waren

Einfach Deutsch: Unterrichtsmodell: Rhetorik © Schöningh Verlag 2005

e) Dennoch willst du dich ihnen gegen ihren er-
85 klärten Willen aufdrängen? Dennoch in einer dir
fremden Sache das Wort führen? Dennoch die
verteidigen, die lieber von allen verlassen als
von dir verteidigt sein wollen? Sie hegen noch
eine winzige Hoffnung auf den Rest ihrer Habe,
90 die sich auf die Strenge des Gesetzes und des
Gerichtshofes gründet – warum suchst du sie

ihnen gewaltsam zu entreißen? Warum drängst
du dich gegen den erklärten Willen derer ein,
denen das Gesetz vor allem helfen möchte?

Aus: Cicero. Reden gegen Verres. Band 1. Hrsg. und übersetzt von
Manfred Fuhrmann. Zürich: Artemis und Winkler 1995, © Patmos Ver-
lag GmbH & Co. KG/Artemis & Winkler Verlag, Düsseldorf/Zürich
S. 6–61.

Darstellung eines römischen Redners, um 80 v. Chr.

☐ *Bringen Sie die Ausschnitte in eine Ihnen sinnvoll erscheinende Reihenfolge und ordnen Sie sie
den in der antiken Rhetorik geforderten Redeteilen zu. Ein Redeteil ist zweimal vertreten.*

☐ *Begründen Sie, zu welcher Redegattung der Text Ihrer Meinung nach gehört.*

☐ *Grenzen Sie anhand des Darstellungstextes die unterschiedlichen Redegattungen voneinander ab.*

EinFach Deutsch: Unterrichtsmodell: Rhetorik © Schöningh Verlag 2005

Platon: Apologie des Sokrates (ca. 399 v. Chr.)

Sokrates (470–399 v. Chr.)

Im Jahre 399 v. Chr. wurde der athenische Philosoph Sokrates unter dem Vorwurf der mangelnden Loyalität gegenüber Religion und Staat vor einem aus 500 aus dem Volk ausgelosten Richtern bestehenden Gericht angeklagt. Die wahren Gründe für die Anklage waren vermutlich, dass sich Sokrates durch seine stets kritische Haltung unbeliebt und viele Feinde gemacht hatte. Sokrates hatte darauf bestanden, sich ohne Unterstützung selbst zu verteidigen. Zwar waren professionelle Verteidiger in Athen unbekannt, doch war es allgemein üblich, sich von einem professionellen Redenschreiber eine passende Verteidigungsrede schreiben zu lassen, die man dann selbst vor Gericht vortrug. Der Verzicht hierauf war zumindest ungewöhnlich, erachtete man doch damals eine geschliffene Rede geradezu als Voraussetzung für eine überzeugende Vorstellung vor Gericht. Sokrates beginnt seine umfassende Verteidigungsrede mit folgenden Ausführungen:

Welchen Eindruck, meine athenischen Mitbürger, meine Ankläger auf euch gemacht haben, weiß ich nicht; ich meinesteils stand so unter dem Bann ihrer Worte, dass ich mich beinahe selbst vergaß:
5 So überzeugend klangen ihre Reden. Und doch, von Wahrheit war kaum eine Spur zu finden in dem, was sie gesagt haben. Am meisten aber war ich erstaunt über eine von den vielen Lügen, die sie vorgebracht haben, über die Warnung nämlich,
10 die sie an euch richteten, ihr solltet euch ja nicht von mir täuschen lassen, denn ich sei ein Meister der Rede. Dass sie sich nicht entblödeten, dies zu sagen trotz der Gewissheit, alsbald durch die Tatsachen von mir widerlegt zu werden, wenn es sich
15 nämlich nunmehr herausstellt, dass ich nichts weniger bin als ein Meister der Rede, das schien mir der Gipfel aller Dreistigkeit zu sein, es musste denn sein, dass sie den einen Meister der Rede nennen, der die Wahrheit sagt. Denn wenn sie es so meinen, dann habe ich keine Bedenken, mich 20 als Redner gelten zu lassen – nur eben nicht als einen von ihrer Art. Sie, die Kläger, haben, wie gesagt, so gut wie nichts Wahres vorgebracht; von mir aber sollt ihr die volle Wahrheit vernehmen. Aber, beim Zeus, meine Mitbürger, was ihr von mir 25 zu hören bekommt, wird kein in Worten und Wendungen schön gedrechseltes und wohlverziertes Redewerk sein wie das dieser Ankläger, sondern ein schlichter Vortrag in ungesuchten Worten. Denn ich bin fest überzeugt von der Gerechtigkeit 30 meiner Sache, und keiner von euch möge mich anders als mit Vertrauen anhören. Es wäre doch auch in der Tat ein starker Verstoß, meine Mitbürger, wollte ich in diesen meinen Jahren vor euch auftreten wie ein Jüngling, der sich in künstlichem Re- 35 deschmuck gefällt. Und ich richte an euch, meine athenischen Mitbürger, recht dringend die folgende Bitte: Wenn ihr von mir bei meiner Verteidigung die nämliche Redeweise vernehmt, derer ich mich auf dem Markt an den Wechslertischen bediene, 40 wo viele von euch mir zugehört haben, wie auch anderwärts, so wundert euch nicht und machet darob keinen Lärm. Es verhält sich damit nämlich folgendermaßen: Es ist heute das erste Mal, dass ich vor Gericht erscheine, siebzig Jahre alt. Ich 45 bin also ein völliger Fremdling in der hier üblichen Redeweise. Gesetzt nun ich wäre hier ein Fremder im eigentlichen Sinne, so würdet ihr es offenbar verzeihlich finden, wenn ich mich derjenigen Sprache und Redeform bediente, in der ich erzo- 50 gen bin. So wende ich mich denn jetzt an euch mit der, wie mir scheint, nicht unbilligen Bitte: Macht euch keine Gedanken über meine Redeweise, gleichviel, ob sie schlecht oder gut ist; richtet vielmehr euren Sinn und eure ganze Aufmerksamkeit 55 darauf, ob, was ich sage, recht ist oder nicht; denn das ist die Pflicht und Aufgabe des Richters, wie es die des Redners ist, die Wahrheit zu sagen.

Aus: Platon: Die Apologie des Sokrates und Kriton. Übersetzt und erläutert von Otto Apelt. Leipzig: Felix Meiner Verlag 1922, S. 23 f.

❏ *Stellen Sie das Beziehungsgefüge zwischen Anklägern, dem Angeklagten und den Richtern grafisch dar. Belegen Sie ihre Einschätzung auch an geeigneten Textstellen.*

❏ *Beurteilen Sie Sokrates' Haltung zum Verhältnis von Rhetorik und Wahrheit. Bedenken Sie hierbei auch die Erwartungshaltung seiner Ankläger.*

EinFach Deutsch: Unterrichtsmodell: Rhetorik © Schöningh Verlag 2005

Marcus Tullius Cicero: Rede im Vorverfahren gegen Caecilius (70 v. Chr.)

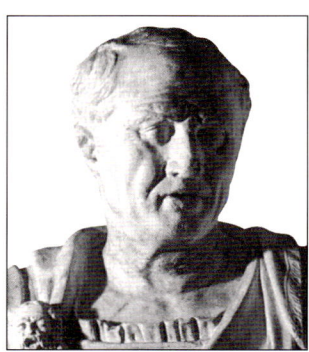

Marcus Tullius Cicero
(106 – 43 v. Chr.)

Nachdem Cicero sich in den Jahren seit 79 v. Chr. einen Ruf als Redner der Verteidigung gemacht hatte – vermutlich nicht zuletzt deshalb, weil er befürchten musste, dass er sich als Ankläger mächtige Feinde machen würde – wollte er im Jahre 70 v. Chr. erstmals als Ankläger auftreten. Es ging hierbei um den Prozess gegen den ehemaligen Statthalter Gaius Verres, der Sizilien über einen Zeitraum von drei Jahren systematisch ausgeplündert hatte. Da es im römischen Prozessrecht keinen Staatsanwalt gab, mussten die Sizilier sich nach einer geeigneten Persönlichkeit umsehen, die ihre Angelegenheit vor Gericht vertreten würde. Die Wahl der Sizilier fiel auf Cicero, der einige Jahre zuvor als Quästor in Sizilien gedient hatte. Zugleich hatte sich aber auch ein gewisser Quintus Caecilius um dieses Amt beworben. Da es nur einen Ankläger geben konnte, musste das Gericht zunächst einmal darüber befinden, wer die Sache der Sizilier vor Gericht vertreten sollte.

Vielleicht wundert sich manch einer von euch, ihr Richter, oder von den Zuhörern über mich: Habe ich doch schon so viele Jahre lang öffentliche Rechtssachen und Prozesse nur in der Weise be-
5 trieben, dass ich viele verteidigte, aber niemanden angriff, und jetzt weiche ich plötzlich von meinem Grundsatz ab und lasse mich zu einer Anklage herbei. Indes, wer die Voraussetzungen und Gründe meines Entschlusses kennt, der wird mein Tun
10 gutheißen und zugleich der Meinung sein, dass man mir in dieser Sache gewiss keinen anderen als Ankläger vorziehen darf.
Nachdem ich Quästor[1] in Sizilien gewesen war, ihr Richter, da hinterließ ich, als ich aus dieser Pro-
15 vinz zurückkehrte, bei allen Siziliern ein dauerndes freundliches Andenken an meine Quästur und an mich selbst, so blieb es nicht aus, dass sie zwar den größten Beistand in ihren zahlreichen früheren Schutzherren, zugleich aber auch in mir einige Hilfe für ihr Ergehen zu besitzen glaubten. Die 20 kamen jetzt, ausgeplündert und heimgesucht wie sie waren, allesamt häufig in öffentlichem Auftrage zu mir: Ich möge die Sache und Verteidigung ihrer gesamten Existenz übernehmen. Oft, sagten sie, hätte ich versprochen, oft zu erkennen gege- 25 ben, ich würde mich ihren Interessen nicht entziehen, wenn der Fall eintreten sollte, dass sie meiner zu bedürfen glaubten. Nunmehr, versicherten sie, sei der Fall eingetreten, dass es nicht nur ihre Interessen, sondern das Leben und die 30 Wohlfahrt der ganzen Provinz für mich zu verteidigen gebe. Sie hätten nicht einmal Götter mehr in ihren Städten, zu denen sie ihre Zuflucht nehmen könnten, weil Gaius Verres deren heiligste Bilder aus den ehrwürdigsten Tempeln weggenom- 35 men habe. Was immer an Schandtaten die Schwelgerei, an Misshandlungen die Grausamkeit, an Raubzügen die Habgier, an Beleidigungen der Hochmut habe verüben können, das alles hätten sie unter diesem einen Prätor[2] drei Jahre lang 40 ausgestanden; sie bäten mich inständig, ich möge sie als Schutzsuchende nicht abweisen: Solange ich lebte, sollten sie bei niemandem sonst Schutz suchen müssen. Es war mir peinlich und unangenehm, ihr Richter, in diese Lage versetzt zu 45 sein: Ich musste entweder die Hoffnung derer enttäuschen, die mich um Hilfe und Beistand gebeten hatten, oder aber, gezwungen durch die Umstände und mein Pflichtgefühl, zur Anklage überwechseln, obwohl ich mich doch von Jugend 50 auf der Verteidigung gewidmet hatte. [...] Bei dieser Tätigkeit ist es mir gleichwohl ein Trost, ihr Richter, dass man, was aussieht wie eine Anklage von mir, eher als Verteidigung und nicht so sehr als Anklage gelten muss. Denn ich verteidige vie- 55 le Personen, viele Gemeinden, die ganze Provinz. Wenn ich nun dabei einen Einzigen anklagen muss, so bleibe ich offenbar ziemlich genau bei meinem Grundsatz und gehe nicht gänzlich von dem Amte ab, andere zu verteidigen und zu unter- 60 stützen. [...]

---

[1] Einstiegsamt der römischen Ämterlaufbahn; die Quästoren wurden zumeist in der Finanzverwaltung eingesetzt.
[2] Zweithöchstes Amt der römischen Ämterlaufbahn, zuständig für die Rechtssprechung. Nach Ablauf des Amtsjahres übernahmen die Prätoren dann die Verwaltung einer Provinz für ein oder mehrere Jahre. Während dieser Zeit hatte Verres die Sizilier ausgebeutet.

Einfach Deutsch: Unterrichtsmodell: Rhetorik © Schöningh Verlag 2005

Wodurch – bei den Göttern und Menschen! – könnte ich dem Staat in dieser Zeit einen größeren Dienst erweisen? Was müsste dem römischen
65 Volk willkommener oder was könnte den Bündnern[1] und auswärtigen Völkerschaften erwünschter sein oder was wäre dem Heil und der Wohlfahrt aller gedeihlicher? Die verheerten, misshandelten und gänzlich zerrütteten Provin-
70 zen, die schwer heimgesuchten Bündner und Tributpflichtigen des römischen Volkes fragen in ihrem Elend schon nicht mehr nach einer Aussicht auf Rettung, sondern nach Trost in ihrem Untergang. [...]
75 Wenn ganz Sizilien aus einem Munde reden könnte, dann spräche es so: „Was an Gold, an Silber, an Kunstwerken in meinen Städten, Wohnhäusern und Heiligtümern war, was ich durch die Güte des römischen Senates und Volkes überhaupt an
80 Rechten besaß, das hast du, Gaius Verres, mir entrissen und geraubt. Aus diesem Grunde fordere ich nach dem Gesetz hundert Millionen Sesterzen[2] von dir zurück." Wenn, wie gesagt, die ganze Provinz reden könnte, so würde sie diese Worte
85 gebrauchen; da sie das nicht konnte, hat sie selbst für diese Angelegenheit den Sachwalter ausgewählt, den sie für geeignet hielt. Wird sich in einem solchen Falle jemand finden, der unverschämt und dreist genug wäre, sich gegen den
90 Willen der Beteiligten in eine fremde Angelegenheit zu drängen und sie zu beanspruchen? [...]
Dennoch willst du dich ihnen gegen ihren erklärten Willen aufdrängen? Dennoch in einer dir fremden Sache das Wort führen? Dennoch die vertei-
95 digen, die lieber von allen verlassen als von dir verteidigt sein wollen? Sie hegen noch eine winzige Hoffnung auf den Rest ihrer Habe, die sich auf die Strenge des Gesetzes und des Gerichtshofes gründet – warum suchst du sie ihnen ge-
100 waltsam zu entreißen? Warum drängst du dich gegen den erklärten Willen derer ein, denen das Gesetz vor allem helfen möchte ? [...]
Ihr dürft daher überzeugt sein, ihr Richter: Man hat von Quintus Caecilius noch nie eine besondere Meinung gehabt, und auch in diesem Verfahren 105 braucht man nichts von ihm zu erwarten, er ist weder bestrebt, einen früher erworbenen Ruf zu erhalten, noch, seine Aussichten für die Zukunft zu verbessern; da wird er diese Sache nicht gar zu streng, nicht gar zu genau, nicht gar zu gewis- 110 senhaft führen. Denn er hat, selbst wenn er einen Skandal erregt, nichts zu verlieren, er mag mit Schimpf und Schande bedeckt von dannen ziehen und wird doch nichts von seinem früheren Glanze einbüßen. Von mir aber besitzt das römi- 115 sche Volk viele Pfänder und ich muss auf jede Weise darum kämpfen, dass ich sie unversehrt erhalte, sie schütze, bestätige und wiedergewinne; es besitzt das ehrenvolle Amt, um das ich mich bewerbe; es besitzt das Ziel, das mir vorschwebt; 120 es besitzt den Namen, den ich mir mit viel Schweiß und Arbeit und in vielen durchwachten Nächten erworben habe. Wenn sich nun in dieser Sache mein Pflichteifer und meine Gewissenhaftigkeit bewähren, so kann ich mir all das, was ich erwähnt 125 habe, beim römischen Volke heil und unversehrt erhalten; doch wenn ich nur ein wenig anstoße und ins Wanken gerate, dann büße ich, was ich einzeln und in langer Zeit zusammengetragen habe, insgesamt mit einem Schlage ein. Es ist daher 130 eure Pflicht, ihr Richter, den Mann zu bestimmen, von dem ihr annehmen dürft, dass er der Bedeutung dieses Falles und Verfahrens durch Zuverlässigkeit, Umsicht, Klugheit und Ansehen am ehesten gerecht zu werden vermöge. 135

Aus: Cicero. Reden gegen Verres. Band 1. Hrsg. und übersetzt von Manfred Fuhrmann. Zürich 1995, S. 6 – 6ˉ. © Patmos Verlag GmbH & Co. KG/Artemis & Winkler Verlag, Düsseldorf/Zürich.

❑ *Gliedern Sie den Text in Sinnabschnitte und formulieren Sie anschließend mögliche Fragen, die Cicero in diesen Sinnabschnitten beantwortet.*

❑ *Welche Strategien verfolgt Cicero in seiner Rede?*

❑ *Mit welchen sprachlichen Mitteln versucht er diese zu erreichen?*

---

[1] Gemeint sind die römischen Verbündeten, die trotz ihres eigentlich privilegierten Status teilweise ähnlich schlecht behandelt wurden wie unterworfene Völker.

[2] Das römische Recht sah vor, dass im Falle einer Verurteilung die zweieinhalbfache Höhe der Schadenssumme zu erstatten war. Die sich hieraus ergebende Schadenssumme von 40 Mio. Sesterzen ist gewaltig. Zum Vergleich: Das Mindestvermögen für einen Senator betrug 1 Mio. Sesterzen.

Einfach Deutsch: Unterrichtsmodell: Rhetorik © Schöningh Verlag 2005

Marcus Tullius Cicero: Erste Rede gegen Catilina im Senat (63 v. Chr.)

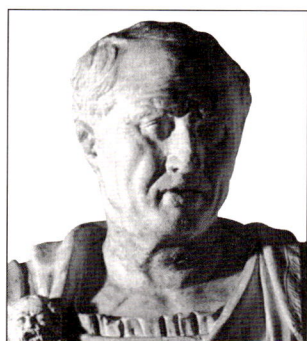

Markus Tullius Cicero
(106 – 43 v. Chr.)

Cicero war für das Jahr 63 v. Chr. gegen seinen Kontrahenten Lucius Sergius Catilina zum Konsul gewählt worden. Dieser sah nach der Wahlniederlage seine politische Karriere beendet, zumal er sich für den Wahlkampf hoch verschuldet hatte und ihm der finanzielle Ruin drohte. In seiner Verzweiflung setzte Catilina alles auf eine Karte und bereitete eine Verschwörung vor. In seinem Auftrag hatte Manlius, ein Vertrauter Catilinas, begonnen, im Norden Italiens Truppen für einen Putsch auszuheben. In Rom war daraufhin der Notstand ausgerufen worden. Nachdem auch ein Mordanschlag auf Cicero fehlgeschlagen war, entschloss sich dieser zu einem offenen verbalen Angriff auf Catilina im Senat, da dieser sich nach wie vor in Rom befand:

Wie lange willst du eigentlich unsere Geduld noch missbrauchen, Catilina? Wie lange soll uns dein wahnwitziges Treiben noch zum Besten haben? Wie lange will sich deine zügellose Frechheit noch
5 brüsten? Haben die nächtliche Besetzung des Palatiums[1], die Wachen in der Stadt, die Angst des Volkes, das Zusammenströmen aller Guten[2], dieser für die Tagung des Senats stark gesicherte Ort, Blick und Mienen der Anwesenden gar kei-
10 nen Eindruck auf dich gemacht? Merkst du nicht, dass deine Pläne klar zutage liegen, siehst du nicht, dass deine Verschwörung durch die Kenntnis aller Anwesenden bereits erdrosselt wird? Was du in der letzten, der vorvergangenen Nacht ge-
15 trieben hast, wo du gewesen bist, wen du zusammengerufen, was du beschlossen hast, wer von uns weiß das nicht?
Was sind das für Zeiten, was für Sitten! Der Senat weiß alles, der Konsul sieht es; trotzdem lebt die-

ser Mensch! Lebt? Ja, kommt sogar in den Senat, 20 nimmt an den Beratungen teil, bestimmt und bezeichnet einen jeden von uns mit einem Blick zur Ermordung! Und wir tapferen Männer meinen, dem Staate Genüge zu tun, wenn wir uns seiner Wut, seinen Dolchen entziehen! 25
Schon längst hättest du, Catilina, auf Befehl des Konsuls zum Tode abgeführt werden müssen, hätte das Unheil über dich kommen müssen, das du gegen uns schon lange im Schilde führst! Hat wirklich ein hochangesehener Mann, P[ublius]. 30 Scipio, ein Pontifex maximus[3], den Tiberius Gracchus auf eigene Faust erschlagen, weil er die Verfassung nur ein wenig ins Wanken brachte[4], und wir Konsuln wollen es dulden, dass Catilina, der die ganze Welt mit Feuer und Schwert verwüsten 35 will, ungestraft bleibt? Ich schenke mir jene längst überholten Musterbeispiele, wie etwa, dass C[aius]. Servilius Ahala den Sp[urius]. Maelius mit eigener Hand tötete[5], als er auf Umsturz ausging. Einst gab es in unserer Stadt wirklich diese Tu- 40 gend, dass entschlossene Männer einen gefährlichen Mitbürger mit schärferen Strafen belegten als den erbittertsten Staatsfeind. Wir haben einen Senatsbeschluss gegen dich, Catilina, einen harten, einschneidenden, nicht fehlt es dem Staate 45 an Rat und Ermächtigung seitens unserer Körperschaft; wir, ich spreche es ganz offen aus, wir Konsuln lassen es an uns fehlen. [...]
Wenn ich den Befehl gebe, dich zu verhaften, Catilina, wenn ich dich töten lasse, werden wahr- 50 scheinlich eher alle Guten sagen, ich hätte zu spät gehandelt, als irgendwer, ich hätte zu grausam gehandelt. Aber was eigentlich schon längst hätte geschehen sollen, tue ich aus bestimmten Gründen noch nicht. Erst wenn niemand mehr so ruch- 55 los, so verworfen, so dir ähnlich erfunden wird, dass er nicht zugäbe, es sei dir recht geschehen. Solange noch jemand den Mut hat, dich zu verteidigen, wirst du leben [...].
Worauf wartest du denn eigentlich noch, Catilina, 60 wenn kein Dunkel der Nacht deine ruchlosen Zusammenkünfte beschatten, kein Privathaus die

---

[1] einer der sieben Hügel Roms
[2] Mit den Guten (boni) meint Cicero die Senatoren.
[3] oberster Priester
[4] Tiberius Gracchus hatte 133 v. Chr. versucht, gegen den Widerstand des Senats eine Landreform durchzuführen, und war daraufhin von einer Gruppe von Senatoren unter der Führung Scipios erschlagen worden.
[5] Die Bemerkung bezieht sich auf eine vermutlich sagenhaft ausgeschmückte Begebenheit aus dem 5. Jh. v. Chr.

EinFach Deutsch Unterrichtsmodell: Rhetorik © Schöningh Verlag 2005

Stimmen der Verschwörung in seinen vier Wänden behalten kann, wenn alles ans Tageslicht kommt
65 und in die Öffentlichkeit dringt? Ändere deinen bösen Sinn, ich rate dir gut, vergiss Mord und Brand! Du sitzt vollkommen fest; alle deine Pläne liegen sonnenhell vor uns. [...]

Jetzt aber, davon bin ich fest überzeugt, wird nie-
70 mand, wenn er sein Ziel erreicht und ins Lager zu Manlius gelangt, so beschränkt sein, das Bestehen einer Verschwörung zu übersehen, niemand so ruchlos, es zu leugnen. Ich bin aber auch überzeugt, dass durch des einen Beseitigung diese
75 Seuche, die unseren Staat befallen hat, nur ein wenig zurückgedrängt, aber nicht für immer verdrängt werden kann. Wenn er aber hinausstürzt und all seine Leute mitnimmt und dort ebenfalls all die von überallher zusammengetrommelten ge-
80 scheiterten Existenzen seiner Bande zugesellt, dann wird nicht nur das beängstigende Wüten dieser Seuche sich legen und abflauen, sondern auch alles Unheil mit Stumpf und Stiel ausgerottet werden. [...] Wenn jetzt er als Einziger aus der
85 ganzen Räuberbande beseitigt wird, dann wird es vielleicht so aussehen, als wären wir für eine ganz kurze Zeit Angst und Sorge los, aber die Gefahr wird in den Adern und Eingeweiden des Staates verkapselt sitzen bleiben. Wie häufig Schwer-
90 kranke sich zunächst erleichtert fühlen, wenn sie, von hitzigem Fieber geschüttelt, einen Schluck kalten Wassers trinken, hernach aber noch viel schwerer und schlimmer heimgesucht werden, so wird diese Krankheit, die in unserm Staate wütet,

durch seine Bestrafung zwar Linderung erfahren, 95
dann aber umso heftiger wieder ausbrechen, wenn die Übrigen am Leben bleiben. Darum mögen die Lumpen verschwinden, mögen sich von den anständigen Elementen absondern, mögen sich irgendwo zusammentun, kurzum, mögen, wie 100
ich es schon mehrfach gesagt habe, durch die Stadtmauer von uns getrennt werden. [...] Wir Konsuln werden es nicht an Wachsamkeit, ihr nicht an Autorität, die Römische Ritterschaft nicht an Tatkraft, alle Patrioten nicht an Einmütigkeit 105
fehlen lassen, sodass ihr seht, wie mit Catilinas Weggang alles aufgedeckt, ans Licht gebracht, unterdrückt und bestraft ist!

Unter diesen Vorzeichen zieh in den ruchlosen Krieg, Catilina, zum Heile des Staates, zum Unheil 110
und Verderben für dich, zum Untergang für alle, die sich mit dir zu lauter Verbrechen, zu Mord und Totschlag verbunden haben. Du aber, Jupiter[1], den Romulus unter denselben Auspizien wie unsre Stadt aufgerichtet hat[2], den wir zu Recht den 115
Erhalter unserer Stadt und unsres Reiches nennen, wirst deine wie alle anderen Tempel, die Mauern der Stadt und ihre Häuser, Leben und Eigentum aller Bürger vor ihm und seinen Genossen schützen, wirst die Widersacher der Guten, die 120
Feinde des Vaterlandes, die Ausplünderer Italiens, die sich zu gemeinsamem Verbrechen in ruchlosem Bunde zusammengefunden haben, mit ewigen Strafen im Leben und im Tode heimsuchen.

Aus: Cicero: Staatsreden. Band 1. Hrsg. und übersetzt von H. Kasten.
5. Aufl. Berlin (Ost): Akademie Verlag 1969, S. 166–186.

❑ *Welche Wirkung sollte die Rede auf Catilina haben? Warum verzichtet Cicero auf die sofortige Vollstreckung der Todesstrafe gegen Catilina?*

❑ *Gliedern Sie den Text in Sinnabschnitte und versehen Sie diese mit einer aussagekräftigen Überschrift.*

❑ *Untersuchen Sie die Rede auf die Verwendung rhetorischer Mittel und beschreiben Sie jeweils ihre Wirkungsabsicht.*

---

[1] oberster Staatsgott
[2] Romulus, der sagenhafte Gründer Roms, hatte nach der Überlieferung den Ort für seine Gründung mit dem Mittel der Vogelschau (auspicium) ermittelt.

EinFach Deutsch: Unterrichtsmodell: Rhetorik © Schöningh Verlag 2005

Thukydides: Leichenrede des Perikles

Athen hatte sich nach den siegreichen Perser-kriegen (490–479 v. Chr.) zu einer radikalen Demokratie entwickelt, in der die meisten Äm-ter durch Losverfahren besetzt wurden. Durch seine Führungsqualitä-ten und sein großes rednerisches Talent war es dem Athener Perikles aber über einen Zeit-raum von über zwanzig Jahren gelungen, im-mer wieder zum Strate-gen gewählt zu werden. Allerdings hatte auch er

Büste des athenischen Staatsmanns Perikles (um 500 – 429 v. Chr.)

nicht verhindern können, dass Athen immer mehr in Gegensatz zu Sparta geriet, der anderen grie-chischen Führungsmacht. Seit 431 v. Chr. befan-den sich Athen und Sparta mitsamt ihren Bundes-genossen im Kriegszustand, der erst 404 mit der Niederlage und Kapitulation Athens enden sollte. Aus Anlass der Gedenkfeierlichkeiten für die ers-ten Gefallenen des Krieges hielt Perikles die fol-gende Rede, die der griechische Historiker Thu-kydides überliefert:

Von welcher Grundhaltung aus wir dazu kamen, dank welcher Verfassung und durch welche Sin-nesart unsere Macht erstand, das will ich zunächst klarlegen, ehe ich zum Preis dieser Toten komme;
5 denn in der gegenwärtigen Stunde, glaube ich, ist es doch sicher nicht unpassend, darüber zu spre-chen, und für die ganze Versammlung, Bürger und Fremde, nützlich, davon zu hören.
Die Staatsverfassung, die wir haben, richtet sich
10 nicht nach den Gesetzen anderer, viel eher sind wir selbst für manchen ein Vorbild, als dass wir an-dere nachahmten. Mit Namen heißt sie, weil die Staatsverwaltung nicht auf wenige, sondern auf die Mehrheit ausgerichtet ist, Demokratie. Es ha-
15 ben nach den Gesetzen in den persönlichen An-gelegenheiten alle das gleiche Recht, nach der Würdigkeit aber genießt jeder – wie er eben auf irgendeinem Gebiet in Ansehen steht – in den An-gelegenheiten des Staates weniger aufgrund ei-
20 nes regelmäßige Wechsels in der Bekleidung der Ämter, sondern vielmehr aufgrund seiner Tüchtig-

keit den Vorzug. Ebenso wenig wird jemand aus Armut, wenn er trotzdem für die Stadt etwas leis-ten könnte, durch seine unscheinbare Stellung daran gehindert. Frei leben wir als Bürger im Staat 25 und frei vom gegenseitigen Misstrauen des All-tags, ohne gleich dem Nachbarn zu zürnen, wenn er sich einmal ein Vergnügen macht, und ohne un-seren Unmut zu zeigen, der zwar keine Strafe ist, aber doch durch die Miene kränkt. Wie unge- 30 zwungen wir aber auch unsere persönlichen Din-ge regeln, so hüten wir uns doch im öffentlichen Leben, allein aus Furcht, vor Rechtsbruch – in Ge-horsam gegen Amtsträger und Gesetze, hier vor allem gegen solche, die zum Nutzen der Unter- 35 drückten erlassen sind, und die ungeschriebenen, deren Übertretung nach allgemeinem Urteil Schande bringt.
Außerdem haben wir reichlich für geistige Ent-spannung nach der Last der Arbeit gesorgt, durch 40 Wettkämpfe und feierliche Opfer, die wir jährlich feiern, durch eine geschmackvolle Ausstattung unserer Häuser, die uns Tag für Tag erfreut und die Sorgen verscheucht. Dank der Größe unserer Stadt strömen aus aller Welt alle Güter bei uns ein 45 – und so haben wir das Glück, ebenso bequem die Erzeugnisse des eigenen Landes zu genießen wie die fremder Völker.
Wir unterscheiden uns auch in der Sorge um das Kriegswesen von unseren Feinden. Wir gewähren 50 jedem Zutritt zu unserer Stadt, und niemals ver-wehren wir durch Fremdenaustreibungen jeman-dem etwas Wissens- oder Sehenswertes, dessen unverhüllte Schau etwa dem Feind nützen könn-te; denn wir bauen weniger auf Rüstung und Über- 55 raschung als auf unseren eigenen zur Tat ent-schlossenen Mut. In der Erzählung streben jene in rastlosem Mühen schon von klein auf nach Man-nesmut, wir aber leben gelöst, doch gehen wir nicht minder entschlossen an die gleichen Gefah- 60 ren heran. Der Beweis: Die Lakedaimonier [Spar-taner] ziehen nicht allein, sondern mit all ihren Ver-bündeten gegen unser Land; wenn wir aber im Nachbarland einfallen, so erringen wir ohne Mü-he in der Fremde, kämpfend gegen die Verteidi- 65 ger ihrer Heimat, meist den Sieg. Mit unserer Ge-samtmacht ist noch nie ein Feind zusammen-gestoßen, weil wir gleichzeitig die Flotte versor-gen und unsere Leute bei vielen Unternehmungen zu Lande aussenden. Treffen unsere Feinde dann 70 irgendwo auf einen Trupp und besiegen einige we-

EinFach Deutsch: Unterrichtsmodell: Rhetorik © Schöningh Verlag 2005

nige von uns, so brüsten sie sich, sie hätten uns alle zurückgeworfen, unterliegen sie, sie seien von unserer Gesamtmacht geschlagen worden.

75 Alles in allem: Wenn wir eher mit unbeschwertem Sinn als sorgenvoller Mühe und nicht so sehr in gesetzgebotener als vielmehr wesensentsprungener Tapferkeit bereit zum Wagnis sind, so haben wir davon nur Vorteil: Künftige Not macht uns 80 nicht vorher schon Sorge, und ist sie da, zeigen wir uns nicht weniger wagemutig als solche, die sich immer abmühen. Hierin verdient unsere Stadt Bewunderung und noch in anderem.

Wir lieben die Kunst mit maßvoller Zurückhaltung, 85 wir lieben den Geist ohne schlaffe Trägheit; Reichtum dient uns der rechten Tat, nicht dem prunkenden Wort, und seine Armut einzugestehen ist für niemanden schmählich, ihr nicht zu entrinnen durch eigene Arbeit gilt als schmählicher. Mit der- 90 selben Sorgfalt widmen wir uns dem Haus- wie dem Staatswesen, und ist auch jeder von uns seinen eigenen Arbeiten zugewandt, so zeigt er doch im staatlichen Leben ein gesundes Urteil. Einzig und allein bei uns heißt doch jemand, der nicht 95 daran teilnimmt, nicht untätig, sondern unnütz; und nur wir entscheiden in Staatsgeschäften selbst oder denken sie doch richtig durch, denn nicht schaden nach unserer Meinung Worte den Taten, sondern vielmehr, sich nicht durch das Wort vor- 100 her belehren zu lassen, ehe man an die nötige Tat herangeht. Aber auch dadurch zeichnen wir uns aus, dass wir kühnen Mut und kluge Überlegung bei allem, was wir anfassen, in uns vereinen, während die anderen Unkenntnis verwegen, Überle- 105 gung bedenklich macht. Die größte Seelenstärke sprechen wir mit Recht denen zu, die das Furchtbare und das Angenehme am klarsten erkennen und gerade deshalb keiner Gefahr ausweichen.

Auch in den Fragen des edlen Betragens unterscheiden wir uns von den meisten: Nicht indem 110 wir Wohltaten empfangen, sondern leisten, gewinnen wir Freunde; zuverlässiger ist ja der Wohltäter, da er sich den schuldigen Dank des Beschenkten durch Freundschaft erhält, der Schuldner aber ist gleichgültiger, da er weiß, dass 115 er seine Leistung nicht als Dank, sondern als Schuld abstattet. Wir allein sind gewohnt, nicht aus Berechnung des Vorteils, sondern im sicheren Vertrauen auf unsere Freiheit jemandem zu helfen. 120

Zusammenfassend sage ich, dass unsere Stadt im Ganzen die Schule von Hellas sei und dass jeder einzelne Bürger, wie ich glaube, bei uns in vielseitigster Weise und in spielerischer Anmut seine ihm eigene Art entfalte. Dass dies nicht Prunk mit 125 Worten für den Augenblick ist, sondern Wahrheit der Tatsachen, beweist die Macht der Stadt, die wir dank unserer Eigenschaften errungen haben. [...]

Für eine solche Stadt, die sie nicht verlieren woll- 130 ten, sind diese hier in edlem Kampf gefallen, und von den Überlebenden ist wohl keiner, der nicht für sie Mühen ertragen will. [...]

So habe auch ich in einer Rede nach dem Brauch gesagt, was ich für angemessen hielt. Durch die 135 Tat wurden die Bestatteten schon jetzt geehrt, andererseits wird die Stadt ihre Söhne auf öffentliche Kosten bis zum Mannesalter aufziehen und so den Toten und den Hinterbliebenen einen wertvollen Kranz für solche Kämpfe aussetzen; denn 140 wo die edelsten Preise den mannhaften Sinn lohnen, in der Stadt leben auch die besten Bürger. Nun beklagt eure Angehörigen und dann geht.

Aus: Thukydides: Der Peloponnesische Krieg. (Übers. H. Vretska u. W. Rinner). Stuttgart: Reclam 2000, S. 137–145.

☐ *Inwiefern wird die vorliegende Rede ihren Erwartungen an eine Trauerrede gerecht?*

☐ *Perikles bezeichnet Athen in dieser Rede als „Schule von Hellas". Ordnen Sie die Bereiche des Lebens, in denen Perikles Athen als Vorbild sieht, nach übergeordneten Sachbegriffen.*

☐ *Worauf führt Perikles die Überlegenheit Athens zurück und welche Anforderungen werden an den einzelnen Bürger gestellt?*

EinFach Deutsch: Unterrichtsmodell: Rhetorik © Schöningh Verlag 2005

William Shakespeare: Die Leichenrede des Marc Anton

ERSTER BÜRGER: He, bleibt doch! Hören wir den Marc Anton!

DRITTER BÜRGER: Lasst ihn hinaufgehn auf die Rednerbühne! Ja, hört ihn! Edler Marc Anton, hi-
5 nauf!

ANTONIUS: Um Brutus' willen bin ich euch verpflichtet.

VIERTER BÜRGER: Was sagt er da vom Brutus?

DRITTER BÜRGER: Er sagt, um Brutus' willen find'
10 er sich
Uns insgesamt verpflichtet.

VIERTER BÜRGER: Er täte wohl,
Dem Brutus hier nichts Übles nachzureden.

ERSTER BÜRGER: Der Cäsar war ein Tyrann.

15 DRITTER BÜRGER: Ja, das ist sicher.
Es ist ein Glück für uns, dass Rom ihn los ward.

VIERTER BÜRGER: Still! Hört doch, was Antonius sagen kann!

ANTONIUS: Ihr edlen Römer –

20 BÜRGER: Still da! hört ihn doch!

ANTONIUS: Mitbürger! Freunde! Römer! hört mich an:
Begraben will ich Cäsarn, nicht ihn preisen. Was Menschen Übles tun, das überlebt sie,
25 Das Gute wird mit ihnen oft begraben.
So sei es auch mit Cäsarn! Der edle Brutus
Hat euch gesagt, dass er voll Herrschsucht war;
Und war er das, so war's ein schwer Vergehen,
Und schwer hat Cäsar auch dafür gebüßt.
30 Hier, mit des Brutus Willen und der andern
(Denn Brutus ist ein ehrenwerter Mann,
Das sind sie alle, alle ehrenwert!)
Komm' ich, bei Cäsars Leichenzug zu reden.
Er war mein Freund, war mir gerecht und treu:
35 Doch Brutus sagt, dass er voll Herrschsucht war,
Und Brutus ist ein ehrenwerter Mann.
Er brachte viel Gefangne heim nach Rom,
Wofür das Lösegeld den Schatz gefüllt.
Sah das der Herrschsucht wohl am Cäsar gleich?
40 Wenn Arme zu ihm schrien, so weinte Cäsar:
Die Herrschsucht sollt' aus härterm Stoff bestehn.
Doch Brutus sagt, dass er voll Herrschsucht war,
Und Brutus ist ein ehrenwerter Mann.
Ihr alle saht, wie am Lupercusfest[1]
45 Ich dreimal ihm die Königskrone bot,
Die dreimal er geweigert. War das Herrschsucht?
Doch Brutus sagt, dass er voll Herrschsucht war,

Und ist gewiss ein ehrenwerter Mann.
Ich will, was Brutus sprach, nicht widerlegen,
Ich spreche hier von dem nur, was ich weiß. 50
Ihr liebtet all' ihn einst nicht ohne Grund:
Was für ein Grund wehrt euch, um ihn zu trauern?
O Urteil, du entflohst zum blöden Vieh,
Der Mensch ward unvernünftig! – Habt Geduld!
Mein Herz ist in dem Sarge hier beim Cäsar, 55
Und ich muss schweigen, bis es mir zurückkommt.

ERSTER BÜRGER: Mich dünkt, in seinen Reden ist viel Grund.

ZWEITER BÜRGER: Wenn man die Sache recht er- 60
wägt, ist Cäsarn
Groß Unrecht widerfahren.

DRITTER BÜRGER: Meint ihr, Bürger?
Ich fürcht', ein Schlimmrer kommt an seine Stelle.

VIERTER BÜRGER: Habt Ihr gehört? Er nahm die 65
Krone nicht:
Da sieht man, dass er nicht herrschsüchtig war.

ERSTER BÜRGER: Wenn dem so ist, so wird es manchem teuer
Zu stehen kommen. 70

ZWEITER BÜRGER: Ach, der arme Mann!
Die Augen sind ihm feuerrot vom Weinen.

DRITTER BÜRGER: Antonius ist der bravste Mann in Rom.

VIERTER BÜRGER: 75
Gebt Acht, er fängt von neuem an zu reden!

ANTONIUS:
Noch gestern hätt' umsonst dem Worte Cäsars
Die Welt sich widersetzt: Nun liegt er da,
Und der Geringste neigt sich nicht vor ihm. 80
O Bürger! strebt' ich, Herz und Mut in euch
Zur Wut und zur Empörung zu entflammen,
So tät' ich Cassius und Brutus Unrecht,
Die ihr als ehrenwerte Männer kennt.
Ich will nicht ihnen Unrecht tun, will lieber 85
Dem Toten Unrecht tun, mir selbst und euch,
Als ehrenwerten Männern, wie sie sind.
Doch seht dies Pergament mit Cäsars Siegel:
Ich fand's bei ihm, es ist sein letzter Wille.
Vernähme nur das Volk dies Testament 90
(Das ich, verzeiht mir, nicht zu lesen denke),
Sie gingen hin und küssten Cäsars Wunden,
Und tauchten Tücher in sein heil'ges Blut,
Ja bäten um ein Haar zum Angedenken,

---

[1] Fest zu Ehren des Gottes Faunus, das am 15. Februar gefeiert wurde. Antonius verschweigt, dass Caesar die Krone vermutlich nur deshalb abgelehnt hatte, weil die Menge durch lautes Jammern ihr Missfallen bekundet hatte.

Einfach Deutsch: Unterrichtsmodell: Rhetorik © Schöningh Verlag 2005

95 Und sterbend nennten sie's im Testament,
Und hinterließen's ihres Leibes Erben
Zum köstlichen Vermächtnis.
VIERTER BÜRGER: Wir wollen's hören: Lest das Testament!
100 Lest, Marc Anton!
BÜRGER: Ja ja, das Testament!
Lasst Cäsars Testament uns hören!
ANTONIUS:
Seid ruhig, lieber Freund'! Ich darf's nicht lesen:
105 Ihr müsst nicht wissen, wie euch Cäsar liebte.
Ihr seid nicht Holz, nicht Stein, ihr seid ja Menschen;
Drum, wenn ihr Cäsars Testament erführt,
Es setzt' in Flammen euch, es macht' euch rasend.
110 Ihr dürft nicht wissen, dass ihr ihn beerbt,
Denn wüsstet ihr's, was würde draus entstehn?
BÜRGER:
Lest das Testament! Wir wollen's hören,
115 Marc Anton!
Lest das Testament! Cäsars Testament!

ANTONIUS: Wollt ihr euch wohl gedulden? Wollt ihr warten?
Ich übereilte mich, da ich's euch sagte.
Ich fürcht', ich tu' den ehrenwerten Männern 120
Zu nah, von deren Dolchen Cäsar fiel;
Ich fürcht' es.
VIERTER BÜRGER: Sie sind Verräter: ehrenwerte Männer!
BÜRGER: Das Testament! Das Testament! 125
ZWEITER BÜRGER: Sie waren Bösewichter, Mörder!
Das Testament!
Lest das Testament!
ANTONIUS: So zwingt ihr mich, das Testament zu lesen? 130
Schließt einen Kreis um Cäsars Leiche denn:
Ich zeig' euch den, der euch zu Erben machte.
Erlaubt ihr mir's? Soll ich hinuntersteigen?
BÜRGER: Ja, kommt nur!
ZWEITER BÜRGER: Steigt herab! 135
Er verlässt die Rednerbühne.

Aus: Shakespeare, William: Julius Caesar. Übersetzt von August Wilhelm Schlegel. Stuttgart 1969, S. 46–48.

❑ *Welche Intention verfolgt Marc Anton mit seiner Rede? Mit welchen Mitteln versucht er, seine Zuhörer zu überzeugen? (Z. 21–57)*

❑ *Bewerten Sie den Gehalt seiner Argumentation.*

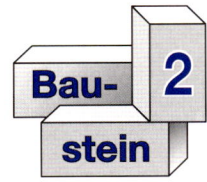

Autoritäre Rhetorik

2.1 ☐ Einführung und Hinweise für den Unterricht

Das Analysieren wilhelminischer und besonders nationalsozialistischer Reden gehört auch heute noch zu den Standardthemen beim Umgang mit der Thematik der politischen Rede. Seine Rechtfertigung findet dieser Umstand in der Tatsache, dass sich gerade diese Texte durch ihren manipulativen Einsatz der Sprache und den damit verbundenen massiven Einsatz rhetorischer Mittel besonders gut eignen, das „Handwerkszeug" der Redeanalyse zu erlernen.

Zugleich hat aber gerade dieser Missbrauch dazu geführt, dass die Rhetorik in Deutschland bis heute einen eher zweifelhaften Ruf besitzt. Die Reden, die von Rednern wie Hitler und Goebbels gehalten wurden, dienten eindeutig einem verbrecherischen Zweck. Diese Reden zu verherrlichen, hieße nicht aber nur, den Zweck der Rede von ihrer Ausführung zu trennen, sondern auch nachträglich dem Mythos der NS-Propaganda aufzusitzen, die für sich in Anspruch nahm, alles bewirken zu können. Neuere historische Untersuchungen, wie etwa die von Thamer, belegen jedoch, dass es ganz andere Faktoren waren, die die Deutschen in den dreißiger Jahren an das Regime banden, nämlich die Hoffnung auf wirtschaftliche Prosperität und sozialen Aufstieg.[1] Die NS-Propaganda nimmt somit mehr die Rolle eines permanenten Hintergrundgeräuschs ein, die vor allem diejenigen manipulierte und indoktrinierte, die ohnehin schon bereit waren, den Versprechungen der Nazis Glauben zu schenken. Die Beschäftigung mit nationalsozialistischen Reden im Unterricht kann also nicht nur dazu dienen, manipulative Strategien zu erkennen, sondern soll auch den Mythos der Allmächtigkeit von Propaganda dekonstruieren helfen.

Die Aufnahme mehrerer Reden Wilhelms II. mag in diesem Zusammenhang zunächst verwundern. Keineswegs ist hier beabsichtigt, Wilhelm II. auf dieselbe Stufe wie die Nazis zu stellen. Gemeinsam ist beiden jedoch die antidemokratische und autoritäre Grundhaltung, die allerdings im Falle Wilhelms II. aus der Vergangenheit in das 20. Jahrhundert hineinragt: Wilhelm II. ist kein Demagoge, sondern nimmt in seinen Reden stets die Rolle des absolutistischen Patriarchen ein, der sein unmündiges Volk von oben herab belehrt. Gerade diese Unzeitgemäßheit, bisweilen auch Kläglichkeit des Inhalts stehen jedoch in deutlichem Kontrast zum oft aufgeblasenen Stil der Reden, sodass eine Analyse auch einen Beitrag zur Stilkritik politischer Reden an einem einfachen Beispiel liefern kann.

Hinweise zum Einsatz im Unterricht

Die Behandlung von Reden des 20. Jahrhunderts hat gegenüber der Beschäftigung mit älterer Rhetorik den Vorteil, dass zumeist auch Bild- und Tonaufnahmen zur Verfügung stehen, mit denen auch die Ausführung und vor allem die Wirkung der Reden auf das Publikum analysiert werden können. Dies gilt leider nicht für die Reden Wilhelms II., da die damalige Technik noch nicht mobil genug war, um eine Rede vor Ort aufzunehmen. Die wenigen Tondokumente von Reden Wilhelms II. sind samt und sonders nachträglich aufgenommen und somit für den Einsatz im Unterricht ungeeignet.

Anders sieht dies bei den nationalsozialistischen Reden aus: Von allen in diesem Baustein aufgenommenen Reden existieren Ton- bzw. Filmaufnahmen, die in vielen Kreisbildstellen und Medienzentren ausgeliehen werden können. Dies gilt natürlich insbesondere für die

---

[1] Thamer, Hans Ulrich: Verführung und Gewalt. Deutschland 1933–1945. Berlin 1986, S. 467–523.

Sportpalastrede von Joseph Goebbels, die zudem in zahllosen Dokumentationen zur NS-Zeit zumindest ausschnittweise wiedergegeben ist.

Soll – etwa in Zusammenarbeit mit einem Geschichtskurs – die NS-Propaganda insgesamt genauer untersucht werden, so empfiehlt sich besonders eine eingehende filmische Analyse von Ausschnitten aus Leni Riefenstahls Film „Triumph des Willens", anhand dessen sich die Inszenierung einer NS-Propagandaveranstaltung am eindringlichsten aufzeigen lässt. Ähnlich geeignet ist zu diesem Zweck auch die in vielen Kreisbildstellen bereitstehende Filmaufnahme des Wahlkampfauftritts Hitlers in Eberswalde von 1932, die vor allem im Hinblick auf die Analyse von Gestik, Mimik und Stimmmodulation Hitlers ergiebig ist.

Im Falle der Reden Wilhelms II. bietet sich eine Behandlung einer Rede Heßlings aus Heinrich Manns Roman „Der Untertan" (Zusatzmaterial 4, S. 114ff.) an, da an diesem Beispiel schlaglichtartig die Wirkung der wilhelminischen Rhetorik auf den Zeitgeist an einem allerdings fiktiven Beispiel gezeigt werden kann.

2.2 ☐ Reden Wilhelms II.

Zum historischen Hintergrund und zur Person Wilhelms II. (1859–1941)

Die Wende vom 19. zum 20. Jahrhundert geht in der westlichen Welt mit einer großen Zahl von revolutionären Veränderungen auf vielen Gebieten der Gesellschaft, der Kultur und der Wissenschaften einher, sodass es nicht übertrieben erscheint, von einer Zeitenwende zu sprechen, wie sie sich in der abendländischen Kultur seit der Wende vom Mittelalter zur Neuzeit (um 1500) nicht mehr ereignet hat.

Geprägt ist diese Epoche vor allem durch den radikalen Wandel im Leben der Menschen. Die Großstädte, im 19. Jahrhundert meist noch überschaubare Einheiten, wachsen innerhalb weniger Jahre zu riesigen Metropolen mit einer nach Millionen zählenden Bevölkerung heran. Ähnlich rasch entwickeln sich Verkehr (Eisenbahn, Autos) und Medien (Kino). Im Bewusstsein der Zeitgenossen hinterlässt diese zunehmende Beschleunigung des Lebens tiefgreifende Spuren: Die Stimmung der Menschen schwankt zwischen grenzenlosem Fortschrittsoptimismus und erheblichen Zweifeln in Bezug auf den Sinn dieser Veränderungen. Die Folge dieser Zerrissenheit sind zunehmende Hektik und ein zum Teil blinder Aktionismus, die sich auch in der Kunst und der Literatur niederschlagen.

Ihren unmittelbaren Ausdruck finden diese Widersprüche in der Gestalt des Deutschen Kaiserreichs. Einerseits entwickelt sich Deutschland unter der Herrschaft der Hohenzollern zum modernsten Industriestaat Europas, andererseits hält man gerade in Deutschland an traditionellen Formen der Herrschaft und Repräsentation fest. Die Anfänge eines modernen Sozial- und Interventionsstaates, der sich mit wechselndem Erfolg um die Lösung der drängenden sozialen Probleme bemüht, treffen so unvermittelt auf die für heutige Betrachter oft bizarr anmutende Selbstdarstellung des „Persönlichen Regiments" Kaiser Wilhelms II. Die stetig wachsenden Spannungen zwischen diesen Polen – soziale Herausforderungen auf der einen, bürgerliches und adliges Standesdenken auf der anderen Seite – führen schließlich zu jener zunehmenden Unruhe in der deutschen und europäischen Außenpolitik, die schließlich in den Ersten Weltkrieg münden sollte.

Die Person Wilhelm II. spiegelt diese Zerrissenheit wie keine zweite wider, sodass zu Recht auch von der Wilhelminischen Epoche gesprochen wird. 1859 als Sohn Friedrichs III. geboren, musste er den Thron bereits 1888 besteigen, nachdem sein Vater nach nur etwa dreimonatiger Regentschaft gestorben war. Der neue Kaiser erwies sich den Anforderungen seines Amtes in keiner Weise gewachsen: Von Natur aus nervös und sprunghaft litt er zudem sehr unter einer Verkrüppelung eines Arms von Geburt an, ein Makel, den er durch betont schneidiges Auftreten zu überspielen bemüht war. Auch war sein Amtsverständnis – völlig unzeitgemäß und durch die geltende Reichsverfassung in keiner Weise gedeckt – zutiefst von seinem Gottesgnadentum und absolutistischen Vorstellungen geprägt, die er zwar nicht umsetzen konnte, aber doch in zahllosen Reden zum Ausdruck brachte, was immer wieder für Irritationen sorgte. Sein „Persönliches Regiment", das direkte Eingreifen in die Regierungsgeschäfte, beschränkte sich zwar in der Praxis größtenteils nur auf sporadische Eingriffe, doch sorgten gerade diese wegen der oft undiplomatischen Ausdrucksweise (Krüger-Depesche 1899, Daily Telegraph Affäre 1908) des Kaisers für erheblichen Unmut und trugen zur zunehmenden außenpolitischen Isolation des Deutschen Reichs bei. Während des Ersten Weltkriegs wurde er machtpolitisch zunehmend in den Hintergrund gedrängt und musste schließlich nach der deutschen Niederlage 1918 abdanken.

2.2.1 Eine Tischrede Wilhelms II. (1892)

Sollte nicht wieder der Einstieg über ein Referat über die Person Wilhelms erfolgen, was in diesem Fall zu einer gewissen Voreingenommenheit gegenüber den Reden führen dürfte, wird der Einstieg über die Präsentation und Beschreibung eines der zahlreichen Gemälde empfohlen, die Wilhelm II. in Auftrag gegeben hat. Besonders prägnant ist das aus dem Jahre 1890 stammende Gemälde von Max Kroner (Zusatzmaterial 5, S. 117).

❑ *Das Gemälde entstand im Auftrag und nach genauen Anweisungen Wilhelms II. bezüglich der Darstellung seiner Person. Beschreiben Sie möglichst genau, wie er sich auf dem Gemälde präsentiert, um mögliche Rückschlüsse auf die Aussageabsicht und das Selbstverständnis zu ziehen.*

Die Beschreibung des Gemäldes im Unterrichtsgespräch sollte die wesentlichen Auffälligkeiten der Darstellung hervorheben: Der junge Monarch präsentiert sich ordensgeschmückt und in Gardeuniform in einer antikisierenden Umgebung. Auffallend sind auch die Insignien seiner Herrschaft, mit denen er sich umgibt: die auf einem links hinter ihm stehenden, reich verzierten Tisch liegende Krone sowie der Reichsapfel. In der rechten Hand hält Wilhelm einen Marschallstab, während die Linke den Griff eines Säbels umfasst hält. Ins Auge sticht ferner der mächtige aufgebauschte Umhang, der seine Schultern berührt. Der Kaiser ist leicht von unten dargestellt, was ihn größer als den Betrachter wirken lässt, während seine Augen weg vom Betrachter leicht nach oben gerichtet sind.

Die Aussage des Gemäldes ist eindeutig: Wilhelm II. betont seine Stellung als Monarch und Oberbefehlshaber des Heeres und versucht, dynamisch, tatkräftig und entschlossen zu wirken. Der nach oben gerichtete Blick und die Darstellung von unten suggerieren eine überragende Machtstellung und ein ebensolches Selbstbewusstsein. Wegen des hohen Bekanntheitsgrades dieses Gemäldes ist es durchaus möglich, dass ein Schüler die Ähnlichkeiten zu dem berühmten Gemälde Ludwigs XIV. aus der Werkstatt Hyacinthe Rigauds erkennt, ansonsten kann dieses den Schülern eventuell zum Vergleich präsentiert werden (Zusatzmaterial 6, S. 118).

❑ *Untersuchen Sie die Tischrede auf Aussagen über das Selbst- bzw. Politikverständnis Wilhelms II. und vergleichen Sie sie mit der Aussage des Gemäldes.*

❑ *Welche sprachlichen Auffälligkeiten lassen sich in der Rede feststellen?*

Die Untersuchung durch die Schüler dürfte ergeben, dass sich die Rede (Arbeitsblatt 7, S. 51) beinahe wie ein Kommentar zu dem Gemälde interpretieren lässt. Die Ergebnisse können in folgendem Tafelbild gesichert werden:

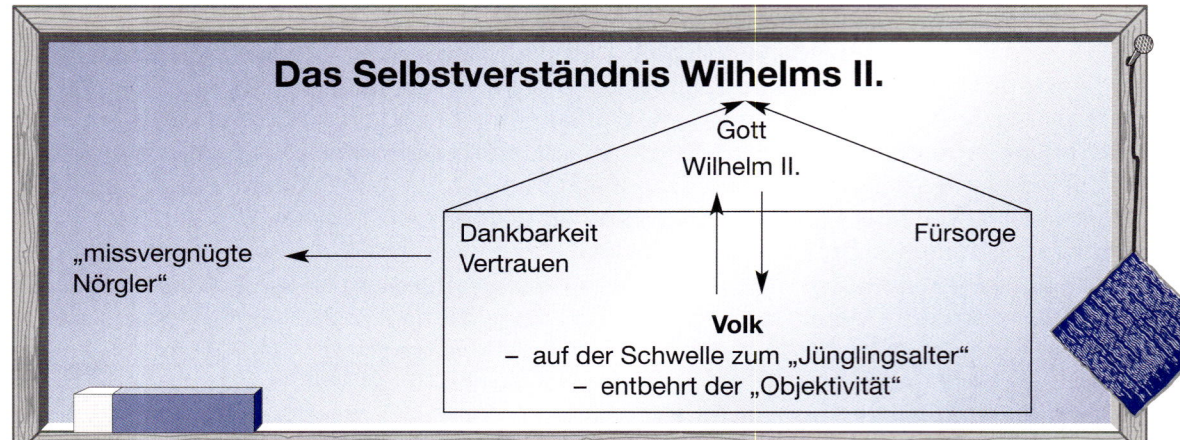

Die Darstellung des Tafelbildes legt bereits nahe, dass das hier zum Ausdruck kommende Politikverständnis eher das eines Hausvaters ist, der seine pubertierenden Kinder erzieht, als das eines konstitutionellen Monarchen an der Schwelle zum 20. Jahrhundert. Kritik kann von Wilhelm nicht anders als als „Nörgelei" und „Verhetzung" wahrgenommen werden. Verräterisch ist außerdem, dass er in bemerkenswerter Verkennung des Zeitgeistes pluralistische Meinungen als Kinderkrankheiten bezeichnet, während er sein eigenes Gesellschaftsverständnis als zukunftsweisend ansieht.

Alternativ kann den Schülern natürlich auch der Arbeitsauftrag gegeben werden, das Politikverständnis des Kaisers selbst grafisch darzustellen, zumal die blumige metaphorische Ausdrucksweise eine solche Umsetzung durchaus nahe legt.

Sprachlich fallen bei der Rede vor allem folgende Merkmale auf:
- Metaphern/bildhafte Sprache (Z. 20ff., Z. 27ff.)
- eine große Zahl wertender Adjektive, mit denen Wilhelm sich selbst auf- und seine Kritiker abwertet
- Komparative und Superlative (Z. 10, 16, 19f., 23)

Vertiefend kann an dieser Stelle ein Historikertext (Zusatzmaterial 7, S. 119) herangezogen werden, um die gesellschaftlichen und politischen Widersprüche des Kaiserreichs aufzudecken.

❐ *Erläutern Sie die in dem Text genannten Krisensymptome des Deutschen Kaiserreichs und beschreiben Sie, inwiefern das „Persönliche Regiment" Wilhelms II. diese noch verschärfte.*

❐ *Versuchen Sie anhand des Textes zu erklären, wen Wilhelm II. in seiner Rede mit den „Nörglern" gemeint haben könnte.*

Die in dem Text genannten Krisensymptome lassen sich zusammenfassend auf den Widerspruch zwischen der politischen und gesellschaftlichen Ordnung und dem Aufstieg zu einer modernen Industrienation zusammenfassen. Verschärft wurde dieses Grundproblem des Deutschen Reichs noch durch die selbstherrliche Amtsführung Wilhelms II., der die ohnehin konservative Reichsverfassung durch sein mittelalterlich anmutendes Herrschaftsverständnis noch übertraf.

Die von Wilhelm in der Rede nur als „Nörgler" identifizierten Kritiker, die er am liebsten des Landes verwiesen sähe, lassen sich anhand des Textes leicht als Katholiken (Zentrum), Linksliberale und Sozialdemokraten identifizieren, wobei der Historikertext das Ausmaß der Verkennung der Realität durch Wilhelm noch verdeutlicht, indem er klarstellt, dass diese Gruppen die Mehrheit der deutschen Gesellschaft darstellten.

Als weitere Alternative ist es bei historisch interessierten und hinreichend vorgebildeten Kursen auch möglich, diese Ergebnisse ohne den Historikertext zu erarbeiten. Als Impuls kann in diesem Fall der Auszug aus einem Brief der Mutter Wilhelms II. dienen (siehe Arbeitsblatt 8, S. 52f.).

❐ *Erläutern und überprüfen Sie die Äußerung der Mutter Wilhelms II. im Hinblick auf eine seiner Reden und die historische Situation.*

2.2.2 Wilhelm II.: Rede bei der Fahnenübergabe an die Prima des Gymnasiums in Kassel am 19. August 1911

Obwohl diese Rede (Arbeitsblatt 8, S. 52f.) fast zwanzig Jahre nach der Tischrede von 1892 entstanden ist und sich zudem an ein völlig anderes Publikum richtet, kreist auch sie um ein ähnliches Thema und unterscheidet sich auch stilistisch kaum von dieser.

Kurzinterpretation

Die Ansprache Wilhelms II. vor den Primanern des Kasseler Gymnasiums, dessen Schüler er in seiner Jugend gewesen war, lässt sich der Gattung der Festrede zuordnen, wenngleich sie hinsichtlich ihres Politik- und Bildungsverständnisses durchaus auch Elemente einer appellativen politischen Rede enthält.

Die Rede lässt sich in vier Abschnitte gliedern. Im ersten Abschnitt (Z. 1–10) geht Wilhelm kurz auf den Redeanlass ein, die Übergabe einer neuen Fahne an sein altes Gymnasium. Der deutlich umfangreichere zweite Abschnitt (Z. 11–56) besteht überwiegend aus einem Appell Wilhelms an die Schüler bezüglich der Beschäftigung mit bestimmten Unterrichtsgegenständen, wobei er die Klassische Philologie und die Geschichte besonders hervorhebt. Im folgenden dritten Abschnitt (Z. 57–88) erteilt er den angehenden Studenten den Ratschlag, alkoholische Getränke zu meiden und sich stattdessen der sportlichen Ertüchtigung zu widmen, wobei er die amerikanischen Universitäten, an denen der Alkohol verpönt sei, als lobendes Beispiel anführt. Die Rede schließt mit der Ankündigung der Übergabe der Fahne an den Jahrgangsbesten (Z. 89ff.).

Wilhelm II. nutzt den eigentlich banalen, eher feierlichen Anlass zu einer generellen Betrachtung über die an der Schule zu lehrenden Fächer. Die besondere Hervorhebung der Klassischen Philologie und der deutschen Geschichte erscheint in einer immer noch stark vom humanistischen Gymnasium geprägten Zeit zunächst einmal als nichts Ungewöhnliches. Bezeichnend für das Bildungsideal Wilhelms ist aber die Begründung. So hält er etwa die Beschäftigung mit der politischen Geschichte der Antike für eher überflüssig (vgl. Z. 12ff.), womit natürlich auch und vermutlich vor allem die Beschäftigung mit der Attischen Demokratie gemeint sein dürfte. Stattdessen rät er den Schülern, die Beschäftigung mit der griechischen Kunst in den Vordergrund zu stellen, und zwar, und dies ist typisch, weil dort eine der heutigen Zeit fehlende „Harmonie" (Z. 20) vorherrsche. Dass die größten Leistungen der griechischen Antike in die Zeit der Attischen Demokratie fallen und unmittelbar mit ihr zusammenhängen (vgl. die Leichenrede des Perikles, Baustein 1), übersieht er hierbei geflissentlich. Bezeichnend ist diese Äußerung auch für das Kunstverständnis Wilhelms und für seine Ablehnung der modernen Kunst. Zwar nimmt er die Rastlosigkeit und Unruhe der aktuellen künstlerischen Strömungen durchaus wahr, kann sie jedoch nicht anders als ein abzulehnendes Verfallssymptom interpretieren. Man denke in diesem Zusammenhang nur an seine Kündigung seines Theaterabonnements, als das Berliner Theater sich erdreistete, ein Stück Gerhart Hauptmanns aufzuführen. Kunst bleibt für ihn, wie er auch in dieser Rede kundtut, die Aufrichtung an den „Idealen des Altertums" (Z. 55f.). Sprachlich fallen in diesem Abschnitt vor allem die Wertungen und Adjektive (große Gestalten, trefflich) auf, mit denen Wilhelm den Schülern „sein Curriculum" ans Herz legt.

Ähnliches gilt für sein im nächsten Absatz erläutertes Geschichtsbild, das ganz im Zeichen einer rein affirmativen teleologisch-borussischen Geschichtsbetrachtung steht. Dem Glanz des Mittelalters folgte der Niedergang der Zersplitterung im Spätmittelalter, der erst 1870/71 durch Preußen aufgehoben und ins Gegenteil verkehrt wurde.

Analog dazu ist auch sein Parteienbild. Zwar geht er davon aus, dass die Schüler sich später mit Politik beschäftigen werden, doch rät er zugleich, dem „politische[n] Treiben" (Z. 45f.) von Zeit zu Zeit den Rücken zu kehren, um einen klaren Kopf für die Realität zu bekommen. Die Politik wird also insgesamt eher abgewertet, da sie genau wie die moderne Kunst „verwirrend und niederziehend" (Z. 53f.) wirke. Besonders gilt dies aber für die Parteien, die von Wilhelm ganz im Sinne der konservativen Lehre als Vertreter partikularer Interessen gesehen werden, denen er ein abstraktes Gesamtwohl gegenüberstellt. Allein die Metapher der über den Menschen zusammenschlagenden Wogen (vgl. Z. 51f.) des Lebens verrät ein tiefes Unbehagen Wilhelms mit den gesellschaftlichen Umbrüchen, die in Kunst und Politik ihren Niederschlag fanden.

Aus heutiger Sicht ein wenig skurril, wenngleich prinzipiell nicht unvernünftig, wirkt Wilhelms Belehrung bezüglich der Gefahren des Alkohols, für deren Missbrauch die Studentenverbindungen berüchtigt waren. Durchaus vernünftig erscheint auch sein Rat, Sport zu treiben, doch atmen die von ihm vorgeschlagenen Kampf- und Kraftsportarten den Geist des Militarismus, der auch durchscheint, wenn er von der Notwendigkeit spricht, fest zusammenzustehen, um Deutschlands Stellung in der Welt zu wahren (vgl. Z. 85f.).

❏ *Analysieren und interpretieren Sie die Rede nach dem Ihnen bekannten Analyseschema.*
  Alternativ:

❏ *Interpretieren Sie diese Rede, indem Sie*
  – einen Einleitungssatz und eine gegliederte Inhaltsangabe verfassen,
  – die Argumentationsstruktur und die sprachliche Gestaltung abschnittweise untersuchen,
  – die Rednerintention zusammenfassen und die Rede bewerten.

Überlegungen zum Einsatz der Rede im Unterricht

Soll die Rede nicht, was angesichts ihres Umfangs und ihrer Thematik durchaus sinnvoll wäre, von den Schülern als Übung für eine eventuelle Klausur selbstständig interpretiert werden, so bietet sich alternativ eine Erarbeitung im Unterricht an.

❑ *Gliedern Sie die Rede und geben Sie den Abschnitten passende Überschriften.*

❑ *Erarbeiten Sie aus dem Text, welches Verständnis von Bildung, Kunst und Politik Wilhelm in dieser Rede zeigt, und wie er dieses sprachlich gestaltet.*

Die Ergebnisse können anschließend in folgendem Tafelbild gesichert werden.

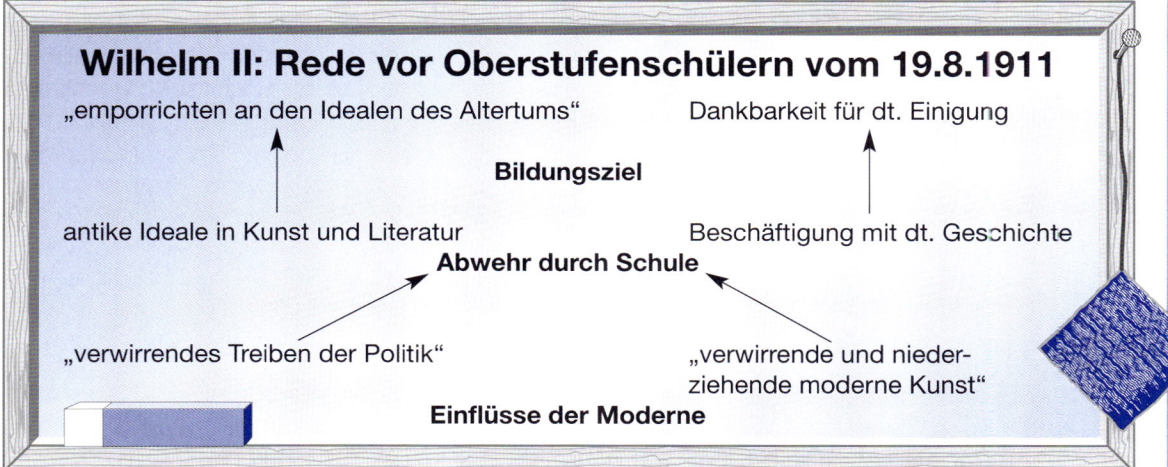
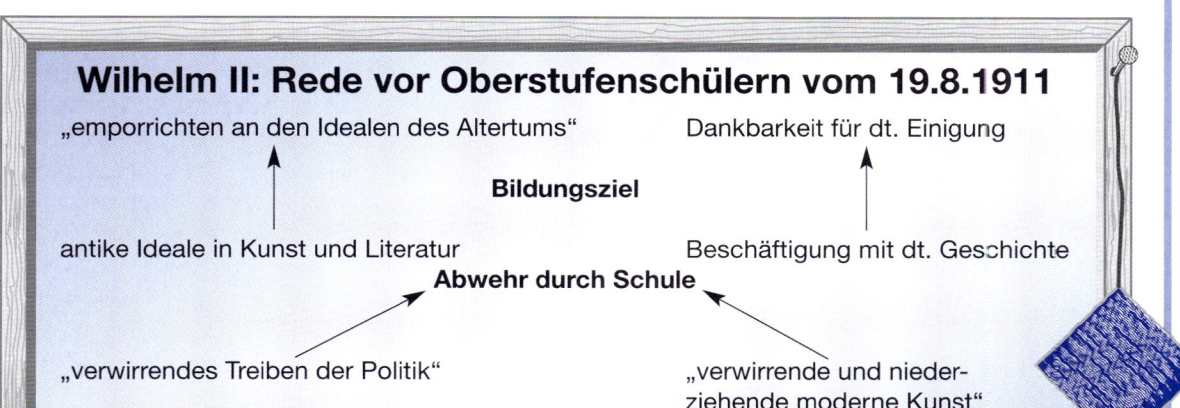
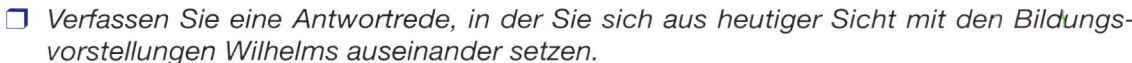

❑ *Verfassen Sie eine Antwortrede, in der Sie sich aus heutiger Sicht mit den Bildungs-vorstellungen Wilhelms auseinander setzen.*

Zu erwarten ist, dass die Schüler das konservative affirmative Element der Bildungskonzeption Wilhelms ablehnen und andere Schwerpunkte setzen werden, wie zum Beispiel die stärkere Betonung der Naturwissenschaften sowie vor allem die Erziehung zur Selbstständigkeit und Mündigkeit.

Im Anschluss an die Analyse dieser beiden Reden bietet sich eine zusammenfassende Betrachtung des Stils der Reden Wilhelms II. an. Hierzu sollte den Schülern der Text Ludwig Thomas (Arbeitsblatt 9, S. 54) zur Verfügung gestellt werden, verbunden mit folgendem Arbeitsauftrag:

❑ *Fassen Sie den Text zusammen und überprüfen Sie an den Reden Wilhelms II., ob bzw. inwiefern die Kritik Thomas zutreffend ist.*

Thoma bemängelt an den Kaiserreden vor allem Folgendes:
– Inhaltsleere bzw. Verächtlichmachung alles Bürgerlichen
– Übertünchung der inneren Leere durch sprachlichen Pomp (Superlative, schmückende Adjektive, Wiederholungen)
– mangelnde Anpassung an die Zuhörerschaft

Eine Überprüfung sollte ergeben, dass alle Vorwürfe im Wesentlichen zutreffend sind. Allerdings trifft der Vorwurf der Inhaltsleere nur dann zu, wenn man Thomas implizite Voraussetzung akzeptiert, dass Inhalt mit der kritischen Erörterung aktueller Probleme identisch ist.

Zum Abschluss der Unterrichtssequenz zu den wilhelminischen Reden kann den Schülern der Auftrag erteilt werden, selbst eine Rede im wilhelminischen Stil zu verfassen. Die Reden Wilhelms bieten sich für eine solche Persiflage wegen ihres hohlen Pathos und ihrer Neigung zur Rechthaberei geradezu an. Um den Schülern die Arbeit zu erleichtern, kann folgendes Thema vorgegeben werden:

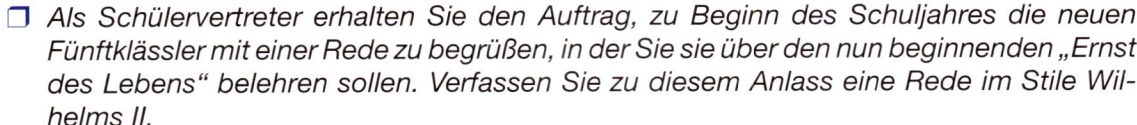

❏ *Als Schülervertreter erhalten Sie den Auftrag, zu Beginn des Schuljahres die neuen Fünftklässler mit einer Rede zu begrüßen, in der Sie sie über den nun beginnenden „Ernst des Lebens" belehren sollen. Verfassen Sie zu diesem Anlass eine Rede im Stile Wilhelms II.*

Die Reden sollten im anschließenden Unterrichtsgespräch weniger auf den vermutlich eher heiteren Inhalt als vielmehr auf die Einhaltung des typisch wilhelminischen Stils hin besprochen werden.

Alternativ können die typischen Versatzstücke wilhelminischer Rhetorik auch anhand einer Rede Diedrich Heßlings aus Heinrich Manns Roman „Der Untertan" erarbeitet werden (Zusatzmaterial 4, S. 114ff.).

❏ *Informieren Sie sich über die Entstehung und den Inhalt des Romans „Der Untertan" von Heinrich Mann und untersuchen Sie die Rede Heßlings im Hinblick darauf, inwiefern diese die Elemente der wilhelminischen Rhetorik kopiert und satirisch überspitzt.*

2.3 ❏ Reden des Nationalsozialismus

2.3.1 Joseph Goebbels: Wahlkampfrede vom 27.7.1932

Einführung in den historischen Hintergrund

Mit dem Einsetzen der Weltwirtschaftskrise 1929 und dem darauf folgenden Bruch der Großen Koalition 1930 war die Weimarer Republik in ihre Endphase getreten. Da die demokratischen Parteien nicht mehr die Kraft besaßen, ihre inneren Gegensätze zu überwinden und eine neue Koalition zu bilden, wurde die Republik seither vor allem über das Mittel der Notverordnungen durch den Reichspräsidenten und die von ihm abhängigen Reichskanzler regiert (Art. 48 WV). Zwar hätte der Reichstag von seinem Recht Gebrauch machen können, die Aufhebung der Notverordnungen zu verlangen, doch drohte die Regierung in diesem Falle mit der Auflösung des Reichstages und der Ausschreibung von Neuwahlen. Nach den erdrutschartigen Erfolgen der NSDAP, die bei den Wahlen von 1930 fast aus dem nichts über 18 % der Stimmen erhalten hatte, scheuten die im Reichstag vertretenen Parteien aber vor der Vorstellung von Neuwahlen zurück und zogen es vor, ihrer schleichenden Entmachtung durch die Präsidialkabinette zuzusehen. Die Nazis betrieben derweil eine schonungslose Agitations- und Hetzkampagne, in der sie das demokratische System für den anhaltenden wirtschaftlichen Niedergang verantwortlich machten. Nachdem Reichskanzler Brüning das Vertrauen Hindenburgs verloren hatte, wurde er durch Franz von Papen ersetzt. Dieser veranlasste Hindenburg, den Reichstag aufzulösen, und setzte die sozialdemokratisch geführte Regierung Preußens unter einem Vorwand ab (sog. Preußenschlag). Der Wahlkampf im Juli führte im gesamten Reich zu beinahe bürgerkriegsähnlichen Zuständen mit über 100 Toten, die größtenteils auf das Konto der Parteimilizen der radikalen Parteien, vor allem aber der SA (Sturmabteilung), gingen. Die Nazis machten sich bei diesen Wahlen große Hoffnungen auf einen deutlichen Stimmenzuwachs, möglicherweise sogar auf das Erreichen der absoluten Mehrheit.

Hinweise zum Einsatz im Unterricht

Der vorliegende Redeausschnitt (Arbeitsblatt 10, S. 56f.) eignet sich wegen der Vielzahl der verwendeten rhetorischen Figuren besonders gut, diese von den Schülern im Text auffinden und in ihrer Wirkungsweise untersuchen zu lassen. Zunächst aber sollten, nachdem das Verständnis der Details sichergestellt wurde, im Unterrichtsgespräch die Absichten, die Goebbels mit dieser Ansprache verfolgte, untersucht werden:

❏ *Weisen Sie an geeigneten Textstellen nach, welche Ziele Goebbels mit dieser Rede verfolgt.*

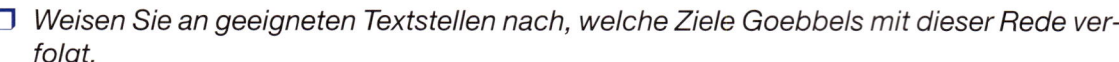

Es sollte für die Schüler kein Problem darstellen zu erkennen, dass diese Rede primär das Ziel verfolgte, den politischen Gegner, hier die SPD, verächtlich und für die wirtschaftliche Misere verantwortlich zu machen. Weniger offensichtlich ist zunächst, dass Goebbels da-

neben noch den Versuch unternimmt, die NSDAP als Stimme des Volkes darzustellen, die den Charakter einer mächtigen Bewegung angenommen habe. Zusammenfassend erweist sich die Rede als eine typisch antithetisch aufgebaute (wir – die anderen). Die im Unterrichtsgespräch erzielten Ergebnisse können anschließend als Überschriften für das Tafelbild (siehe unten) der folgenden Erarbeitungsphase genutzt werden.

Grundsätzlich lassen sich nun alle in der Rede vorkommenden rhetorischen Figuren diesen beiden Grobintentionen zuordnen, wobei die exakte Wirkung des einzelnen Mittels natürlich noch näher bestimmt werden muss.

❏ *Ordnen Sie die verwendeten rhetorischen Mittel diesen beiden Zielen zu, indem Sie sie verschiedenfarbig unterstreichen und am Rand benennen.*

❏ *Versuchen Sie die Intention der einzelnen Mittel möglichst exakt zu beschreiben.*

Es könnte sich als sinnvoll erweisen, einige Schüler ihre Ergebnisse auf Folien schreiben zu lassen. Hierzu ist es natürlich nötig, einige Exemplare der Rede auf Folie zur Verfügung zu stellen. Sollten die Schüler mit der exakten Zuordnung der Wirkungsabsicht noch Schwierigkeiten haben, ist es möglich, ein (griffiges) Beispiel vorzugeben oder mit den Schülern im Unterrichtsgespräch zu entwickeln. Anschließend sollen die rhetorischen Figuren/Mittel dann gesammelt werden, und das zuvor entwickelte Tafelbild kann entsprechend ergänzt werden.

Joseph Goebbels: Wahlkampfrede vom 27.7.1932

Aufwertung der eigenen Position Pronomenstruktur	Abwertung des Gegners Parallelismen/Antithesen
⇒ Gemeinschaft (wir, Z. 3) wertende Adjektive (weihevollen, Z. 3) ⇒ pseudoreligiöse Assoziation des Neuanfangs Akkumulation (Mann ..., Z. 6f.) ⇒ Vereinigung über alle Grenzen hinweg Anspielung/Zitat (einig Volk ..., Z. 7f.) ⇒ Entschlossenheit Hyperbel (grenzenlosen Druck, Z. 49f.) ⇒ Unaufhaltsamkeit der Nazis Metapher (aufsteigende Welle, Z. 50f.) ⇒ Unaufhaltsamkeit	⇒ Scheitern der Gegner (Z. 7–16) Wortspiel (wich – entwich, Z. 14f.) ⇒ Verhöhnung Antithese (Fleischtöpfe ..., Z. 28ff.) ⇒ Abgrenzung, Wut Akkumulation (weich ..., Z. 31) ⇒ Abscheu Anaphern, Parallelismen, Antithesen (14 Jahre ..., Z. 71ff.) ⇒ Empörung Wortspiel (siedeln – ansiedeln, Z. 46ff.) ⇒ Verachtung

Im Anschluss an die Ergebnissicherung kann dann die Redegattung näher bestimmt und bewertet werden.

❏ *Man unterscheidet bei politischen Reden häufig zwischen deskriptiven (darstellenden), argumentativen (erörternden) und appellativen (an die Emotionen gerichteten) Reden. Ordnen Sie die vorliegende Rede einer dieser Gattungen zu und bewerten sie die Rede.*

Die Rede ist trotz ihrer antithetischen Struktur, die zunächst eine erörternde Rede nahe legen könnte, klar als appellativ zu charakterisieren. Die Antithesen dienen nur der Erzeugung eines Feindbilds, ansonsten arbeitet Goebbels fast ausschließlich mit teilweise infamen Unterstellungen und Behauptungen, die genau wie die Anaphern und rhetorischen Fragen dazu dienen, das Publikum erst gar nicht zum Denken kommen zu lassen. Zugleich zeigen die Reaktionen der Zuschauer aber auch, dass die Rede beim Publikum Anklang gefunden hat. Allerdings wird man berücksichtigen müssen, dass das Publikum vermutlich fast ausschließlich oder zumindest überwiegend aus Nationalsozialisten bestanden haben dürfte.

2.3.2 Adolf Hitler: Rede an die Hitler-Jugend auf dem Parteitag 1935

Historische Einführung

Genau wie die Reden Goebbels' sind auch die Hitlers weniger argumentativ als vielmehr indoktrinierend. Die vorliegende Rede (Arbeitsblatt 11, S. 58f.) wurde auf dem Reichsparteitag der NSDAP in Nürnberg 1935 gehalten, der zynischerweise unter dem Motto „Parteitag der Freiheit" stand. Eben jene war in den vorangegangenen zwei Jahren abgeschafft worden. Nach der „Machtergreifung" am 30.1.1933 hatten die Nazis zielstrebig alle Bereiche des politischen und gesellschaftlichen Lebens unter ihre Kontrolle gebracht. Mit dem „Ermächtigungsgesetz" war zunächst der Reichstag ausgeschaltet worden, anschließend folgten die Zerschlagung der Gewerkschaften (1.5.1933) und die Auflösung aller Parteien mit Ausnahme der NSDAP (14.7.1933). Mit der Übernahme des Amtes des Reichspräsidenten durch Hitler und der anschließenden Vereidigung der Reichswehr auf die Person Hitlers (1.8.1934) hatte der Prozess der „Gleichschaltung" einen gewissen Abschluss gefunden. Zudem wurde auch die Arbeit von Jugendorganisationen mehr und mehr behindert oder diese wurden sogar verboten. Einzige zugelassene und vom Staat geförderte Jugendorganisation sollte die Hitlerjugend sein, die schließlich am 1.12.1936 zur Staatsjugend erklärt wurde.

Für das Verständnis der Rede ist es nicht unwichtig zu wissen, dass die so genannten Parteitage der NSDAP keine Parteitage im herkömmlichen Sinne waren, sondern allein der Selbstdarstellung und Propaganda dienten. Eine freie Meinungsbildung oder auch nur -äußerung war selbstverständlich unerwünscht und deshalb nicht vorgesehen. Stattdessen wurden die Parteitage nach einem strengen Fahrplan organisiert und sollten vor allem durch die Zurschaustellung riesiger, diszipliniert aufmarschierender Menschenmassen im In- und Ausland das Bild eines geordneten, wiedererstarkten Deutschland vermitteln. Mit dem Zugriff der Partei auf die staatlichen Finanz- und Machtmittel steigerten sich die Parteitage ins Gigantische. Alljährlich wurden im September mehrere Hunderttausend Menschen mit Sonderzügen nach Nürnberg geschafft, um an dem Ereignis teilzunehmen. Zum Mythos der Reichsparteitage trug insbesondere der 1934 in offiziellem Auftrag von der Regisseurin Leni Riefenstahl gedrehte Propagandafilm „Triumph des Willens" bei, der in opulenten Bildern einen Eindruck gibt von den Aufmärschen, an denen oft mehrere 10 000 Personen beteiligt waren. Zum festen Repertoire der Reichsparteitage gehörten ferner Fackelmärsche, Fahnen und Fahnenweihen, das Absingen von Kampfliedern und das Rufen einstudierter Sprechchöre sowie Paraden und Marschmusik. Die Beteiligten wurden so schon vor Beginn der eigentlichen Reden auf das Ereignis eingestimmt.

Hinweise zum Einsatz im Unterricht

Die Rede zählt durch den bekannten Ausspruch, die deutsche Jugend müsse „flink wie Windhunde, zäh wie Leder und hart wie Kruppstahl" (Z. 34f.) werden, zu einer der bekanntesten Reden Hitlers. Falls der Einstieg nicht über geeignetes Ton- oder Filmmaterial erfolgen soll, kann alternativ auch eine Abbildung vom Reichsparteitag den Schülern als Folie präsentiert und zur Einstimmung genutzt werden. (Zusatzmaterial 8, S. 120f.)

❑ *Die Abbildung zeigt einen Aufmarsch auf einem Parteitag der NSDAP in Nürnberg. Inwiefern entspricht die dargestellte Szene Ihren Vorstellungen von einem Parteitag?*

❑ *Welchen Zwecken könnte diese Veranstaltung gedient haben?*

Ergeben wird sich vermutlich, dass ein solcher Parteitag nicht zum kontroversen Meinungsaustausch bestimmt gewesen sein kann, da bereits die gesamte Umgebung (freier Himmel, stehend, Massen) für einen solchen Arbeitsparteitag ungeeignet ist. Als Zweck eines solchen Parteitags bleibt demnach nur noch die Indoktrination/Belehrung der Parteimitglieder sowie die Selbstdarstellung nach außen.

Anschließend sollte der Text in Stillarbeit gelesen werden. Im Mittelpunkt des Unterrichtsgesprächs soll zunächst folgende Frage stehen.

❑ *Welche Zielvorstellungen formuliert Hitler für die deutsche Jugend? Inwiefern werden hierbei typisch nationalsozialistische Ideologieelemente deutlich?*

44

❐ *Bewerten Sie die Anziehungskraft der Forderungen/Versprechungen Hitlers auf einen Jugendlichen.*

Die ideologischen Versatzstücke dürften auch für historisch wenig vorgebildete Kurse leicht zu erschließen sein. Deutlich werden im Einzelnen:

– Gemeinschaftsprinzip (u. a. Z. 48ff.: „Jeder ist verpflichtet seinem Volke zu dienen")
– Sozialdarwinismus (Z. 72: „Lebenskampf")
– Führer- und Gefolgschaftsprinzip („Nichts ist möglich, wenn nicht ein Wille befiehlt, dem immer die anderen zu gehorchen haben", Z. 92ff.)

Aus dieser Ideologie ergeben sich auch die Ziele, die Hitler für eine erfolgreiche Erziehung der Jugend vorsieht: Betont werden vor allem die körperliche Fitness und die Abhärtung im Ertragen von Strapazen und sogar Schmerzen. An Versprechungen hat die Rede hingegen mit Ausnahme des vagen Bekenntnisses, dass die Jugend gleichbedeutend mit Deutschlands Zukunft sei, nur wenig zu bieten. Auch diese Rede erweist sich also bereits bei oberflächlicher Betrachtung als appellative Rede, die nur wenig rationalen Ausdruckswert hat und vor allem an Ideale wie Idealismus und Opferbereitschaft appelliert. Im Folgenden soll dann erarbeitet werden, mit welchen Strategien es Hitler gelingt, diese zumindest fragwürdigen Erziehungsideale als ausschließlich positiv erscheinen zu lassen. Wegen des relativ großen Umfangs der Rede bietet sich hierbei ein arbeitsteiliges Verfahren an. Sinnvoll ist es, an folgenden Abschnitten arbeiten zu lassen:

Abschnitt 1: Z. 13–35
Abschnitt 2: Z. 53–76

❐ *Untersuchen Sie einen der beiden Abschnitte (Z. 13–35, Z. 53–76) im Hinblick auf die Strategien, mit denen Hitler zumindest fragwürdige Begriffe positiv erscheinen lässt. Gehen Sie hierbei auch auf die sprachliche Gestaltung ein.*

Ergeben sollte sich, dass Hitler im Prinzip immer mit derselben Strategie arbeitet: Hauptmerkmal der Rede ist ähnlich wie bei Goebbels' Rede (siehe Arbeitsblatt 10) die antithetische Struktur, die sich bereits in der Pronominalstruktur nachweisen lässt (ihr/wir – die anderen). Es wird konsequent das Mittel der Schwarzweißmalerei eingesetzt, wobei die Alternative als in jedem Falle unerstrebenswert dargestellt wird, während die eigene Position durch die Verwendung zahlreicher Adjektive und Komparative/Superlative aufgewertet wird. Hitler verwendet ferner zahlreiche Anaphern und bildhafte Vergleiche, um die Auf- und Abwertungen, die durch die Antithesen hervorgehoben werden, noch einprägsamer werden zu lassen und weiter zu verstärken.

Die Ergebnisse können in folgendem Tafelbild gesichert werden:

Strategien der Manipulation: Hitlers Rede an die Hitlerjugend (1935)

früher/die anderen	heute/wir
bier- und trinkfest (Z. 18f.)	wetterfest und hart (Z. 21)
Bummelvermögen (Z. 25)	Marschiervermögen (Z. 26f.)
Bierspießer (Z. 27)	kerngesund und straff (Z. 29)
Degenerationserscheinungen (Z. 37)	flink wie Windhunde ... (Z. 34f.)
Reden (Z. 39)	handeln (Z. 39)
Zufall (Z. 82)	Befehl und Gehorsam (Z. 87)
schwache, schwätzende Demokratie (Z. 108)	autoritärer Staat (Z. 107)
Hühnerstall (Z. 112)	Disziplin (Z. 115)

Antithese als Mittel der Vereinfachung (Schwarzweißmalerei)
Zwang des Zuhörers, sich zu entscheiden
Auf- und Abwertung durch Adjektive und bildhafte Vergleiche

Abschließend kann nun der Frage nachgegangen werden, auf welchen Faktoren der Erfolg des Redners Hitler beruhte. Entscheidend für die Beurteilung ist es, darauf hinzuweisen, dass Hitlers Erfolg nicht allein auf Rhetorik beruhte, sondern auf einem ganzen Bündel von Faktoren.

❏ *Auf welchen Faktoren beruht Ihrer Meinung nach der Erfolg eines Redners wie Adolf Hitler?*

Zu nennen sind hierbei Faktoren wie Charisma, die Fähigkeit zur Anpassung an das Publikum, aber auch Faktoren, die der Redner nicht immer beeinflussen kann, wie Voreinstellungen des Publikums ihm gegenüber, ein geeigneter äußerer Rahmen etc. Im Anschluss sollen die Schüler einen Einblick in die Totalität der NS-Propaganda gewinnen, indem sie mehrere Texte zur NS-Propaganda (Zusatzmaterial 120ff.) unter folgender Fragestellung untersuchen:

❏ *Auf welche Punkte sollte der Redner nach Hitlers Meinung besonders achten?*

❏ *Welche Rolle spielte der äußere Rahmen für den Erfolg eines NS-Redners?*

Im Anschluss können die Ergebnisse in folgendem Tafelbild gesichert werden:

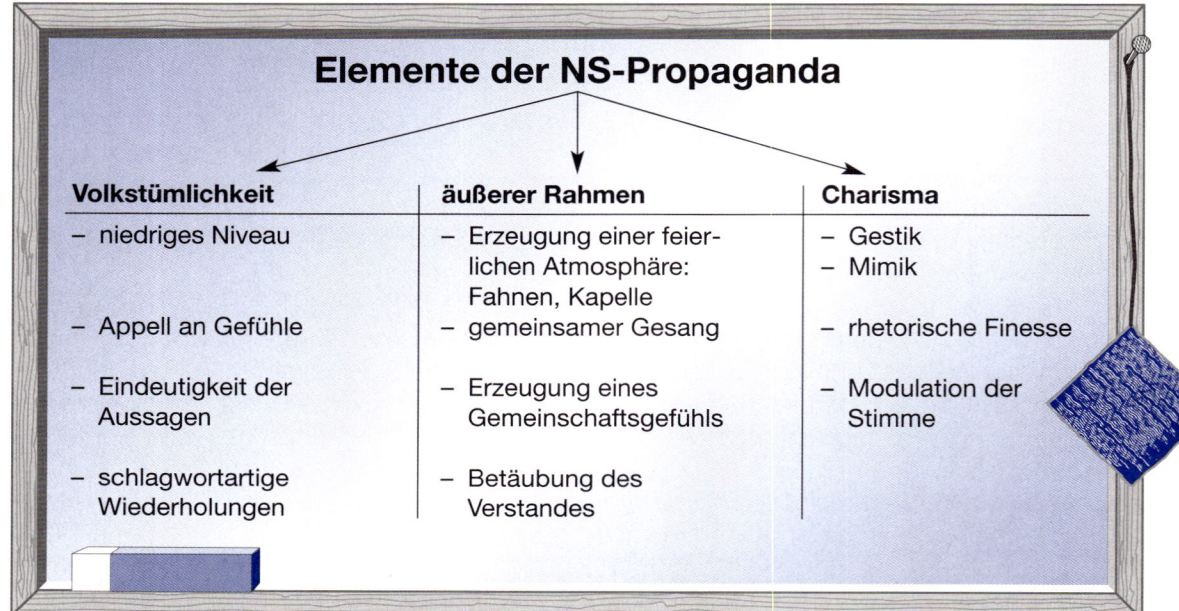

Elemente der NS-Propaganda

Volkstümlichkeit	äußerer Rahmen	Charisma
– niedriges Niveau	– Erzeugung einer feierlichen Atmosphäre: Fahnen, Kapelle	– Gestik – Mimik
– Appell an Gefühle	– gemeinsamer Gesang	– rhetorische Finesse
– Eindeutigkeit der Aussagen	– Erzeugung eines Gemeinschaftsgefühls	– Modulation der Stimme
– schlagwortartige Wiederholungen	– Betäubung des Verstandes	

Die besondere Funktion des Charismas kann anhand der Fotos sowie mit einer Tonaufnahme oder Filmaufnahme einer beliebigen Rede Hitlers erarbeitet werden. Hierbei ist jedoch zu beachten, dass das Charisma eines Redners mehr noch als die anderen Faktoren zeitabhängig ist: Hitlers Reden wirken auf heutige Hörer eher verstörend oder sogar unfreiwillig komisch. Es sollte aber darauf hingewiesen werden, dass Hitler seinerzeit durchaus – wenngleich in sehr extremer Form – den Geschmack der Zeitgenossen getroffen hat. Die Fotos auf dem Arbeitsblatt können vor allem belegen, dass Hitlers Auftritte, die oftmals auf den ersten Blick sehr spontan wirken, bis ins Detail geplant waren.

Die politische Sprache des Nationalsozialismus war berüchtigt für die Tendenz, politische Begriffe zu besetzen und umzuwerten. Dies könnte von einigen Schülern im Rahmen eines Unterrichtsprojekts oder etwa einer Facharbeit nachgewiesen werden.

❏ *Informieren Sie sich über das Buch LTI (Lingua Tertii Imperii) des Philologen Viktor Klemperer und überprüfen Sie seine Beobachtungen bezüglich der Sprache des Dritten Reichs an einer Rede der NS-Zeit.*

2.3.3 Joseph Goebbels: Rede im Berliner Sportpalast am 18.2.1943

Einführung in den historischen Hintergrund

Die Sportpalastrede (Arbeitsblatt 12, S. 60ff.) zählt ohne Zweifel zu den bekanntesten historischen Reden überhaupt. Ihr Urheber, der Reichspropagandaminister Joseph Goebbels (1897–1945), gilt nicht zuletzt wegen dieser Rede als Musterbeispiel eines gewissenlosen Demagogen, der nicht zuletzt durch seine rhetorischen Fähigkeiten die Massen faszinierte und in Begeisterungsstürme versetzen konnte. Eine flüchtige Betrachtung der erhaltenen Ton- und Filmaufnahmen scheint dieser Einschätzung zunächst Recht zu geben. Goebbels selbst bemerkte in seinem Tagebuch nach der Rede: „Der Schluss der Versammlung ging in einem Tohuwabohu von rasender Stimmung unter. Ich glaube, der Sportpalast hat noch niemals, auch nicht in der Kampfzeit, solche Szenen erlebt. Das Volk ist, wie diese Kundgebung beweist, bereit, alles für den Krieg und für den Sieg herzugeben." Zugleich machte er nach der Rede aber auch keinen Hehl daraus, dass er die Massen, die ihm so frenetisch zugejubelt hatten, im Grunde genommen verachtete. „Diese Stunde der Idiotie! Wenn ich den Leuten gesagt hätte, springt aus dem dritten Stock des Columbushauses, sie hätten es auch getan", soll er nach der Versammlung gesagt haben. Betrachtet man aber die näheren Umstände, unter denen diese Rede gehalten wurde, so bedarf diese Einschätzung der Relativierung.

Die Rede wurde zu einem Zeitpunkt gehalten, als sich die Wende des Zweiten Weltkriegs bereits abzeichnete. Mit der „Blitzkriegsstrategie" hatte das Deutsche Reich zunächst gewaltige Erfolge erzielen können. Mit dem Beginn des Krieges gegen die Sowjetunion im Juni 1941 trat der Krieg in eine neue Phase ein: Auch hier eilte die deutsche Armee zunächst von Sieg zu Sieg und stieß innerhalb weniger Monate bis vor die Tore Moskaus vor, wo der deutsche Vormarsch jedoch ins Stocken geriet. Gegen Ende des Jahres 1942 wurde immer klarer, dass Deutschland seine weit vorgeschobenen Fronten nicht länger halten konnte. Von entscheidendem Symbolgehalt war hierbei die Auseinandersetzung um Stalingrad, wo die 6. Armee mit insgesamt etwa 250 000 Soldaten im November 1942 von sowjetischen Truppen eingekesselt wurde. Trotz gegenteiliger vollmundiger Bekundungen erwies sich die Luftwaffe als unfähig, die Eingeschlossenen aus der Luft zu versorgen, sodass die deutschen Truppen und ihre Verbündeten nach verlustreichen Kämpfen Ende Januar/Anfang Februar 1943 kapitulieren mussten. Objektiv betrachtet war der Krieg für Deutschland damit verloren, doch gerade der Moment des Niedergangs erwies sich als Sternstunde für den Propagandaminister. Solange von den Fronten nur Siegesmeldungen kamen, waren seine Fähigkeiten als Propagandist kaum benötigt worden, nun aber beraumte er für den 18. Februar 1943 eine Großkundgebung im Berliner Sportpalast an, die die schwindende Siegeszuversicht der Bevölkerung wiederherstellen sollte. Hierbei wurde nichts dem Zufall überlassen: Die 15 000 Zuschauer waren handverlesene glühende Anhänger des Nationalsozialismus, zusätzlich waren möglicherweise im ganzen Raum gezielt einzelne Gruppen verteilt worden, die die Kundgebung mit vorher ausgegebenen Parolen und Zwischenrufen begleiten und die übrigen Zuschauer mitreißen sollten[1]. Zudem waren zentrale Parolen auf großen Spruchbändern rings im Sportpalast angebracht worden. Ob Goebbels mit seinen suggestiven Fragen bei einer zufälligen Zusammensetzung des Publikums eine ähnliche Wirkung erzielt hätte, darf mit Fug und Recht bezweifelt werden. Auch die Wirkung auf die deutsche Bevölkerung darf keineswegs überschätzt werden. Nach den die Stimmung der Deutschen relativ ungeschminkt wiedergebenden Berichten des Parteigeheimdienstes SD herrschte in der Bevölkerung nach der Niederlage eine „tiefe Niedergeschlagenheit", die Stimmung habe „einen absoluten Tiefstand erreicht"[2]. Den beginnenden Zerfall des Führermythos konnte Goebbels mit seiner Rede also ebenso wenig aufhalten wie den Niedergang des Dritten Reiches.

---

[1] Diese Frage ist bis heute unter Historikern umstritten. Boelke geht sogar davon aus, dass der frenetische Applaus auf der Rundfunkaufnahme teilweise aus der „Konserve" stammte und erst nachträglich eingefügt worden sei. Dies lässt sich aber nicht beweisen. Die Mehrheit der Historiker geht von einer Echtheit bzw. Spontaneität des Applauses aus. Boelke, Willi A.: Wollt ihr den totalen Krieg. Die Goebbels-Konferenzen 1939–1943. Hersching 1989, S. 19.

[2] Thamer, Verführung und Gewalt, a. a. O., S. 674.

Hinweise für den Einsatz der Rede im Unterricht

Es wird empfohlen, zunächst die genaue Redesituation zu klären, da sie für das Verständnis der Rede von besonderer Bedeutung ist. Dies kann zum einen über den Weg eines kurzen Schülerreferats zur Kriegslage 1942/43 geschehen, zum anderen können aber auch die Informationen der Kopfzeile im Zusammenhang mit den ersten Abschnitten der Rede zu einer entsprechenden Erarbeitung genutzt werden.

❏ *Überprüfen Sie mithilfe der Einleitung der Rede (Z. 1 – 50), inwiefern Goebbels die militärische Lage des Deutschen Reiches zutreffend wiedergibt. Welchem Ziel soll seine Rede dienen?*

Es sollte erarbeitet werden, dass Goebbels den Ernst der Lage im Prinzip keineswegs verschweigt. Er erwähnt ausdrücklich die „Krise" (Z. 9) an der Ostfront und spricht allgemein von den „Schwierigkeiten" (Z. 16), mit denen das Reich im vierten Kriegsjahr zu kämpfen habe. Zugleich, und darin liegt die manipulative Absicht dieser Einleitung, wird die Niederlage in Stalingrad aber auch bagatellisiert und im Gegenteil geradezu zu einer Aufbruchssituation für den Endsieg stilisiert.

Dies lässt sich an einzelnen Formulierungen klar nachweisen: Zwar erwähnt Goebbels die Krise an der Ostfront, behauptet aber zugleich, diese Krise habe „damals" (Z. 10) auf dem Höhepunkt gestanden, was zugleich eine Besserung der Lage in den vergangenen zwei Wochen suggeriert. Auch die aufgetürmten Schwierigkeiten werden durch das sogleich nachgeschobene „fertig zu werden" (Z. 24f.) marginalisiert oder zumindest relativiert. Kern der Einleitung ist jedoch die rührselige Geschichte von den „letzten heldenhaften Kämpfern" (Z. 21) in Stalingrad, die durch einen Ausruf (Z. 38ff.) in den Rang des Vorbildhaften gerückt werden. Zugleich wird dieses als vorbildhaft dargestellte Verhalten der Verteidiger, deren Kapitulation bezeichnenderweise mit keinem Wort erwähnt wird, für die Heimat zur „Verpflichtung" (Z. 50) erklärt. Die militärischen Ursachen der Niederlage werden dadurch verschleiert, dass diese in den Rang eines „Unglücksschlages" (Z. 11) erhoben und gar zum „Alarmruf des Schicksals" (Z. 42) stilisiert werden. In der Klimax (Z. 44ff.) zeigt sich dann die wahre Absicht, die Goebbels mit dieser Rede verfolgt. Stalingrad ist nicht nur ein Unglück, das es zu ertragen gilt, es kann auch überwunden und sogar als Quelle „zusätzlicher Kraft" (Z. 46) bezeichnet werden. Eine entscheidende Niederlage wird somit nicht nur bagatellisiert, sondern quasi in den Rang eines Glücksfalls erhoben.

Nachdem die suggestive und manipulative Absicht der Rede geklärt ist, kann im Folgenden der Hauptteil der Rede mit den berühmten zehn Fragen analysiert werden.

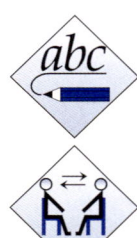

❏ *Welchem Zweck dient die Aufzählung der Anwesenden? Welche Beziehung besteht zwischen dem Redner und den Zuschauern?*

❏ *Ordnen Sie die von Goebbels verwendeten rhetorischen Mittel möglichst exakt den von ihm verfolgten Zielen zu.*

Es sollte im Unterrichtsgespräch falls notwendig darauf hingewiesen werden, dass die zehn Fragen keine rhetorischen Fragen sind, da der Redner eine Antwort geradezu fordert, was im Übrigen für eine Rede der NS-Zeit äußerst ungewöhnlich ist, da es eigentlich nicht üblich war, den Redner mit Zwischenrufen oder Ähnlichem zu unterbrechen. Die Fragen sind allerdings so suggestiv gestellt, dass dem Publikum eigentlich gar keine andere Wahl bleibt, als im Sinne von Goebbels zu antworten. Die Aufzählung der vielen Anwesenden dient natürlich neben der *captatio benevolentiae* durch positive Bewertungen („Genie", Z. 75, „glänzend", Z. 62 etc.) vor allem der Vorbereitung der zehn Fragen, die voraussetzen, dass hier ein repräsentativer Ausschnitt des deutschen Volkes sitzt.

Die Ziele der Rede lassen sich wie folgt zusammenfassen:
– Stärkung der Kriegsbereitschaft und der Siegeszuversicht
– Weckung von Verständnis für die dafür notwendigen Opfer
– Wiederherstellung des Vertrauens in Hitler

Die für das Verständnis der Rede wichtige Beziehung zwischen dem Redner und seinem Publikum kann in folgendem Tafelbild zusammengefasst werden.

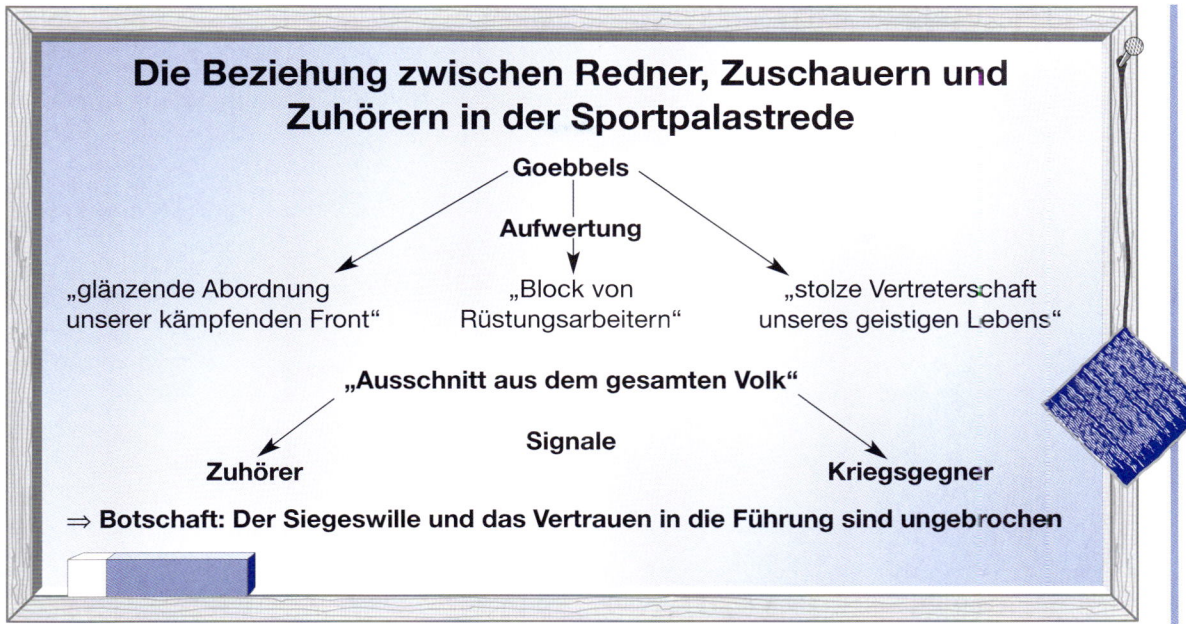

Die Beziehung zwischen Redner, Zuschauern und Zuhörern in der Sportpalastrede

Goebbels

Aufwertung

„glänzende Abordnung
unserer kämpfenden Front"

„Block von
Rüstungsarbeitern"

„stolze Vertreterschaft
unseres geistigen Lebens"

„Ausschnitt aus dem gesamten Volk"

Signale

Zuhörer

Kriegsgegner

⇒ **Botschaft: Der Siegeswille und das Vertrauen in die Führung sind ungebrochen**

Die Rede verwendet einmal mehr eine Vielzahl rhetorischer Mittel. Im Einzelnen könnten genannt werden:

Joseph Goebbels: Rede im Sportpalast am 18.2.1943

- paralleler und antithetischer Aufbau der ersten fünf Fragen: Die Engländer behaupten ... Ich frage euch
- Anaphern (Wollt ihr ..., Z. 133ff. Wir ..., Z. 200ff.)
- Klimax (zehn, zwölf, vierzehn und sechzehn, Z. 131f.)
- Begriffe aus dem Bereich der Religion (zehn Fragen, Glaubt (Z. 105), heiliger Eid, Z. 157f.)
- Komparative und Superlative (totaler, radikaler, radikalst, schwersten ...)
- Akkumulation (hoch und niedrig, arm und reich ... Z. 187)
- Euphemismen/Einschränkungen (Schicksalsfügung, Z. 120f., für Front freimachen, Z. 175, wenn nötig, Z. 174)
- verkleinernde Metaphern (kleiner Kreis, Frieden spielen, Z. 172ff.)

Sollten bereits die vorangegangenen NS-Reden mithilfe dieses Verfahrens untersucht worden sein, kann auch weniger systematisch vorgegangen werden. In diesem Falle bietet es sich an, diese Rede gezielt im Hinblick auf Strategien der Auf- und Abwertung zu untersuchen. Sollten die Schüler mit der Begrifflichkeit noch nicht hinreichend vertraut sein, so kann zur Einführung auf einen Text von Hans Dieter Zimmermann (Zusatzmaterial 10, S. 123) zurückgegriffen werden.

☐ *Untersuchen Sie die Rede im Hinblick auf Strategien der Beschwichtigung bzw. der Auf- und Abwertung und erörtern Sie ihren Zweck.*

Auch in diesem Falle ist es natürlich nötig, zumindest einige der rhetorischen Figuren zu nennen. Ergeben sollte sich, dass auch diese Rede vor allem mit dem Mittel der Auf- und Abwertung arbeitet, während Beschwichtigungen nur selten vorkommen, vor allem im Hinblick auf die abverlangten Opfer.
Um die demagogische Machart der Goebbels Rede besser bewerten zu können, bietet es sich an, diese mit einer anderen bekannten Kriegsrede zu vergleichen, diesmal aus der Feder eines demokratischen Politikers, Winston Churchills (siehe Zusatzmaterial 9, S. 118). Wegen des großen Umfangs der Aufgabe sollte diese möglichst als Hausaufgabe gegeben werden.

❐ *Analysieren und interpretieren Sie die Antrittsrede Winston Churchills vor dem Unterhaus vom 10.5.1940 und vergleichen Sie sie mit der Sportpalastrede.*

Bei der Rede Winston Churchills lassen sich folgende Auffälligkeiten feststellen und folgendermaßen zusammenfassen:

Winston Churchill: Antrittsrede vor dem Unterhaus (10.5.1940)

rhet. Mittel	Ziele
• Reihungen, Aufzählungen • Wiederholung des Pronomens „wir" • Wiederholung des Nomens „Sieg" • Metapher: „Blut, Schweiß und Tränen" • Antithesen („Sie – ich"), die zur Synthese („wir") geführt werden • Schlussappell	• Stärkung des Gemeinschaftsgefühls • Betonung des eigenen Führungsanspruchs • Aufruf zur Bündelung aller Kräfte

Der Vergleich sollte deutlich machen, dass die Intentionen der Reden zwar grundsätzlich ähnlich, wenn nicht fast identisch sind, dass jedoch die Rede Churchills im Grunde ehrlicher ist und nicht versucht, die Zuhörer zu manipulieren.

Notizen

_____

_____

_____

_____

_____

_____

_____

_____

_____

_____

_____

_____

_____

_____

Kaiser Wilhelm II.: Tischrede[1] (1892)

Kaiser Wilhelm II. (1859–1941)
als Steuermann des Reiches

Die Worte, die soeben gesprochen worden sind und welche Ihre treuen Gesinnungen Mir von neuem offenbaren, haben Mir sehr wohl getan. Es ist Mir in Meiner schweren Arbeit doppelt angenehm
5 und auch zu gleicher Zeit anregend, wenn in so warmer Weise Meine Bestrebungen für das Wohl Meines Volkes dankbare Anerkennung finden. Es ist ja leider jetzt Sitte geworden, an allem, was seitens der Regierung geschieht, herumzumäkeln.
10 Unter den nichtigsten Gründen wird den Leuten ihre Ruhe gestört und ihre Freude am Dasein und am Leben und Gedeihen unseres gesamten großen deutschen Vaterlandes vergällt. Aus diesem Nörgeln und dieser Verhetzung entsteht schließ-
15 lich der Gedanke bei manchen Leuten, als sei unser Land das unglücklichste und schlechtest regierte in der Welt und sei es eine Qual, in demselben zu leben. Dass dem nicht so ist, wissen wir alle selbstverständlich besser. Doch wäre
20 es dann nicht besser, dass die missvergnügten Nörgler lieber den deutschen Staub von ihren Pantoffeln schüttelten und sich unseren elenden und jammervollen Zuständen auf das Schleunigste entzögen? Ihnen wäre ja dann geholfen, und uns täten sie einen großen Gefallen damit. 25
Wir leben in einem Übergangszustande! Deutschland wächst allmählich aus den Kinderschuhen heraus, um in das Jünglingsalter einzutreten. Da wäre es wohl an der Zeit, dass wir uns von unsern Kinderkrankheiten frei machten. Wir gehen durch 30 bewegte und anregende Tage hindurch, in denen das Urteil der großen Menge der Menschen der Objektivität leider zu sehr entbehrt. Ihnen werden ruhigere Tage folgen, insofern unser Volk sich ernstlich zusammennimmt, in sich geht und un- 35 beirrt von fremden Stimmen auf Gott baut und die ehrliche fürsorgliche Arbeit seines angestammten Herrschers.

Aus: Ernst Johann: Reden des Kaisers. Ansprachen, Predigten und Trinksprüche. München 1977, S. 56–58.

❐ *Untersuchen Sie die Tischrede auf Aussagen über das Selbst- bzw. Politikverständnis Wilhelms II. und vergleichen Sie sie mit der Aussage des Gemäldes.*

❐ *Welche sprachlichen Auffälligkeiten lassen sich in der Rede feststellen?*

[1] Die Tischrede ist eine Antwort auf die Begrüßungsansprache des Geheimrats von Bornstedt bei einem Festessen des Provinziallandtags vom 24.2.1892.

EinFach Deutsch: Unterrichtsmodell: Rhetorik © Schöningh Verlag 2005

Wilhelm II.: Rede bei der Fahnen- übergabe[1] (1911)

Ich habe beschlossen, der Prima[2] statt der Fahne, die Meine Eltern gestiftet haben, als Ich Schüler war, und die ein Opfer der Zeit geworden ist, eine neue sticken zu lassen. Das Gymnasium hat da-
5 rum gebeten, die alte zurückzubekommen. Ich werde sie zurechtmachen lassen, damit sie aufgehängt werden kann; Ich wünsche durch sie die Erinnerung daran erhalten zu sehen, dass aus Ihrer Anstalt und deren Arbeit ein deutscher Kaiser
10 hervorgegangen ist.

Sie beschäftigen sich mit dem Studium der Antike. Legen Sie dabei den Hauptwert nicht auf die Einzelheiten des politischen Lebens; denn diese Verhältnisse haben sich so geändert, dass sie
15 nicht mehr auf die Jetztzeit übertragen werden können. Wohl mögen Sie an manchen großen Gestalten und Charakteren des Altertums sich erfreuen, doch einen besonderen Vorzug hat das Griechentum, den kein anderes Volk aufzuweisen
20 hat: Die Harmonie, an der es unserer Zeit so sehr fehlt, zeigt das Griechenvolk in der Kunst, im Leben, in den Bewegungen, in den Kostümen, ja sogar in den Systemen der Philosophie und in der Behandlung ihrer Probleme. Ganz besonders
25 empfehle Ich Ihnen zu lesen, was Chamberlain in der Einleitung zu seinen „Grundlagen des 19. Jahrhunderts"[3] über diesen Punkt in trefflicher Weise sagt.

Und dann vor allem treiben Sie vaterländische Ge-
30 schichte und lernen Sie das Elend unseres Volkes in den letzten Zeiten des Mittelalters, in den Kämpfen zwischen Staat und Kirche und zwischen den Fürsten und den Streit der Konfessionen im 30-jährigen Kriege kennen, wo unser Volk
35 zerstampft wurde und verbraucht im Dienste fremder Völker und Dynasten, mit denen seine Interessen gar nichts zu tun hatten, bis auf den großen Zusammenbruch zur Zeit Napoleons. Erst 1870 hat den einheitlichen germanischen Staat uns
40 wiedergebracht. Und wenn Sie ins politische Leben eintreten, halten Sie den Blick aufs Ganze gerichtet, unbeirrt durch die Partei, denn diese schiebt ihre Interessen vor die des Vaterlandes und zieht häufig einen Vorhang zwischen Sie und das Vaterland. Und wenn Sie das politische Trei-
45 ben zu verwirren droht, so rate Ich Ihnen, für einige Zeit sich zurückzuziehen, sei es auf Reisen, sei es auf einem Spaziergang, und die Natur auf sich wirken zu lassen. Kehrt man dann zurück, so hat man einen freieren Blick über die realen Verhält-
50 nisse. Wenn die Wogen einmal über Ihnen zusammenschlagen, wenn so manche Erscheinungen der modernen Kunst und Literatur verwirrend und niederziehend wirken, so können Sie immer wieder sich emporrichten an jenen Idealen des Al-
55 tertums.

Sie stehen vor dem Abgang zur Hochschule. Da möchte Ich Ihnen noch einen Rat geben, den Sie nicht scherzhaft auffassen sollen, sondern der Mir bitterer Ernst ist. Der Alkohol ist eine Gefahr für
60 unser Volk, die Mir, glauben Sie es Mir, große Sorge macht. Ich führe 23 Jahre die Regierung und weiß aus den Schriftstücken, die Mir durch die Hand gehen, wie viele Verbrechen durch den Alkohol herbeigeführt werden. Richten Sie den Blick
65 auf ein Nachbarland; die Amerikaner sind uns hierin weit voraus. Auf den Universitäten dort wird Tüchtiges geleistet, wovon man sich auch hier überzeugen kann, da so viele Studenten von dort zu uns kommen. Dort sehen Sie bei den Vereini-
70 gungen und bei den großen akademischen Festen, z.B. bei Einführung eines Rektors, auf der ganzen Tafel keinen Wein; es geht auch da ohne. Wenn Sie die Universität beziehen, stählen Sie Ihren Körper durch Sport, auch durch den Kampf
75 mit dem Rapier[4], was Ich keinem übelnehmen werde, durch Rudern, aber suchen Sie keinen Rekord aufzustellen, wer die größte Menge geistiger Getränke verschlingen kann. Das sind Sitten, die aus einer anderen Zeit stammen. Wenn Sie in den
80 Korps und Verbindungen in diesem Sinne wirken wollen, werde Ich Ihnen dankbar sein. Wir haben

---

[1] Die Rede richtet sich an die Prima des Gymnasiums in Kassel (19. August 1911).
[2] die beiden obersten Jahrgangsstufen des Gymnasiums
[3] Chamberlain, Houston Stuart (1855–1927); britischer Philosoph, der in seinem Hauptwerk, den „Grundlagen des 19. Jh.", eine völkisch-mystische Philosophie vertrat, die großen Einfluss auf die NS-Rassenideologie ausübte, aber auch im Kaiserreich viel gelesen wurde.
[4] Fechtwaffe, dem Degen ähnlich

Einfach Deutsch: Unterrichtsmodell: Rhetorik © Schöningh Verlag 2005

jetzt andere Aufgaben als früher und müssen na-
tionalökonomische und finanzielle Kenntnisse uns
85 aneignen. Denn es gilt, Deutschland seine Stellung in der Welt, besonders auf dem Weltmarkte,
zu wahren. Dazu müssen wir alle fest zusammen-
halten.

Hiermit übergebe Ich Ihnen die Fahne. Der Primus
omnium[1], so nehme Ich an, wird sie tragen und es 90
als eine Ehre ansehen, dass er der Erste ist, der
sie trägt.

Aus: Ernst Johann: Reden des Kaisers. Ansprachen, Predigten und
Trinksprüche. München 1977, S. 123 f.

☐ *Gliedern Sie die Rede und geben Sie den Abschnitten passende Überschriften.*

☐ *Erarbeiten Sie aus dem Text, welches Verständnis von Bildung, Kunst und Politik Wilhelm in dieser Rede zeigt und wie er dieses sprachlich gestaltet.*

☐ *Als Schülervertreter erhalten Sie den Auftrag, zu Beginn des Schuljahres die neuen Fünftklässler
mit einer Rede zu begrüßen, in der Sie sie über den nun beginnenden „Ernst des Lebens" belehren sollen. Verfassen Sie zu diesem Anlass eine Rede im Stile Wilhelms II.*

---

[1] der Jahrgangsbeste

EinFach Deutsch: Unterrichtsmodell: Rhetorik © Schöningh Verlag 2005

Ludwig Thoma: Über die Reden Kaiser Wilhelms II. (1907)

Ich forschte nach dem reichen Inhalt der Reden, [...] Ich wurde enttäuscht. Von dem, was unser Leben reicher macht, von dem, was Wissenschaft erforscht und findet, von dem, was Fleiß und Kön-
5 nen schafft, von den Sorgen und Mühen des Volks, von seiner friedlichen Arbeit und seinen friedlichen Erfolgen, von alledem steht wenig in diesen Reden. [...]
Alle bürgerlichen oder – hier richtiger gesagt – al-
10 le Zivilverhältnisse sind in diesen Reden perhorresziert[1].
Es ist, als ob die ganze deutsche Welt von heute mit Säbeln über das Pflaster klirrte. [...] Arthur Schopenhauer[2] sagt: „Der Stil ist die Physiogno-
15 mie[3] des Geistes. Sie ist untrüglicher als die des Leibes."
Der Stil zeigt die formelle Beschaffenheit aller Gedanken eines Menschen, welche sich stets gleich bleiben muss, was und worüber er auch denken
20 möge. Der Stil Kaiser Wilhelms ist beherrscht vom Superlativ. In kurzen Trinksprüchen finden sich zwei und mehr; in keiner Rede fehlen sie gänzlich. Der Kaiser legt seinen herzlichsten tiefgefühltesten Dank zu Füßen des Prinzen Albrecht von
25 Braunschweig für huldreiche Worte; dem König Karl von Württemberg den herzlichsten innigsten Dank aus tiefbewegtem Herzen für das soeben ausgebrachte Hoch.
Man darf nicht entgegenhalten, dass diese oder
30 eine ähnliche Form gebräuchlich geworden sei für Verbindlichkeiten. [...]
Und außerdem sind die Superlative in den größeren Kundgebungen Seiner Majestät entsprechend zahlreicher.
35 Der Superlativ ist auch als theoretische Form nicht gut. Ein Gedanke soll einfach und wahr ausge-

drückt werden. Der Superlativ ist überschwänglich und darum unwahr.
Er widerstreitet der Simplizität, welche als erste Forderung jeder Kunstform zu gelten hat. Der Kai- 40 ser liebt ferner das schmückende Beiwort; er fügt es zu jedem Hauptworte; und wo er begeistern will, häuft er die Adjektiva. Voltaire[4] sagt: „L'adjectif est l'ennemi du substantif."[5] Er will damit sagen, dass durch Beiwörter die Klarheit des Haupt- 45 wortes Schaden leidet.
Zudem: schmückende, ausmalende Beiworte lassen die Form schwülstig erscheinen; außerdem beweisen sie, dass ein Redner sich selbst nicht zutraut, eine Empfindung oder einen Gedanken 50 knapp mit dem treffenden Worte auszudrücken. [...] Wer nun die festlichen Reden des Kaisers prüft, kann darin weder Eigenart des Empfindens noch Eigenart des Ausdrucks finden. Wir sehen häufige Wiederholung von Worten, die hochge- 55 spannte Empfindungen ausdrücken sollen. Dadurch erhalten sie konventionelles Gepräge; die Worte wie die Gefühle. [...]

Das hervorstechende Merkmal einer guten Rede 60 ist, dass sie genau der Situation und den Hörern sich anpasst.
Die Reden des Kaisers zeigen diese Anpassung nicht. Vielleicht mit der einzigen Ausnahme, dass der Kaiser alle Arbeiter per „ihr" anspricht. [...] 65 Sonst aber finden wir denselben getragenen Ton, gleichviel, ob die Anrede politische Bedeutung hat oder nur an ein jubilierendes Regiment gerichtet, gleichviel, ob sie gehalten ist vor dem neunzigjährigen Moltke[6] oder vor zwanzigjährigen Studenten. 70

Aus: Walther Killy (Hrsg.): Die deutsche Literatur. Band 7. Das 20. Jh. München 1967, S. 513–519

 Fassen Sie den Text zusammen und überprüfen Sie an Reden Wilhelms II., ob bzw. inwiefern die Kritik Thomas zutreffend ist.

---

1 hier im Sinne von verzerren
2 Arthur Schopenhauer (1788–1860), dt. Philosoph
3 äußere Erscheinung, Gesichtsausdruck
4 frz. Philosoph (1694–1778)
5 frz.: Das Adjektiv ist der Feind des Substantivs
6 Helmuth von Moltke (1800-1891), preußischer Generalfeldmarschall

Einfach Deutsch: Unterrichtsmodell: Rhetorik © Schöningh Verlag 2005

Die Mutter Wilhelms II. in einem Brief an Queen Victoria (1891)

Wenn ich den Schatten eines Einflusses hätte, würde ich Wilhelm anflehen, keine öffentlichen Reden mehr zu halten, denn sie sind zu schrecklich, und nichts mehr in Bücher und unter Photogra-
5 phien zu schreiben – es lässt einem das Haar zu Berge stehen. Hier in Berlin ist man an diese äußerst merkwürdigen Äußerungen gewöhnt und hält sie für seinen besonderen Stil, dem man am besten keine große Wichtigkeit beilegt – man führt ihn auf Unwissenheit und kindliche Raschheit zu-
10 rück; nur einige der besten Zeitungen üben eine milde Kritik, erheben Einwände und geben Ratschläge.

Aus: Sir Frederick Ponsonby (Hrsg.): Die Briefe der Kaiserin Friedrich. Berlin 1929, S. 446f.

 Erläutern und überprüfen Sie die Äußerung der Mutter Wilhelms II. im Hinblick auf eine seiner Reden und die historische Situation.

Rede von Joseph Goebbels vom 27.7.1932

Der damalige Gauleiter von Berlin, Joseph Goebbels, hielt diese Wahlkampfrede unmittelbar vor den am 31.7.1932 stattfindenden Reichstagswahlen. Die Weimarer Republik befand sich zu diesem Zeitpunkt in einer schwierigen Lage: Infolge der Weltwirtschaftskrise waren in Deutschland fast sechs Millionen Menschen arbeitslos, zudem wurde die Republik seit 1930 von sogenannten Präsidialkabinetten regiert, die weitgehend unabhängig vom

Rede Joseph Goebbels' vom 27.7.1932

Reichstag regierten und sich bemühten, die Demokratie zu einem autoritären Staatswesen umzugestalten. Seinen deutlichsten Ausdruck fand diese Haltung im kurz zuvor erfolgten „Preußenschlag", in dem Reichskanzler von Papen die sozialdemokratische Regierung Preußens abgesetzt hatte. Die NSDAP eilte seit den Reichstagswahlen von 1930, in denen sie überraschend über 18 % der Stimmen erhalten hatte, von Erfolg zu Erfolg. Propagandamittel waren vor allem direkte Angriffe auf demokratische Politiker, die – obgleich in der Realität längst ohnmächtig – von den Nationalsozialisten für die Misere verantwortlich gemacht wurden. Die vorliegende kurze Ansprache diente als Einleitung für den anschließenden Auftritt Hitlers.

Sprecher: Achtung, Achtung, das Wort hat Dr. Goebbels. (Heilgeschrei)

Das, was wir heute in dieser weihevollen Stunde um uns sehen, das ist ein kleiner Ausschnitt die-
5 ses Wiedererwachens der deutschen Nation. Mann und Frau und Arbeiter und Bürger und Sol-

dat reichen sich die Hände, ein einig Volk von Brüdern, in keiner Not und in keiner Gefahr mehr zu trennen[1], mit dem festen Entschluss, das Regiment des Systems und der Parteien, koste es, was 10 es wolle, so oder so zu beseitigen. (Beifall)
Herr Severing erklärt, er wiche nur der Gewalt. Und dann genügte ein Leutnant mit zehn Mann[2]. (Lachen) Herr Severing wich zwar nicht, er entwich. (Beifall) 15
Herr Braun[3] erklärte im Jahre 1927, als wir in Berlin verboten wurden, er habe die Absicht, diese radausozialistische Partei in Preußen mit Stumpf und Stiel auszurotten. (Lachen) Der Einzige, der ausgerottet worden ist, heißt Braun. (Beifall) 20
Herr Grzesinski[4] (Lachen) fragte sich erstaunt, warum sich denn noch niemand gefunden habe, der diesen Ausländer Adolf Hitler mit der Hundepeitsche aus Deutschland jage. (Pfui-Rufe) Nun hat ihn selbst dies Schicksal getroffen. Zwar stimmt 25 das nicht mit der Hundepeitsche, aber was nicht ist, das kann noch werden.
Es ist eben etwas anderes, an den Fleischtöpfen der Regierung zu sitzen oder das Hungerbrot der Opposition zu essen. Die Herren der Sozialdemo- 30 kratie sind weich und dick und schwammig geworden. Sie haben die vergangenen 14 Jahre nicht mitgemacht. Wie könnten sie sonst vor das Volk hintreten mit erhobener Faust und „Freiheit" rufen. Was ist das? 35

Ist das ein Wunsch, oder ist das eine Feststellung?
14 Jahre hatten sie Zeit, die Freiheit zu verwirklichen; stattdessen aber haben sie das Volk mit dem Gummiknüppel geschlagen.
14 Jahre hatten sie Zeit, dem Arbeiter Arbeit und 40 Brot zu geben; stattdessen aber haben sie sich wohnlich im Kapitalismus eingerichtet.
14 Jahre hatten sie Zeit, den Sozialismus zu organisieren; stattdessen aber haben sie nur die Ämter und Pfründe sozialisiert. 45
14 Jahre hatten sie Zeit zu siedeln; stattdessen aber haben sie sich nur in den Ministerien und Po-

---

[1] Anspielung auf den sogenannten „Rütlischwur" aus Friedrich Schillers Drama „Wilhelm Tell": Dort heißt es: „Wir wollen sein ein einzig (sic!) Volk von Brüdern, in keiner Not uns trennen und Gefahr". (V. 1450 f.)
[2] Carl Severing (SPD), 1920–1932 Innenminister Preußens, der seiner Amtsenthebung (Preußenputsch) am 20.7.1932 nur wenig Widerstand entgegensetzte
[3] Otto Braun (SPD), 1920–1932 Ministerpräsident Preußens
[4] Albert Grzesinski (SPD), der im Preußenschlag abgesetzte Polizeipräsident Berlins

56

EinFach Deutsch: Unterrichtsmodell: Rhetorik © Schöningh Verlag 2005

lizeipräsidien angesiedelt. (Lachen) Und nun ist es mit der Herrlichkeit vorbei. Unter dem grenzenlo-
50 sen Druck der steigenden Not und unter der auf-

steigenden Welle der Volksempörung sind die breiten Massen aufgewacht. (Beifall)

Aus: Heiber, Helmut (Hrsg.): Goebbels – Reden. Band 1. 1932–1939. München 1971, S. 56f.

☐ *Weisen Sie an geeigneten Textstellen nach, welche beiden zentralen Ziele Goebbels mit dieser Rede verfolgt.*

☐ *Ordnen Sie die verwendeten rhetorischen Mittel diesen beiden Zielen zu, indem Sie sie verschiedenfarbig unterstreichen und am Rand benennen.*

☐ *Versuchen Sie, die Intention der einzelnen Mittel möglichst exakt zu beschreiben.*

☐ *Man unterscheidet bei politischen Reden häufig zwischen deskriptiven (darstellenden), argumentativen (erörternden) und appellativen (an die Emotionen gerichteten) Reden. Ordnen Sie die vorliegende Rede einer dieser Gattungen zu und bewerten Sie die Rede.*

EinFach Deutsch: Unterrichtsmodell: Rhetorik © Schöningh Verlag 2005

Adolf Hitler: Rede an die Hitler-Jugend auf dem Parteitag 1935

Deutsche Jugend! Zum dritten Male seid ihr zu diesem Appell angetreten, über 50 000 Vertreter einer Gemeinschaft, die von Jahr zu Jahr größer wurde. Das Gewicht derer, die ihr in jedem Jahr
5 hier verkörpert, ist immer schwerer geworden. Nicht nur zahlenmäßig, nein, wir sehen es: wertmäßig. Wenn ich mich an den ersten Appell zurückerinnere und an den zweiten und diesen heutigen damit vergleiche, dann sehe ich dieselbe
10 Entwicklung, die wir im ganzen anderen deutschen Volksleben heute feststellen können: Unser Volk wird zusehends disziplinierter, straffer und strammer, und die Jugend beginnt damit. Das Ideal des Mannes auch in unserem Volk ist nicht im-
15 mer gleich gesehen worden. Es gab Zeiten, sie liegen scheinbar weit zurück und sind uns fast unverständlich, da galt als Ideal des jungen deutschen Menschen der sogenannte bier- und trinkfeste Bursche. Heute, da sehen wir mit Freude
20 nicht mehr den bier- und trinkfesten, sondern den wetterfesten jungen Mann, den harten jungen Mann. Denn nicht nur darauf kommt es an, wie viel Glas Bier er zu trinken vermag, sondern darauf, wie viel Schläge er aushalten, nicht darauf, wie viel
25 Nächte er durchzubummeln vermag, sondern wie viele Kilometer er marschieren kann. Wir sehen heute nicht mehr im damaligen Bierspießer das Ideal des deutschen Volkes, sondern in Männern und Mädchen, die kerngesund sind, die straff
30 sind. Was wir von unserer deutschen Jugend wünschen, ist etwas anderes, als es die Vergangenheit gewünscht hat. In unseren Augen, da muss der deutsche Junge der Zukunft schlank und rank sein, flink wie Windhunde, zäh wie Leder und hart

Hitler-Jugend auf einem Reichsparteitag

58

wie Kruppstahl. Wir müssen einen neuen Men- 35
schen erziehen, auf dass unser Volk nicht an den Degenerationserscheinungen der Zeit zugrunde geht.
Wir reden nicht, sondern wir handeln. Wir haben es unternommen, dieses Volk durch eine neue 40
Schule zu erziehen, ihm eine Erziehung zu geben, die schon mit der Jugend anfängt und nimmer enden soll. Von einer Schule wird in Zukunft der junge Mann in die andere gehoben werden. Beim Kind beginnt es, und beim alten Kämpfer der Be- 45
wegung wird es enden. Keiner soll sagen, dass es für ihn eine Zeit gibt, in der er sich ausschließlich selbst überlassen sein kann. Jeder ist verpflichtet, seinem Volke zu dienen, jeder ist verpflichtet, sich für diesen Dienst zu rüsten, körperlich zu stählen 50
und geistig vorzubereiten und zu festigen. Und je früher diese Vorbereitungen anfangen, umso besser. Wir werden nicht in der Zukunft 10 oder 15 Jahre in der deutschen Erziehung versäumen, um später gutmachen zu müssen, was vorher leider 55
schlecht geworden ist. Unsere Absicht und unser unerschütterlicher Wille ist es, dass wir schon in die Herzen der Jugend den Geist hineinbringen, den wir im großen Deutschland als den allein möglichen und für die Zukunft erhaltenden sehen 60
möchten und sehen wollen. Und wir wollen das nicht nur, wir werden es durchführen. Und ihr seid ein Ausschnitt dieser Entwicklung, viel straffer und viel strammer als vor drei Jahren. Und ich weiß, es wird in den nächsten Jahren immer und immer 65
besser werden.
Es kommt eine Zeit, da wird das deutsche Volk mit einer hellen Freude auf seine Jugend sehen, da werden wir alle ganz ruhig, ganz zuversichtlich in unsere alten Tage hineingehen in der tiefinnersten 70
glücklichen Überzeugung, in dem glücklichen Wissen: Unser Lebenskampf ist nicht umsonst. Hinter uns, da marschiert es schon nach. Und das ist Geist von unserem Geiste, das ist unsere Entschlossenheit, unsere Härte, das ist die Reprä- 75
sentation des Lebens unserer Rasse.
Wir werden uns so stählen, dass jeder Sturm uns stark findet. Wir werden aber auch nie vergessen, dass die Gesamtsumme aller Tugenden und aller Kräfte nur dann wirksam werden kann, wenn sie 80
einem Willen und einem Befehl untertan ist. Wir stehen jetzt hier, nicht durch Zufall gefügt, nicht weil jeder Einzelne tat, was er wollte, sondern weil euch der Befehl eures Reichsjugendführers hier-

EinFach Deutsch: Unterrichtsmodell: Rhetorik © Schöningh Verlag 2005

⁸⁵ her gerufen hat und weil dieser Befehl sich umsetzte in tausend einzelne Befehle.

Und indem jeder dieser Befehle seinen Gehorsam fand, ist in Deutschland aus Millionen einzelnen deutschen Jungen eine Organisation geworden, ⁹⁰ und aus Zehntausenden in Deutschland lebenden Kameraden diese heutige Kundgebung, dieser heutige Appell. Nichts ist möglich, wenn nicht ein Wille befiehlt, dem immer die anderen zu gehorchen haben, oben beginnend und ganz unten erst ⁹⁵ endend. Und das ist neben der körperlichen Erziehung und Ertüchtigung die zweite große Aufgabe.

Wir sind eine Gefolgschaft, aber wie das Wort schon sagt, Gefolgschaft heißt folgen, heißt Ge-¹⁰⁰folgschaft leisten. Unser ganzes Volk müssen wir erziehen, dass immer, wenn irgendwo einer bestimmt ist zu befehlen, die anderen ihre Bestimmung erkennen, ihm zu gehorchen, weil schon in der nächsten Stunde vielleicht sie selbst befehlen ¹⁰⁵ müssen und es genauso nur dann können, wenn andere wieder Gehorsam üben. Es ist der Ausdruck eines autoritären Staates, nicht einer schwachen, schwätzenden Demokratie, eines autoritären Staates, bei dem jeder stolz ist, ge-¹¹⁰horchen zu dürfen, weil er weiß: Ich werde, wenn ich befehlen muss, genauso Gehorsam finden. Deutschland ist kein Hühnerstall, in dem alles durcheinanderläuft und jeder gackert und kräht, sondern wir sind ein Volk, das von klein auf lernt, ¹¹⁵ diszipliniert zu sein. Wenn die anderen uns nicht verstehen, dann kann uns das gleich sein. Es ist noch nie das Schlechteste auf der Welt gewesen, was die meisten nicht verstanden haben, im Gegenteil.

¹²⁰ Wir haben nicht die Hände in den Schoß gelegt und erklärt: das ist uns nun einmal nicht gegeben,

es ist nichts mehr zu machen. Nein: doch ist etwas zu machen! Und wir haben es gemacht! Und ihr, meine Jungens und meine Mädchen, ihr seid nun lebendige Zeugen für das Gelingen dieses ¹²⁵ Werkes, ihr seid die Zeugen, dass diese Idee im Deutschen Reich lebendig geworden ist. Und ihr seid der Beweis, wie diese Idee nun ihre Verwirklichung erfahren hat. Glaubt mir, es wird einmal eine Zeit kommen, da wird die deutsche Jugend ein ¹³⁰ wunderbar gesundes und strahlendes Antlitz besitzen, gesund, offen, aufrichtig, kühn und friedliebend. Wir sind keine Raufbolde. Wenn uns die übrige Welt in unserer Disziplin verkennt, können wir nicht helfen. Aus dieser Disziplin werden für die ¹³⁵ Welt weniger Händel entstehen als aus dem parlamentarisch-demokratischen Durcheinander der heutigen Zeit! Wir gehen unseren Weg und wollen keines andern Weg durchkreuzen. Mögen auch die anderen uns auf unserem Weg in Ruhe lassen. ¹⁴⁰ Das ist der einzige Vorbehalt, den wir für unsere Friedensliebe aufstellen müssen. Keinem etwas zuleide tun und von keinem ein Leid erdulden! Wenn wir so dem deutschen Volke den Lebensweg zeichnen und festlegen, dann wird, glaube ¹⁴⁵ ich, auch in anderen Völkern das Verständnis für eine so anständige Gesinnung allmählich kommen und wachsen, und man wird uns vielleicht da und dort aus diesem inneren Verständnis heraus brüderlich die Hand reichen. Nie aber wollen wir ver-¹⁵⁰gessen, dass Freundschaft nur der Starke verdient und der Starke gewährt. Und so wollen wir uns denn stark machen, das ist unsere Losung. Und dass dieser Wunsch in Erfüllung geht, dafür seid ihr mir verantwortlich. Ihr seid die Zukunft der Na-¹⁵⁵tion, die Zukunft des Deutschen Reiches.

Aus: Die Reden Hitlers am Parteitag der Freiheit. München 1935, S. 348–350

❑ *Welche Zielvorstellungen formuliert Hitler für die deutsche Jugend? Inwiefern werden hierbei typisch nationalsozialistische Ideologieelemente deutlich?*

❑ *Bewerten Sie die Anziehungskraft der Forderungen/Versprechungen Hitlers auf einen Jugendlichen.*

Joseph Goebbels: Rede im Berliner Sportpalast am 18.2.1943

Etwa zwei Wochen nach der Kapitulation der deutschen Truppen in Stalingrad, die von kriegsentscheidender Bedeutung war, hielt Joseph Goebbels im Berliner Sportpalast vor etwa 15 000 ausgewählten Zuschauern die folgende Rede, die zudem im gesamten Reich im Rundfunk übertragen wurde.

Meine deutschen Volksgenossen und Volksgenossinnen! Parteigenossen und Parteigenossinnen!

Es ist jetzt knapp drei Wochen her, dass ich das
5 letzte Mal bei Gelegenheit der Verlesung der Proklamation des Führers zum Zehnjahrestag der Machtergreifung von dieser Stelle aus zu Ihnen und zum deutschen Volke gesprochen habe. Die Krise, in der sich unsere Ostfront augenblicklich
10 befindet, stand damals auf dem Höhepunkt. Wir hatten uns im Zeichen des harten Unglücksschlages, von dem die Nation im Kampf um die Wolga betroffen wurde, am 30. Januar dieses Jahres zusammengefunden zu einer Kundgebung der Ein-
15 heit, der Geschlossenheit, aber auch der festen Willenskraft, mit den Schwierigkeiten, die dieser Krieg in seinem vierten Jahre vor uns auftürmt, fertig zu werden.

Es war für mich und wohl auch für Sie alle er-
20 schütternd, einige Tage später zu erfahren, dass die letzten heldenhaften Kämpfer von Stalingrad, gerade in dieser Stunde durch die Ätherwellen mit uns verbunden, an unserer erhebenden Sportpalast-Kundgebung teilgenommen haben. Sie funk-

Der Berliner Sportpalast während der Rede

ten in ihrem Schlussbe- 25
richt, dass sie die Proklamation des Führers vernommen und vielleicht zum letzten Male in ihrem Leben mit uns zusam- 30
men mit erhobenen Händen die Nationalhymnen gesungen hätten. Welch eine Haltung deutschen Soldatentums in dieser 35
großen Zeit! Welche Verpflichtung aber schließt diese Haltung auch für uns alle, insbesondere aber für die deutsche 40
Heimat, in sich ein. Sta-

Joseph Goebbels
(1897 – 1945)

lingrad war und ist der große Alarmruf des Schicksals an die deutsche Nation.

Ein Volk, das die Stärke besitzt, ein solches Unglück zu ertragen und auch zu überwinden, ja, da- 45
raus noch zusätzliche Kraft zu schöpfen, ist unbesiegbar. Das Gedächtnis an die Helden von Stalingrad soll also auch heute bei meiner Rede vor Ihnen und vor dem deutschen Volke eine tiefe Verpflichtung für mich und für uns alle sein. [...] 50
Ich habe nun heute zu dieser Versammlung einen Ausschnitt des ganzen deutschen Volkes im besten Sinne des Wortes eingeladen. Vor mir sitzen reihenweise deutsche Verwundete von der Ostfront, Bein- und Armamputierte – (starker Beifall), 55
Bein- und Armamputierte mit zerschossenen Gliedern, Kriegsblinde, die mit ihren Rote-Kreuz-Schwestern gekommen sind, Männer in der Blüte ihrer Jahre, die vor sich ihre Krücken stehen haben. Dazwischen zähle ich an die fünfzig Träger 60
des Eichenlaubes und des Ritterkreuzes[1] (stürmische Heilrufe und Beifall): eine glänzende Abordnung unserer kämpfenden Front! (Heilrufe, Beifall) Hinter ihnen erhebt sich ein Block von Rüstungsarbeitern und -arbeiterinnen aus den 65
Berliner Panzerwerken. (Heilrufe, starker Beifall) Wieder hinter ihnen sitzen Männer aus der Parteiorganisation, Soldaten aus der kämpfenden Wehrmacht, Ärzte, Wissenschaftler, Künstler, Ingenieure und Architekten, Lehrer, Beamte und Ange- 70
stellte aus den Ämtern und Büros: eine stolze Ver-

---

[1] hohe deutsche Kriegsorden

EinFach Deutsch: Unterrichtsmodell: Rhetorik © Schöningh Verlag 2005

treterschaft unseres geistigen Lebens in all seinen Schichtungen, dem das Reich gerade jetzt im Kriege Wunder der Erfindung und des mensch-
75 lichen Genies verdankt. Über das ganze Rund (Beifall) des Sportpalastes verteilt sehe ich Tausende von deutschen Frauen. (Bravo-Rufe, Beifall) Die Jugend ist hier vertreten und das Greisenalter. Kein Stand, kein Beruf und kein Lebensjahr
80 blieb bei der Einladung unberücksichtigt. Ich kann also mit Fug und Recht sagen: Was hier vor mir sitzt, ist ein Ausschnitt aus dem ganzen deutschen Volke an der Front und in der Heimat, – stimmt das? (Stürmische Rufe: „Ja!" Anhaltender
85 Beifall) Allerdings – Juden sind hier nicht vertreten! (Starker Beifall, Zurufe)

Ihr also, meine Zuhörer, repräsentiert in diesem Augenblick für das Ausland die Nation! Und an euch möchte ich zehn Fragen richten, die ihr mit
90 dem deutschen Volke vor der ganzen Welt, insbesondere aber vor unseren Feinden, die uns auch in dieser Stunde an ihrem Rundfunk zuhören, beantworten müsst! Wollt ihr das? (Stürmische Rufe: „Ja!")

95 Die Engländer behaupten, das deutsche Volk habe den Glauben an den Sieg verloren. (Stürmische Rufe: „Nein!", „Nie!", „Niemals!") Ich frage euch: Glaubt ihr mit dem Führer und mit uns an den endgültigen, totalen Sieg der deutschen Waffen?
100 (Stürmische Rufe: „Ja!" Starker Beifall, Sprechchöre: „Sieg Heil! Sieg Heil!") Ich frage euch: Seid ihr entschlossen, dem Führer in der Erkämpfung des Sieges durch dick und dünn und unter Aufnahme auch der schwersten persönlichen Belas-
105 tungen zu folgen? (Stürmische Rufe: „Ja!" Starker Beifall, Sprechchöre: „Sieg Heil!", „Wir grüßen unsern Führer!")

Zweitens: Die Engländer behaupten, das deutsche Volk sei des Kampfes müde. („Nein!", „Pfui!")
110 Ich frage euch: Seid ihr bereit, mit dem Führer, als Phalanx[1] der Heimat hinter der kämpfenden Wehrmacht stehend, diesen Kampf mit wilder Entschlossenheit und unbeirrt durch alle Schicksalsfügungen fortzusetzen, bis der Sieg in unsern
115 Händen ist? (Stürmische Rufe: „Ja!" Starker Beifall)

Drittens: Die Engländer behaupten, das deutsche Volk hat keine Lust mehr, sich der überhandnehmenden Kriegsarbeit, die die Regierung von ihm

fordert, zu unterziehen. (Pfui-Rufe) Ich frage euch: 120 Soldaten, Arbeiter und Arbeiterinnen, seid ihr und ist das deutsche Volk entschlossen, wenn der Führer es einmal in der Notzeit befehlen sollte, zehn, zwölf, wenn nötig vierzehn und sechzehn Stunden täglich zu arbeiten und das Letzte für den 125 Sieg herzugeben? (Stürmische Rufe: „Ja!" Starker Beifall)

Viertens: Die Engländer behaupten, das deutsche Volk wehrt sich gegen die totalen Kriegsmaßnahmen der Regierung. (Rufe: „Nein!") Es will nicht 130 den totalen Krieg, sagen die Engländer, sondern die Kapitulation! (Stürmische Rufe, u. a.: „Nein!", „Pfui!") Ich frage euch: Wollt ihr den totalen Krieg? (Stürmische Rufe: „Ja!", Starker Beifall) Wollt ihr ihn („Wir wollen ihn!"), wenn nötig, totaler und ra- 135 dikaler, als wir ihn uns heute überhaupt erst vorstellen können?
(Stürmische Rufe: „Ja!" Beifall)

Fünftens: Die Engländer behaupten, das deutsche Volk hat sein Vertrauen zum Führer verloren! (Stür- 140 mische Empörung und Pfui-Rufe, lang anhaltender Lärm)

Ich frage euch – (Sprechchöre: „Führer befiehl, wir folgen!" Heilrufe), ich frage euch: 145
Vertraut ihr dem Führer? (Rufe, u. a.: „Ja!") Ist eure Bereitschaft, ihm auf allen seinen Wegen zu folgen und alles zu tun, was nötig ist, um den Krieg zum siegreichen Ende zu führen, eine absolute und uneingeschränkte[2] (Lebhafte Rufe: „Ja!")

Ich frage euch als Sechstes: Seid ihr von nun ab 150 bereit, eure ganze Kraft einzusetzen und der Ostfront, unsern kämpfenden Vätern und Brüdern, die Menschen und Waffen zur Verfügung zu stellen, die sie brauchen, um den Bolschewismus zu besiegen? Seid ihr dazu bereit? („Ja!", starker Bei- 155 fall, Zurufe)

Ich frage euch als Siebentes: Gelobt ihr mit heiligem Eid der Front, dass die Heimat mit starker, unerschütterlicher Moral hinter der Front steht und ihr alles geben wird, was sie zum Siege nötig hat? 160 („Ja!", Starker Beifall)

Ich frage euch achtens: Wollt ihr, insbesondere ihr Frauen selbst, dass die Regierung dafür sorgt, dass auch die letzte Arbeitskraft auch der Frau der Kriegführung zur Verfügung gestellt wird (Rufe 165 weiblicher Stimmen: „Ja!") und dass die Frau

---

[1] antike Kampfformation; hier metaphorisch für: geschlossene Front

EinFach Deutsch: Unterrichtsmodell: Rhetorik © Schöningh Verlag 2005

überall da, wo es nur möglich ist, einspringt, um Männer für die Front frei zu machen? Wollt ihr das? (Stürmische Rufe, insbesondere weiblicher Stimmen: „Ja!" Starker Beifall)

Ich frage euch neuntens: Billigt ihr, wenn nötig, die radikalsten Maßnahmen gegen einen kleinen Kreis von Drückebergern und Schiebern (stürmische Rufe: „Ja!", starker Beifall, Zurufe), die mitten im Kriege Frieden spielen wollen und die Not des Volkes zu eigensüchtigen Zwecken ausnutzen? („Aufhängen!", Geschrei) Seid ihr damit einverstanden („Jawohl!"), dass, wer sich am Kriege vergeht, den Kopf verliert? (Stürmische Rufe: „Ja!" Starker Beifall)

Und nun frage ich euch zehntens und zuletzt: Wollt ihr, dass, wie das nationalsozialistische Parteiprogramm das vorschreibt, gerade im Kriege gleiche Rechte und gleiche Pflichten vorherrschen („Ja!"), dass die Heimat die schwersten Belastungen des Krieges solidarisch auf ihre Schultern nimmt und dass sie für Hoch und Niedrig und Arm und Reich in gleicher Weise verteilt werden? Wollt ihr das? (Stürmische Rufe: „Ja!" Stürmischer Beifall)

Ich habe euch gefragt, und ihr habt mir eure Antwort nicht vorenthalten. Ihr seid ein Stück Volk. Durch euren Mund hat sich die Stellungnahme des Volkes vor der Welt manifestiert. („Wir haben nichts gegen ...!") Ihr habt unsern Feinden das zugerufen, was sie wissen müssen, damit sie sich keinen Illusionen und falschen Vorstellungen hingeben. (Zwischenruf) [...]

Wenn wir je treu und unverbrüchlich an den Sieg geglaubt haben, dann in dieser Stunde der nationalen Besinnung und der inneren Aufrichtung. Wir sehen ihn greifbar nahe vor uns liegen, – wir müssen nur zufassen! Wir müssen nur die Entschlusskraft aufbringen, alles seinem Dienste unterzuordnen; das ist das Gebot der Stunde! Und darum lautet von jetzt ab die Parole: Nun, Volk, steh' auf und Sturm, brich los! (Stürmische Heilrufe und Beifall, Rufe: „Unser Gauleiter[1] – Sieg Heil! Sieg Heil! Sieg Heil!" Heilrufe; das Deutschlandlied wird intoniert)

Aus: Kai Brodersen, (Hrsg.): Große Reden. Von der Antike bis heute. Darmstadt 2002. S. 164–178.

☐ *Überprüfen Sie mithilfe der Einleitung der Rede (Z. 1–18), inwiefern Goebbels die militärische Lage des Deutschen Reiches zutreffend wiedergibt. Welchem Ziel soll seine Rede dienen?*

☐ *Welchem Zweck dient die Aufzählung der Anwesenden? Welche Beziehung besteht zwischen dem Redner und den Zuschauern?*

☐ *Ordnen Sie die von Goebbels verwendeten rhetorischen Mittel möglichst exakt den von ihm verfolgten Zielen zu.*

---

[1] Goebbels war sowohl Reichspropagandaminister als auch Gauleiter von Berlin.

EinFach Deutsch: Unterrichtsmodell: Rhetorik © Schöningh Verlag 2005

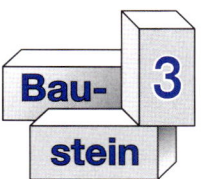

Reden der Nachkriegszeit

3.1 ☐ Einführung und Hinweise für den Unterricht

Es wurde bei der Auswahl der Texte bewusst darauf verzichtet, tagesaktuelle Reden in den Baustein einzubeziehen, da diese, sofern sie sich nicht mit einschneidenden politischen oder gesellschaftlichen Ereignissen beschäftigen, bereits nach kurzer Zeit bei den Schülern auf erhebliche Verständnisprobleme stoßen, die paradoxerweise oft größer sind als bei weit entlegenen historischen Themen.

Dies hängt sicherlich auch mit der nach der Katastrophe des Nationalsozialismus grundlegend veränderten Redekultur der Bundesrepublik zusammen. „Die Reaktion gegen die rednerischen Exzesse der nationalsozialistischen Vergangenheit führte zu größter rednerischer Enthaltsamkeit. Das Ergebnis ist bekannt: Der Bundestag [...] bot für Jahrzehnte den Anblick einer rhetorischen Wüste"[1]. Mit diesem sich vor allem auf die argumentativen Reden beziehenden vernichtenden Urteil beschreibt der Rhetorikprofessor Gert Ueding die politische Redekultur der Bundesrepublik Deutschland. Mag dieses Urteil auch als zu harsch erscheinen, so ist doch der Mangel an bedeutenden Bundestagsreden im öffentlichen Bewusstsein bemerkenswert. Eine Ausnahme hiervon stellen die teilweise nachhaltiger wirkenden zahlreichen Festreden dar. Zu nennen wären hier etwa die berühmte Rede zum 40. Jahrestag des Kriegsendes von Friedrich von Weizsäcker oder die nicht minder bekannte Rede des damaligen Bundestagspräsidenten Jenninger zum 50. Jahrestag des Novemberpogroms von 1938. In jüngerer Zeit tritt zu diesen Reden noch die so genannte „Ruck-Rede" Roman Herzogs hinzu. Von diesen Reden konnte jedoch nur die Rede Roman Herzogs aufgenommen werden, da die umfangreiche Rede Weizsäckers sich in ihrem Bemühen um Ausgewogenheit und Differenziertheit kaum kürzen lässt, ohne dem Text Gewalt anzutun, während die Aufregung um die Ansprache Jenningers der heutigen Schülergeneration im Unterricht kaum mehr vermittelbar sein dürfte.

Ansonsten wurden vor allem Reden aufgenommen, die im Kontext wesentlicher Stationen der deutschen Geschichte der Nachkriegszeit stehen. Alle ausgewählten Reden sind trotz ihres teilweise politischen Gehalts tendenziell als Festreden bzw. Ansprachen zu klassifizieren. Dies hat den Vorteil, dass die in den anderen Reden nicht oder nur ansatzweise auftretenden Strategien der Beschwichtigung bzw. Vereinnahmung sich anhand dieser Reden besonders ergiebig thematisieren lassen und eine Unterrichtsreihe abrunden können. Die Reihenfolge der Besprechung ist dabei weitgehend beliebig. Möglich ist es auch, eine der Ansprachen als Klausur zu verwenden. Lediglich die Ansprache Herzogs erscheint wegen des Textumfangs hierzu nicht geeignet.

3.2 ☐ Die Reden im Unterricht

3.2.1 Fernsehansprache Adenauers zum Staatsbesuch de Gaulles am 4. September 1962

Historische Einführung

Die vorliegende Rede entstand im Zusammenhang mit dem Staatsbesuch General de Gaulles in Deutschland. Adenauer hatte sich seit Gründung der Bundesrepublik massiv für eine deutsch-französische Annäherung eingesetzt. Stationen hierzu waren zweifellos seine

---

[1] Ueding, Gert: Moderne Rhetorik. München 2000, S. 97.

erfolgreiche Politik der Westintegration der Bundesrepublik, die zur Aufnahme in die NATO (1955) und die Europäische Gemeinschaft (1957) geführt und mitgeholfen hatte, französisches Misstrauen abzubauen. Ergebnis der Bemühungen und nicht zuletzt der gegenseitigen Besuche von 1962 war der Abschluss des deutsch-französischen Freundschaftsvertrages 1963, der bis heute die besonderen Beziehungen zwischen beiden Staaten begründet.

Kurzinterpretation

Es handelt sich bei dieser Rede (Arbeitsblatt 13, S. 76) in fast jeder Beziehung um eine typische Festrede. Adenauers Ziel ist es, mit dieser Ansprache die Bevölkerung der Bundesrepublik auf den bevorstehenden Besuch de Gaulles einzustimmen. Dementsprechend feierlich und getragen ist auch der Stil.

Nach der Nennung und Hervorhebung des Anlasses der Rede (Z. 1–8) beschäftigt Adenauer sich im Hauptteil (Z. 9–48) vor allem mit der Geschichte und dem gegenwärtigen Stand der deutsch-französischen Beziehungen. Die Ansprache schließt mit dem Versprechen, an der Fortentwicklung der beiderseitigen Beziehungen weiterarbeiten zu wollen, und der Aufforderung, den Staatsgast gebührend zu begrüßen (Z. 49ff.).

Auffallend ist zunächst einmal die Pronominalstruktur. Adenauer spricht fast durchgehend in der Pluralform (wir, uns), wodurch der Zuhörer mit in das Ereignis und Adenauers Überlegungen einbezogen wird. Zugleich legt Adenauer dadurch aber auch nahe, dass seine Gedanken zu diesem Ereignis auch die aller Deutschen sind. Das Ereignis selbst wird durch die Erhebung in „geschichtlichen Rang" (Z. 7f.) entsprechend aufgewertet.

Zu Beginn des zweiten Abschnitts streift Adenauer kurz das für eine Festrede schwierige Kapitel der deutsch-französischen Geschichte. Begreiflicherweise ist ihm zu diesem Anlass nicht an einer Aufarbeitung der deutsch-französischen Geschichte gelegen, deshalb belässt Adenauer es bei Andeutungen. Die Ellipse „Frankreich und Deutschland" (Z. 9) verleiht diesen Worten besonderes Gewicht und lässt den Zuschauer unwillkürlich innehalten. Zugleich vermeidet Adenauer durch die Auslassung des Verbs aber auch, das Verhältnis der beiden Nationen in einem negativen Licht erscheinen zu lassen. Auch die antithetisch aufgebaute Ellipse „Viel Größe und Glanz, aber auch viel Elend und Leid" (Z. 11f.) vermeidet es, konkret zu werden, und belässt die einzelnen Stationen des deutsch-französischen Verhältnisses bewusst im Halbdunkel. Zudem werden dadurch, dass die positiven Seiten zuerst genannt werden, die zudem mit einer Alliteration noch zusätzlich hervorgehoben werden, die erfreulichen Seiten der gemeinsamen Geschichte betont.

Anschließend geht Adenauer sofort zur Gegenwart über. Um die Dringlichkeit des nun Folgenden zu betonen, bezeichnet er die Zeit metaphorisch als „reif" für eine Besinnung auf den gemeinsamen Ursprung und ein gemeinsames Ziel. Durch die parallel aufgebauten Halbsätze wird das Kernwort „gemeinsam" besonders betont. Auffallend sind in diesem Abschnitt vor allem die vielen positiv konnotierten Wörter: „Frieden", „Freiheit", „würdig", „einig" (Z. 15ff.). Auch sonst bemüht sich Adenauer um eine möglichst gehobene und den Eindruck von Hochwertigkeit und Feierlichkeit unterstreichende Wortwahl: Aus Politikern werden „Staatsmänner", die Völker sind vom „Willen durchdrungen" und wollen ihren Ansprüchen „Geltung verschaffen" (Z. 21ff.), der Gast verkündet aus seinem Munde die Botschaft Frankreichs (Z. 33f.) etc. Auf ähnliche Weise wertet Adenauer auch den Staatsgast und seine eigene Politik auf. Auffallend sind hierbei besonders die vielen Adjektivattribute, mit denen Adenauer die Bedeutung und Richtigkeit seiner Politik, die er aber durch die Verwendung der Pluralform zu einem gemeinsamen Anliegen macht, zu unterstreichen versucht („tiefe Befriedigung", „großer Plan", „dauernde Freundschaft", etc.). Auch hier verweist Adenauer wieder auf die überall erfahrene Zustimmung, um die er auch mit dieser Rede wirbt. Dieses Kernwort wird durch die Akkumulation „Ermutigung, Zuspruch und Zustimmung" sogar noch weiter verstärkt und fasst die Intention des Hauptteils, der die Gemeinsamkeiten auf allen Ebenen hervorhob, noch einmal zusammen.

Der Schlussteil variiert die angeschlagenen Motive und hebt darüber hinaus den Staatsgast weiter heraus, der als „großer Franzose" und „hoher Gast" bezeichnet wird. Dass die herzliche Begrüßung dieses Gastes geradezu eine Pflicht ist, betont Adenauer noch dadurch, dass er behauptet, dass alle, „die guten Willens" (Z. 56) seien, mit Freude erfüllt seien.

Zusammenfassend lässt sich die Rede als vor allem der Erzeugung einer positiven Stimmung vor dem wichtigen Staatsbesuch dienend beschreiben. Dem Anlass entsprechend ist der Informationsgehalt eher gering, appellative Elemente stehen eindeutig im Vordergrund.

Hinweise für den Einsatz im Unterricht

Es dürfte offensichtlich sein, dass es wenig Sinn macht, diese Rede im Hinblick auf die verwendeten rhetorischen Figuren zu untersuchen, die selbst bei genauester Untersuchung für das Verständnis wenig erhellend sind. Es wird daher vorgeschlagen, diese Rede vor allem im Hinblick auf ihre Appellstruktur zu untersuchen. Dies kann mithilfe der folgenden Arbeitsfragen im Unterrichtsgespräch oder in Stillarbeit geschehen.

❐ *Welchem Ziel dient diese Rede?*

❐ *Wie stellt Adenauer das deutsch-französische Verhältnis in Vergangenheit und Gegenwart dar?*

❐ *Unterstreichen Sie die sinntragenden Wörter und auffälligen Formulierungen der Rede.*

Die Ergebnisse können in folgendem Tafelbild gesichert werden.

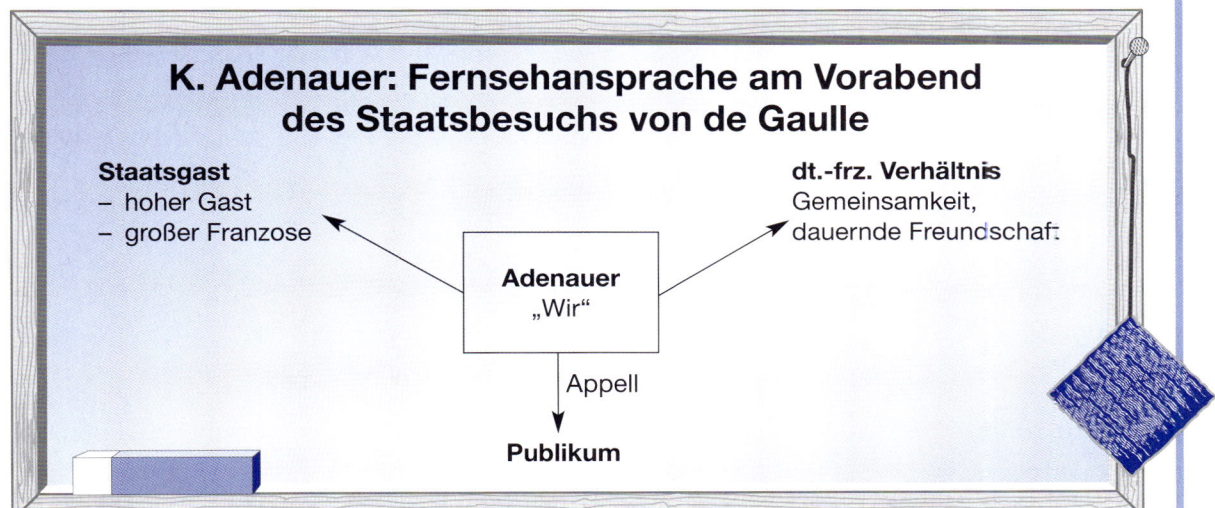

3.2.2 John F. Kennedy: Rede vor dem Schöneberger Rathaus am 26.6.1963

Einführung und Hinweise für den Einsatz im Unterricht

Der berühmte Satz „Ich bin ein Berliner", mit dem Kennedy seine Rede vor dem Schöneberger Rathaus schloss, ist vermutlich jedem Deutschen ein Begriff. Die aus dieser Bekanntheit abzulesende scheinbar große Wirkung dieser Rede (Arbeitsblatt 14, S. 77f.) wird noch unterstrichen, betrachtet man die Fernsehaufnahmen, die Kennedy in einem Meer jubelnder Menschen zeigen. Die Begeisterung der Berliner über diese Rede stellt ein Kuriosum dar, wenn man bedenkt, dass die meisten Anwesenden im Grunde keines der Kriterien beurteilen konnten, nach denen man landläufig eine Rede beurteilt, da Kennedy seine Rede mit Ausnahme des genannten Zitats auf Englisch hielt. Die Rede wurde zwar simultan übersetzt, doch rhetorische Feinheiten gehen dadurch natürlich verloren. Hinzu kommt, dass wegen der fehlenden Technik die meisten Zuschauer Kennedy wahrscheinlich auch nicht aus der Nähe sehen konnten, sodass auch Gestik und Mimik als Beurteilungskriterien für die Mehrheit weitgehend ausfielen.
Nicht zuletzt deshalb liegt auch der Verdacht nahe, dass „Kennedy die Gunst des Publikums gar nicht erst erringen [musste], sie war ihm von vorneherein sicher"[1].

---

[1] Martin Schnackenberg: Ich bin ein Berliner. Die Berlin Rede John F. Kennedys. In: Geschichte lernen 85, S. 60–65, hier S. 61.

Kennedys Beliebtheit war natürlich kein Phänomen, das auf die Bevölkerung Berlins oder auch nur der Bundesrepublik begrenzt war. Dass er hier dennoch auf einen besonders begeisterten Empfang hoffen konnte, hing mit der besonderen Insellage der Stadt zusammen. Spätestens seit dem Mauerbau 1961 war Westberlin praktisch von der Außenwelt abgeriegelt. Zwar bestand keine regelrechte Blockade mehr, doch war der Zugang nach Berlin stark eingeschränkt. Zudem war das weitere Schicksal der Stadt völlig von der Bereitschaft der Amerikaner abhängig, diese im Ernstfall zu verteidigen. Nicht zuletzt deshalb konnte sich ein amerikanischer Präsident von vornherein der Sympathie der Berliner sicher sein.

Dennoch sollte die Tatsache, dass der Präsident seine Zuhörer nicht erst zu überzeugen brauchte, nicht dazu führen, die Rede unterzubewerten, denn diese ist geschickt aufgebaut und zeugt vom rednerischen Talent Kennedys.

Wegen des Bekanntheitsgrades der Rede und des nur geringen Vorwissens, das für das Verständnis notwendig ist, kann im Unterricht auf eine längere historische Einführung verzichtet werden. Bei Interesse könnte jedoch ein Schüler ein Referat über die Biografie Kennedys für die entsprechende Stunde als Einstieg vorbereiten. Anbieten würde sich bei entsprechender Kursbesetzung eine Zusammenarbeit mit einem Englischkurs, um die deutsche Übersetzung der Rede mit dem Original vergleichen zu können. Ansonsten kann, nachdem die Rede gelesen wurde, wie folgt vorgegangen werden.

❑ *Gliedern Sie die Rede und fassen Sie ihren Inhalt schlagwortartig zusammen.*

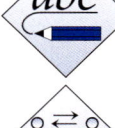

❑ *Untersuchen Sie die Einleitung der Rede daraufhin, mit welchen inhaltlichen und sprachlichen Mitteln Kennedy versucht, das Wohlwollen der Berliner zu erlangen (captatio benevolentiae).*

❑ *Welche weiteren Ziele seiner Rede werden bereits angedeutet?*

Die Rede lässt sich klar in drei Teile gliedern:
Einleitung (Z. 1–17): Begrüßung und captatio benevolentiae
Hauptteil (Z. 18–88): Gegenüberstellung: Demokratie – Kommunismus
Schluss (Z. 88ff.): Schlussappell: Aufwertung Berlins als „Frontstadt"

Die Ergebnisse der zweiten Aufgabe können in folgendem Tafelbild gesichert werden.

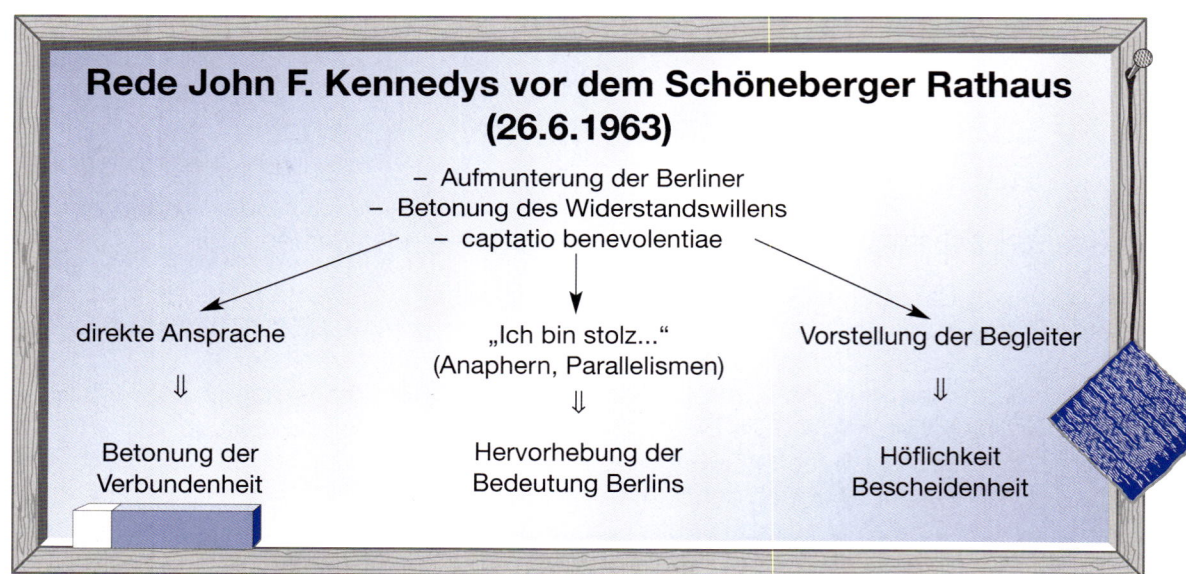

Kurzinterpretation des Hauptteils

Auf den ersten Blick erscheint der Hauptteil zunächst wie die antithetische Argumentation einer politischen Rede aufgebaut zu sein, doch dient dies hier einem anderen Zweck. Es geht Kennedy nicht darum, die Bevölkerung Westberlins vom Antikommunismus zu überzeugen, denn das waren die Westberliner meist ohnehin schon. Die Rede bleibt stattdessen auch hier im Rahmen einer appellativen Rede.

Auffälligstes Stilmerkmal des Hauptteils ist zunächst der antithetische Aufbau: Kennedy stellt insgesamt vier parallel aufgebaute gängige Argumente vor, die sich gegen die Beibehaltung eines antikommunistischen Kurses wenden und sich für eine Zusammenarbeit mit den kommunistischen Staaten aussprechen. Diesen stellt er auf der anderen Seite nur ein einziges Argument gegenüber, das verschiedentlich variiert wird: „Sie sollen nach Berlin kommen." In einer politischen Rede wäre dies sicherlich ein schwerwiegender Mangel. Es geht Kennedy aber nicht um Überzeugung, sondern darum, den Berlinern zu zeigen, dass seine und ihre Interessen identisch sind und er den „Kampf" der Berliner gegen den Kommunismus zu schätzen weiß und honoriert. Dieses Hauptanliegen zeigt sich immer wieder in der Wortwahl. Das Wort „stolz" wird mehrfach aufgegriffen, bei der Beschreibung der kritischen Lage verwendet Kennedy dagegen die Metapher der Insel (Z. 90) und ein kriegerisches Vokabular (belagern, Z. 51; Front gehalten, Z. 95). Berlin wird auf diese Weise zum Symbol für die Abwehr des Kommunismus durch den Westen stilisiert. Die Mauer hingegen steht für das Versagen des Kommunismus, was Kennedy durch die Verwendung zweier Superlative noch weiter verstärkt („abscheulichste und stärkste", Z. 56f.). Zudem versucht Kennedy die Berliner dadurch für sich einzunehmen, dass er ihnen, wenngleich in sehr vager Form, ein Ende der Teilung in Aussicht stellt bzw. dieses zumindest als wünschenswert darstellt (Z. 71–77, Z. 95–100). Schmeichlerisch ist auch der Vergleich der Berliner mit der Bevölkerung Roms vor 2000 Jahren (Z. 25ff.).
Auffällig sind im Schlussteil ferner die Worthäufungen, vor allem des Wortes „Freiheit", das allein im letzten Absatz zehnmal vorkommt.
Die Rede ist in Bezug auf ihre Wirkung sicherlich als gelungen zu bezeichnen, doch muss auch auf die eigentlich eher schwache argumentative Basis zumindest hingewiesen werden. Dies gilt sowohl für die ständige Variation des Themas des Mauerbaus als Symbol des Versagens als auch für die doch sehr vagen Hoffnungen, die Kennedy den Berlinern auf eine bessere Zukunft macht. Gerechtigkeitshalber muss aber noch einmal darauf hingewiesen werden, dass es Kennedy hauptsächlich eben nicht um die Entfaltung eines argumentativen Diskurses geht, sondern darum, den Berlinern das Gefühl emotionaler Unterstützung zu geben.

Die folgenden Fragen können als Leitfragen für eine Erarbeitung der Rede im Unterrichtsgespräch genutzt werden, wobei der Schwerpunkt je nach Interessenlage sowohl auf die sprachlichen Mittel als auch auf die Argumentationsstruktur gelegt werden kann.

❑ *Untersuchen Sie den Text auf Worthäufungen und unterstreichen Sie Schlüsselbegriffe.*

❑ *Untersuchen Sie die Argumentationsstruktur des Hauptteils und bewerten Sie die Qualität der Argumente.*

❑ *Weisen Sie anhand entsprechender rhetorischer Mittel nach, wie Kennedy versucht, die Berliner weiter für sich einzunehmen.*

Zur Ergebnissicherung kann das folgende Tafelbild verwendet werden.

Kennedys Berliner Rede

Meinungen der „Leute"	Kennedy
– Unverständnis für Auseinandersetzung	
– Kommunismus als System der Zukunft	Lasst sie nach Berlin kommen! (viermal)
– Wunsch nach Kooperation	
– Wirtschaftl. Fortschritt durch Kommunismus	

⇒ Erzeugung eines Gefühls der Übereinstimmung zwischen dem Redner und dem Publikum
⇒ Aufwertung der Berliner: „stolz", „Ich bin ein Berliner."

3.2.3 Die Ansprachen Kurt Georg Kiesingers und Gustav Heinemanns am 13./14.4.1968 zum Attentat auf Rudi Dutschke

Historischer Hintergrund und Einsatz der Reden im Unterricht

Die Erstarrung der bundesrepublikanischen Gesellschaft stieß seit etwa Mitte der 60er-Jahre auf immer schärferen Protest unter den Studenten. Die Proteste richteten sich sowohl gegen die immer deutlicher werdenden Mängel des deutschen Bildungswesens als auch gegen die Große Koalition von SPD und CDU. Da eine effiziente parlamentarische Opposition kaum mehr bestand, formierten sich die Studenten zur Außerparlamentarischen Opposition (APO). Eine bedeutende Rolle als Katalysator spielte hierbei auch der Protest gegen den Vietnam-Krieg, in dem die Jugend ein gemeinsames Ziel ihres Protests fand, zumal die Bundesregierung die USA zumindest verbal unterstützte. Einen ersten Höhepunkt erreichten die Unruhen beim Besuch des persischen Schahs 1967, während dessen der Student Benno Ohnesorg bei einer Demonstration von einem Polizisten erschossen wurde. Eine führende Stellung in der APO besaß der Student Rudi Dutschke als Sprecher des Sozialistischen Deutschen Studentenbundes (SDS). Gegen ihn richteten sich die Attacken und auch der Hass der Kritiker, die vor allem durch Karikaturen und Artikel der Springer-Presse noch weiter angestachelt wurden. Am 11.4.1968 eskalierte die Situation schließlich mit einem Attentat eines Hilfsarbeiters auf Dutschke, der durch die Schüsse aus einer selbst gebauten Pistole schwer verletzt wurde. In verschiedenen deutschen Universitätsstädten kam es daraufhin während der Ostertage zu schweren Ausschreitungen der Studenten, die sich vor allem gegen den Springerkonzern richteten (Osterunruhen). In dieser Situation ergriffen sowohl der damalige Bundeskanzler Kurt Georg Kiesinger (CDU) als auch Bundesjustizminister Gustav Heinemann (SPD) das Wort. Beide Reden wurden am 13. bzw. 14. April in Fernsehen und Rundfunk übertragen.

Aufgrund ihrer Kürze und der Tatsache, dass beide zum selben Ereignis innerhalb kurzer Zeit entstanden sind, eignen sich diese beiden Ansprachen besonders gut zu einem Vergleich (Arbeitsblatt 15, S. 79f.). Die Reden können entweder parallel im Unterricht auf Gemeinsamkeiten und Unterschiede hin untersucht werden. Möglich ist es aber auch, zunächst eine Rede komplett zu analysieren und anschließend die andere, vielleicht als Hausaufgabe, vergleichend interpretieren zu lassen.

Kurzinterpretation der beiden Reden

Bei der Rede des damaligen Bundeskanzlers Kurt Georg Kiesinger handelt es sich um eine appellative Rede, mit der Kiesinger die Studenten vor weiteren Gewalttaten warnt und andernfalls eine schärfere Gangart der Polizei ankündigt. Kiesinger lässt bereits zu Beginn der Rede keinen Zweifel daran, wen er für die Unruhen verantwortlich macht, nämlich eine Gruppe „von kleinen, aber militanten linksextremistischen Kräften" (Z. 9ff.), die diese Gewalttaten seit langem propagiert und auch durchgeführt haben sollen. Der Staat habe auf diese Herausforderung bislang zurückhaltend reagiert, doch droht Kiesinger mit einer Verschärfung der staatlichen Maßnahmen und befürchtet zudem die Bildung von Gegengruppen in der Bevölkerung, da die Gewalt der Studenten Gegengewalt provoziere (vgl. Z. 46ff.), wie auch das Beispiel des Attentäters zeige. Er bittet die Mehrheit der Studenten, die er ausdrücklich als Anhänger „unserer demokratisch-parlamentarischen Ordnung" (Z. 53f.) bezeichnet, sich nicht von den radikalen Anführern aufwiegeln zu lassen, und droht diesen noch einmal mit staatlichen Zwangsmaßnahmen.

Bereits die Anrede der Angesprochenen als Zuhörer deutet auf einen autoritären Gestus hin und zeigt, was Kiesinger in diesem Moment von den Deutschen erwartet. An rhetorischen Mitteln fallen vor allem die massiven Abwertungen der Studenten auf, mit denen der Redner arbeitet („linksextremistisch", „militant", „Rädelsführer", „Gewalt", etc., Z. 9ff., Z. 48, Z. 54f.). Zudem versucht Kiesinger sowohl den Attentäter als auch die beteiligten Studenten zu isolieren und vom Rest der Bevölkerung abzugrenzen. Der Attentäter wird zweimal als abseitiger Verbrecher bzw. verbrecherisch bezeichnet (vgl. Z. 2, 47f.), während die Studenten nur von einer „kleinen" (Z. 9) Gruppe von „Rädelsführern" (Z. 54f.) verführt worden seien. Das positive Gegenbild zu diesen Gruppen stellt für ihn der Staat dar, wobei aber der Staatsbegriff Kiesingers trotz seines ostentativen Bekenntnisses zur „parlamentarisch demokratischen Ordnung" eher autoritär geprägt ist (vgl. Z. 25ff., Z. 53ff.). Die Betonung liegt hierbei auf dem Begriff Ordnung, ein Wort, das er in der kurzen Ansprache insgesamt sechsmal wiederholt, nur das Wort Gewalt kommt mit acht Nennungen noch häufiger vor. Kiesinger ist also offenbar geprägt von einem stark antithetischen Denken: entweder Gewalt oder Ordnung. Die Rede lässt daher auch keine Verhandlungsbereitschaft erkennen.

Ganz anders dagegen die Rede des damaligen Justizministers Gustav Heinemann. Zwar handelt es sich auch bei ihr um eine appellative Rede, die das Ziel verfolgt, die Unruhen zu beenden, doch geht der Justizminister einen anderen Weg.
So ruft er gleich zu Beginn zur „Besinnung" (Z. 3) auf und mahnt seine Zuhörer zur Selbstkritik und „Selbstbeherrschung" (Z. 37f., 61). Diese Selbstbeherrschung fordert er sowohl von den Studenten, die er darauf hinweist, dass ihre gewalttätigen Aktionen ihnen keine Sympathien bringen werden, als auch von den „Stammtischen" (Z. 38).
Auch Heinemann ist von der Notwendigkeit der Ordnung überzeugt, erwähnt zugleich jedoch auch das Demonstrationsrecht. Heinemann schließt seine Rede mit dem Appell, sich unter dem Dach des Grundgesetzes zusammenzufinden.
Der Justizminister vermeidet abwertende Formulierungen und bezeichnet seine Adressaten als „Mitbürger", wodurch er sich selbst in ihren Kreis mit einschließt, und verzichtet auf Drohungen gegenüber einer Seite. Stattdessen mahnt er zu Besinnung und Selbstkritik, die er mit dem interessanten Bild von dem ausgestreckten Zeigefinger (vgl. Z. 9ff.) verdeutlicht. Adressat dieser Ermahnung sind aber weniger die Studenten. Vielmehr bittet er alle sich zu fragen, wie es zu diesem Ausmaß von Gewalt kommen konnte, wobei er sich durch das Pronomen „wir" mit einbezieht. Noch deutlicher wird Heinemann an anderer Stelle: In zwei parallel aufgebauten Fragen sucht er die Ursache für die Gewalttätigkeit der Studenten nicht bei diesen, sondern bei den „Älteren" (Z. 27). Seine eigentlichen Gegner scheinen die „Stammtische" (Z. 38) zu sein, schon damals ein geflügeltes Wort, mit dem man sofort undifferenziertes Denken verbindet.
Ähnlich wie Kiesinger will auch Heinemann dem Gesetz Achtung verschafft sehen und mahnt daher die Studenten zur „Selbstbeherrschung" (Z. 61), doch versucht er es eher mit Werben als mit Drohen, indem er die Gesetze „als Kleid unserer Freiheit" (Z. 41) bezeichnet. Auch hier nimmt er die geäußerte Kritik ernst und verteidigt ausdrücklich das Demonstrationsrecht. Zusammenfassend lässt sich seine Strategie als Beschwichtigung bezeichnen. Zwar will auch er die Studenten natürlich von weiteren Gewalttaten abbringen, doch äußert er Verständnis und scheint sogar Sympathie für die Studenten zu empfinden, was sich insbesondere an seinem Schlussappell zeigt, in dem er der Hoffnung Ausdruck verleiht, dass die Ereignisse nicht „ohne guten Gewinn" (Z. 71) bleiben dürfen. Dieser Eindruck wird durch eine genauere Betrachtung der Pronominalstruktur des Schlussteils noch unterstrichen:
Auffallend oft kommen hier die Pronomen „uns", „unser" bzw. „unserer" (vgl. Z. 62–70) vor. Der letzte Abschnitt erfüllt somit die Funktion, eine Synthese zwischen den zuvor gegenübergestellten Positionen herzustellen, indem der Schwerpunkt gezielt auf die Herausstellung des Grundgesetzes als gemeinsamer Basis eines friedlichen Diskurses gelegt wird.

Die folgende Beschreibung geht davon aus, dass beide Reden parallel im Unterricht erarbeitet werden. Die Erarbeitung sollte sich im Unterrichtsgespräch zunächst auf die Ziele, die beide Redner verfolgen, beschränken.

❏ *Welche Absichten verfolgen die beiden Redner? Inwiefern bestehen Gemeinsamkeiten und Unterschiede?*

Ergeben sollte sich, dass beide Redner Gewalt prinzipiell ablehnen, dass jedoch Heinemann konzilianter mit den Studenten umgeht, während die Rede Kiesingers unterschwellig bedrohlich wirkt. Anschließend soll diese erste Einschätzung am Text nachgewiesen werden.

69

❑ *Unterstreichen Sie die Ihrer Meinung nach am häufigsten vorkommenden Nomen in beiden Texten und ordnen Sie sie unter dem Gesichtspunkt, ob sie in der Rede eher positiv oder eher negativ konnotiert sind.*

❑ *Mit welchen rhetorischen Mitteln versuchen die Redner ihre Absicht hervorzuheben?*

Die Ergebnisse können in folgendem Tafelbild zusammengefasst werden.

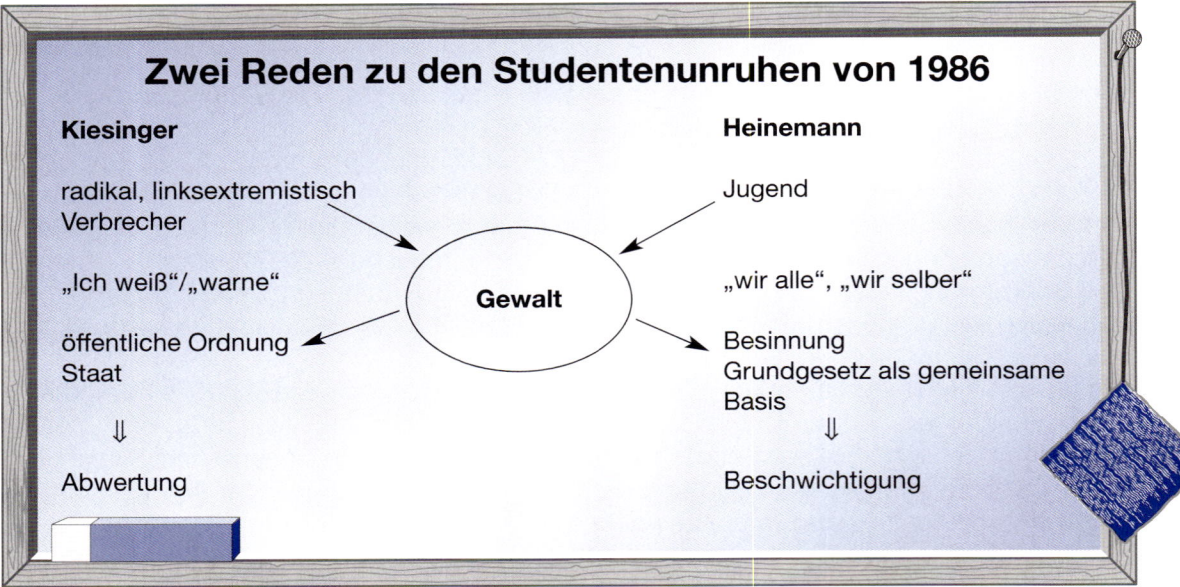

Zwei Reden zu den Studentenunruhen von 1986

Kiesinger | | **Heinemann**

radikal, linksextremistisch
Verbrecher

Jugend

„Ich weiß"/„warne"

Gewalt

„wir alle", „wir selber"

öffentliche Ordnung
Staat

Besinnung
Grundgesetz als gemeinsame
Basis

⇓

Abwertung

⇓

Beschwichtigung

Das Staats- und Rechtsverständnis der beiden Politiker fordert zu einer Auseinandersetzung geradezu heraus. Deshalb könnte sich folgender produktionsorientierter Schreibauftrag anschließen:

❑ *Verfassen Sie einen Brief aus der Sicht eines Studenten oder besorgten Bürgers an einen der beiden Politiker, in dem Sie sich argumentativ (nicht beleidigend!) mit seiner Rede auseinander setzen.*

3.2.4 Walter Jens: Eine Republik im Widerspruch (Rundfunkansprache vom 11.3.1979)

Einführung und Hinweise für den Einsatz im Unterricht

Die Interpretation einer Rede des ehemaligen Tübinger Rhetorikprofessors Walter Jens (Arbeitsblatt 16, S. 81f.) stellt im Unterricht eine anspruchsvolle Aufgabe dar. Dies liegt zum einen an der Vielzahl bildungsbürgerlicher Anspielungen aus Geschichte, Philosophie, Politik und Literatur, die von Jens in seine Reden ohne nähere Erläuterungen eingestreut werden, zum anderen aber auch an den Besonderheiten seines Satzbaus, die sich auch in der vorliegenden Rede deutlich zeigen.

Die Rundfunkansprache ist bestimmt vom sich verändernden politischen Klima in der Bundesrepublik der späten 70er-Jahre. Diese Zeit war geprägt vom Terror der Rote-Armee-Fraktion (RAF), die für die Ermordung des Bankiers Jürgen Ponto, des Arbeitgeberpräsidenten Hans Martin Schleyer sowie des Generalbundesanwalts Buback verantwortlich war. Seinen Höhepunkt fand der Terror im so genannten „Deutschen Herbst" von 1977, als die RAF versuchte, durch die Entführung Hanns Martin Schleyers sowie die Kaperung einer Maschine der Lufthansa durch palästinensische Terroristen mehrere inhaftierte Mitglieder der RAF freizupressen. Nach der Erstürmung der Maschine durch Mitglieder der deutschen Antiterroreinheit GSG9 und dem darauf folgenden Selbstmord der inhaftierten RAF-Mitglieder wurde Schleyer kurze Zeit später tot aufgefunden. Der bundesdeutsche Staat reagierte auf die Herausforderung durch die RAF mit zunehmend repressiven Maßnahmen, die sich im so genannten „Radikalenerlass", der zur Entfernung von Sympathisanten bzw. Mitgliedern linksextremistischer Organisationen aus dem Staatsdienst führte, und in der verstärkten Kontrolle der Bürger, etwa durch die „Rasterfahndung", widerspiegelten. Die Kritik der linksliberalen Öffentlichkeit richtete sich unter anderem gegen das so empfundene Missverhältnis zwischen dem harten Durchgreifen des Staates gegen Linksextreme und der Tatsache, dass sich auch in den 70er-Jahren nach wie vor zahlreiche ehemalige Nazis in hohen Stellungen halten konnten. Befürchtet wurde ferner eine Aushöhlung des Rechtsstaates durch die zahlreichen Antiterrorgesetze.

Diese Auseinandersetzung führte aber auch zu einer verstärkten Polarisierung zwischen konservativen und auf Veränderung dringenden politischen Kräften in Deutschland, wobei die politische Diskussion häufig auf polemische Weise geführt wurde.

Walter Jens beklagt in seiner Rede vor allem die Diskrepanz zwischen der freiheitlichen Verfassungsnorm und der repressiven Verfassungswirklichkeit. In weiten Teilen stellt er hierzu in Form einer Zustandsbeschreibung die sich aus dem Grundgesetz ergebenden Rechte seiner Interpretation der Wirklichkeit gegenüber. Erst am Schluss der Rede zieht Jens in parallel und anaphorisch aufgebauten Absätzen („Er möchte ...") die Schlussfolgerungen aus seinen Beobachtungen und beruft sich abschließend auf moralische bzw. politische Autoritäten, die für seine Linie einstehen. Wegen des hohen Komplexitätsgrades der Ansprache wird davon abgeraten, diese gleich zu Beginn vollständig von den Schülern lesen zu lassen. Stattdessen soll zunächst nur der erste Absatz der Rede in den Blick genommen werden:

❏ *Versuchen Sie anhand des ersten Absatzes (Z. 1–21) die zentrale These zu ermitteln, die der Rede zugrunde liegt.*

Es sollte sich rasch ergeben, dass die These des ersten Absatzes die Feststellung einer Diskrepanz zwischen der als positiv beschriebenen Verfassungsnorm und der Verfassungswirklichkeit ist. Diese Begriffe können dann als antithetische Überschriften an der Tafel festgehalten und für die folgende Erarbeitungsphase genutzt werden (siehe Tafelbild).

❏ *Unterstreichen Sie im Hauptteil (Z. 22–134) Schlüsselbegriffe, mit denen Jens die Verfassungsnorm von der Verfassungsrealität abgrenzt.*

❏ *Erläutern Sie die Schlussfolgerung, die Jens aus seiner Beschreibung zieht.*

Die Ergebnisse können anschließend in folgendem Tafelbild gesichert werden.

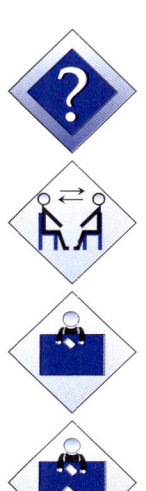

Walter Jens: Eine Republik im Widerspruch

Verfassungsnorm	Verfassungswirklichkeit
Meinungsfreiheit	„Berufsverbote" für Pazifisten u. a. Deformierung zur „Verlegerfreiheit"
Versammlungsfreiheit	Verfolgung von Demonstranten gegen eine Militärjunta
Gewissensfreiheit	Einschränkung durch „inquisitorische Bürokratie"
Gleichheit Rechtsstaatlichkeit und Liberalität	Chancengleichheit nicht gegeben „rechter Staat", der Rechte und Linke ungleich behandelt

Schlussfolgerung (conclusio): Notwendigkeit der Veränderung der Republik

Im Anschluss kann dann eine semantische Untersuchung zu einzelnen Schlüsselbegriffen erfolgen.

❑ *Jens behauptet mehrfach, dass der Umgang mit politischen Begriffen den Zustand der Republik widerspiegele (Z. 67ff., Z. 79). Untersuchen Sie anhand des entsprechenden Abschnitts (Z. 67 – 82), wie die hier auftauchenden politischen Begriffe von unterschiedlichen politischen Gruppen (Konservative – Linke) verstanden werden können. Versuchen Sie anschließend eine eigene Definition des Begriffs „Gleichheit".*

Für eine Untersuchung bieten sich hierbei insbesondere die im Text vorkommenden Begriffe „Freiheit", „Gleichheit", „Individualismus" bzw. „Gesellschaft" an. Ergeben sollte sich, dass es sich bei einem Teil der Worte um Begriffe handelt, die bei allen politischen Gruppierungen positiv konnotiert sind.

Dies gilt insbesondere für den Begriff Freiheit, der jedoch von den unterschiedlichen politischen Gruppierungen völlig unterschiedlich verstanden wird. Dies lässt sich auch an der vorliegenden Rede nachweisen. Jens versteht den Begriff vor allem im Sinne der zitierten Äußerung Rosa Luxemburgs als Aufforderung zur Toleranz sowie Ermöglichung der freien Entfaltung des Individuums. Der konservative Freiheitsbegriff (im Sinne von Jens) legt dagegen den Schwerpunkt mehr auf die Freiheit des Individuums vor gesellschaftlicher Reglementierung, verstanden also etwa als Freiheit zur Durchsetzung der eigenen Interessen. Andere Begriffe, wie etwa Gleichheit, sind nur noch bei einer Gruppe positiv konnotiert. Aus linker Sicht bedeutet Gleichheit zunächst einmal die Herstellung von Chancengleichheit, also einer Gleichheit der Startchancen. In konservativer Sicht erscheint dieser Begriff im Sinne einer „Gleichmacherei", also der Herstellung einer Gleichheit der Ergebnisse. Individualismus dagegen wird von den Konservativen positiv bewertet, im Sinne einer freien Entfaltung des Individuums, während in linker Sicht der Begriff mit der bloßen Durchsetzung partikularer Interessen auch gegenüber den Interessen der Gesamtheit eher negativ besetzt ist.

Ähnliches sollte sich auch beim Vergleich der Schülerdefinitionen ergeben. Festgehalten werden muss natürlich, dass letztlich keine der Definitionen Anspruch auf alleinige Richtigkeit erheben kann.

Im Anschluss soll dann die rhetorische Gestaltung der Rede am Beispiel des Schlussteils untersucht werden.

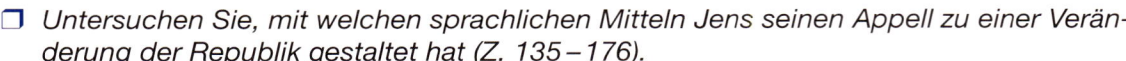

❑ *Untersuchen Sie, mit welchen sprachlichen Mitteln Jens seinen Appell zu einer Veränderung der Republik gestaltet hat (Z. 135 – 176).*

Auffallend und für die Rhetorik von Walter Jens teilweise durchaus typisch sind unter anderem folgende Mittel:

Rhetorische Mittel

- zahlreiche Antithesen (Sieger – Besiegte (Z. 135ff., Verfolgte – Verfolger, Z. 144ff. usw.))
- Parenthesen und nachgestellte Erklärungen (Z. 140f.)
- Ausrufe (Z. 150)
- schwierige Fremdwörter (auctoritas, potestas, Z. 151ff.)
- Berufung auf Autoritäten (Heinemann, Brandt, Z. 165ff.)
- Hypotaktischer Satzbau (Z. 166ff.)

Im weiteren Verlauf bietet sich noch eine abschließende Diskussion bezüglich des Gehalts dieser Rede an:

❑ *Inwiefern ist diese Ansprache heute noch aktuell? Gibt es heute noch Bereiche, in denen eine Lücke zwischen der Verfassungsnorm und der Realität besteht?*

3.2.5 Roman Herzog: Rede zur Eröffnung des Berliner Hotels Adlon am 26.4.1997

Einführung und Hinweise zum Einsatz im Unterricht

Die viel beachtete Rede des damaligen Bundespräsidenten Roman Herzog ist Ausdruck des ausgeprägten Krisenbewusstseins, das die deutsche Gesellschaft in den letzten Jahren erfasst hat. Die Probleme der neunziger Jahre sind im Prinzip die gleichen wie die gegenwärtigen und müssen daher hier nicht näher erläutert werden.

Die Rede ist auch insofern bemerkenswert, als der Bundespräsident als das höchste Verfassungsorgan der Bundesrepublik Deutschland hier konkret zu tagespolitischen und die Gesellschaft bewegenden Themen Stellung nimmt. Die Rede stieß nicht zuletzt deshalb neben Zustimmung auch auf massive Kritik. Wie groß die unmittelbare Wirkung auf die Öffentlichkeit war, lässt sich allein an der Tatsache ablesen, dass bereits im selben Jahr ein Sammelband mit dem Originaltext der Rede sowie 33 (!) Reaktionen erschien[1].

Die Interpretation dieser Rede im Unterricht stellt wegen der Vielzahl der hier angerissenen Problemfelder eine anspruchsvolle Aufgabe dar. Es wird daher empfohlen, die Rede möglichst als Abschluss einer Unterrichtsreihe zum Thema Rhetorik zu behandeln. Um zu verdeutlichen, dass Herzog bewusst mit dem Genus der Festrede bricht, kann zunächst einmal nur der Redeanlass genannt werden. Die Erwartungen der Schüler bezüglich einer Rede zu einer Hoteleröffnung dürften vermutlich denkbar unspektakulär sein. Diese Erwartungen werden dann durch die Lektüre nicht bestätigt, wodurch ein erster Eindruck von der Besonderheit dieser Rede entsteht. Möglich erscheint im Anschluss eine Analyse unter folgenden Aspekten:

1. Untersuchung des Aufbaus und der Argumentationsstruktur
2. Sprachliche Analyse und Ermittlung von Strategien der Auf- und Abwertung
3. Bewertung des Inhalts durch eine semantische Analyse zur Ermittlung des Gehalts.

Aus urheberrechtlichen Gründen musste die Rede komplett abgedruckt werden. Sinnvoll und zulässig ist im Unterricht aber auch die Behandlung von Ausschnitten der Rede. Diesem Verfahren wird im vorliegenden Modell durch die Verwendung unterschiedlicher Schriftgrößen Rechnung getragen (vgl. Arbeitsblatt 17, S. 84ff.). Entsprechend spart die Zeilenzählung die Passagen aus, die hier nicht in die Analyse mit einbezogen sind.

Der folgende Unterrichtsverlauf geht in der angegebenen Reihenfolge vor. Möglich ist es aber auch, die Rede zunächst inhaltlich zu analysieren.

☐ *Welche Probleme stellen sich nach Herzogs Ansicht für Deutschland im 21. Jahrhundert? Welche Lösungsmöglichkeiten sieht er?*

☐ *Gliedern Sie die Rede und versehen Sie die einzelnen Abschnitte mit möglichst prägnanten Überschriften.*

Eine Gliederung sollte ergeben, dass der vorliegende Redeausschnitt weitgehend im Stile einer klassischen Argumentation aufgebaut ist. Eine Gliederung könnte wie folgt aussehen:

1. Einleitung: Begrüßung und Anlass der Rede (Z. 1–32)
2. Beschreibung der Lage und Problemaufwurf: Herausforderungen der Globalisierung und die Erstarrung der deutschen Gesellschaft (Z. 33–106)
3. Problemanalyse und mögliche Lösung: Zukunftsangst als Kern des Problems und Visionen als Perspektive (Z. 104–144)
4. Handlungsalternativen: Ziel muss eine offene, durch Selbstständigkeit geprägte Wissensgesellschaft sein (Z. 145–228)
5. Schlussappell und Aufruf zum Handeln: Innovation als Daueraufgabe, die unverzüglich in Angriff genommen werden muss („Ruck"). (Z. 242ff.)

Die Argumentationsstruktur kann anschließend in folgendem Tafelbild festgehalten werden:

---

[1] Bissinger, Manfred (Hrsg.): Stimmen gegen den Stillstand. Roman Herzogs Berliner Rede und 33 Antworten. Hamburg 1997.

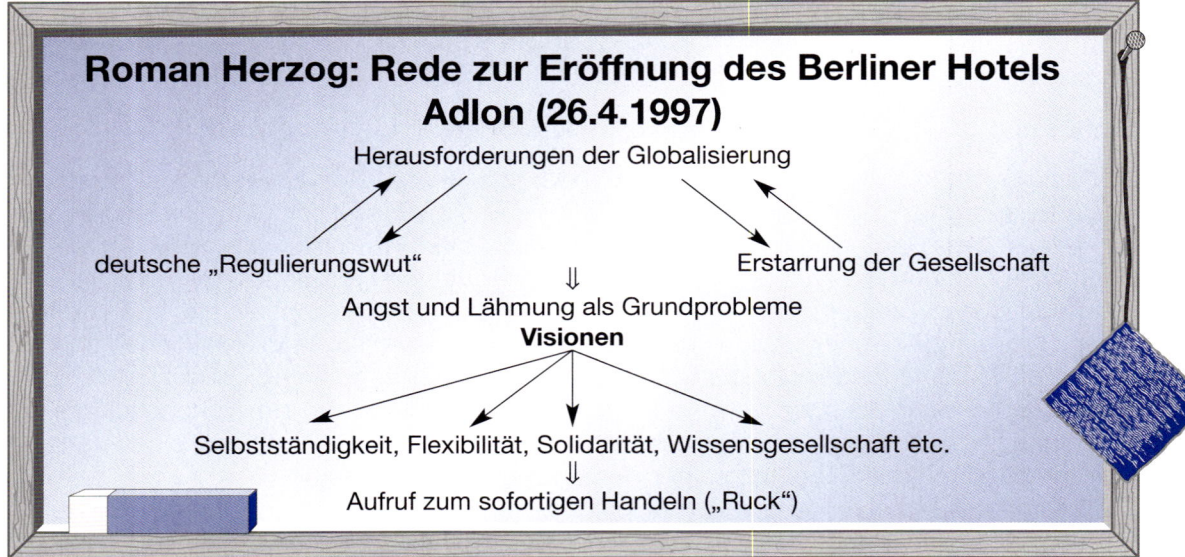

Roman Herzog: Rede zur Eröffnung des Berliner Hotels Adlon (26.4.1997)

Herausforderungen der Globalisierung

deutsche „Regulierungswut"   ⇓   Erstarrung der Gesellschaft

Angst und Lähmung als Grundprobleme

Visionen

Selbstständigkeit, Flexibilität, Solidarität, Wissensgesellschaft etc.

⇓

Aufruf zum sofortigen Handeln („Ruck")

Anschließend können nun die Strategien untersucht werden, mit denen Herzog zu überzeugen versucht. Es geht hierbei zunächst darum zu ermitteln, wie Herzog versucht, seinen Standpunkt den Zuhörern nahe zu legen. Wegen des recht großen Umfangs des Redeauszugs wird ein arbeitsteiliges Verfahren empfohlen.
Die Einteilung der Gruppen kann analog zur Gliederung erfolgen.

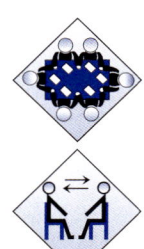

❑ *Welche Ziele werden in den einzelnen Abschnitten deutlich und mit welchen Mitteln versucht Herzog, seine Zuhörer für sich einzunehmen bzw. von seinem Standpunkt zu überzeugen?*

Ergeben könnten sich im Einzelnen folgende Ergebnisse. Sollen diese in einem Tafelbild gesichert werden, so wird man sich natürlich auf die wichtigsten Punkte beschränken müssen.

1. Abschnitt

Ziel: Erreichung des Wohlwollens der Zuhörer und Einstimmung auf den Inhalt des Hauptteils (Aufbruch)
Mittel:
– Bekundung der Freude
– Humor („Vorkoster", Z. 11)
– Wiederholung von Schlüsselbegriffen, vor allem „neu"
– Antithese (Wunden des Krieges – Baustelle ..., Z. 17ff.)
– Correctio/klimaktische Struktur (Z. 24f.): „gestalten ... verändern ... Aufbruch"
– Metapher („Laboratorium Berlin", Z. 31)

2. Abschnitt

Ziel: Verdeutlichung, dass Deutschland den Anschluss zu verlieren droht
Mittel:
– antithetische Struktur: Gegenüberstellung und Vergleich Asien – Deutschland/-zahlreiche wertende Adjektive und Begriffe: „unglaubliche Dynamik (Z. 34), „führenden Industriestaaten" (Z. 37f.) „kühne Zukunftsvisionen" (Z. 39f.) gegenüber „Mutlosigkeit, Krisenszenarien, Lähmung" (Z. 43ff.), „unglaubliche mentale Depression" (Z. 61), „Regulierungswut" (Z. 81f.)
– rhetorische Fragen (Z. 42, 59)
– Topoi/Phrasen: Ich will heute Abend kein Blatt vor den Mund nehmen ... (Z. 57f.), „der kleine Häuslebauer" (Z. 87f.)
– Ironie/Humor: „verwegene Idee (Z. 89), „... Garagenbetrieb schon an der Gewerbeaufsicht gescheitert wäre" (Z. 93f.)
– Berufung auf Autoritäten: Newsweek (Z. 104f.)

3. Abschnitt

Ziel: Verdeutlichung der Notwendigkeit von Reformen

Mittel:
- Aufzählung/Klimax: „Erfindergeist, ... Selbstständigkeit, ... Hoffnung" (Z. 115ff.)
- Pronominalstruktur: „wir", „unser"
- Wertungen: „quälende Langsamkeit" (Z. 125f.), „dringend" (Z. 124) etc.
- Antithese (Visionen – Utopie, Z. 141ff.)
- Topos/Phrase: „Niemand darf von mir Patentrezepte erwarten..." (Z. 160)

4. Abschnitt

Ziel: Überzeugung der Zuhörer von der Richtigkeit des vorgeschlagenen Weges und Aufforderung zum Aufbruch
Mittel:
- parallel und anaphorisch aufgebaute rhetorische Fragen (Z. 165, 176, 191)
- Wiederholung von Schlüsselbegriffen (Mut, Solidarität, Arbeit)
- Aufforderungen und Ausrufe, z. B. „Wir brauchen ..." (Z. 223), „Wir müssen ..." (Z. 226), „Ich rufe auf ..." (Z. 225)

5. Abschnitt

Ziel: Zusammenfassung und Schlussappell
Mittel:
- Beschwichtigung durch Bekundung von Verständnis (Z. 232f.) und Bekundung von Vertrauen auf die Fähigkeit zur Lösung der Probleme (Z. 244f.)
- Aufforderungen und Ausrufe: „Wir müssen ..." (Z. 223), „Ich rufe auf ..." (Z. 225)
- Personifikation/Metapher: „Durch Deutschland muss ein Ruck gehen" (Z. 241f.)

Die Bewertung des Gehalts dieser Rede kann im Anschluss zum einen natürlich in Form einer freien Abschlussdiskussion erfolgen. Erfahrungsgemäß führt dies aber zu einer Diskussion, die eher von politischen Einstellungen und Urteilen abhängig ist und sich weniger auf die Rede und ihre Form bezieht. Anspruchsvoller und im Hinblick auf die Ziele des Deutschunterrichts angemessener ist jedoch eine semantische Untersuchung der Verwendung bestimmter, zumeist positiv besetzter Schlüsselbegriffe. Es ist mittlerweile beinahe ein Allgemeinplatz in der Deutschdidaktik, dass wichtige Wörter der Politik wie „Freiheit", „sozial", „solidarisch", Emanzipation" und andere „ideologisch polysem"[1] sind. Dies lässt sich auch an der vorliegenden Rede nachweisen, in der Roman Herzog eine Reihe von Begriffen in einer Art und Weise verwendet, die vom Gebrauch desselben Begriffs durch andere gesellschaftliche Gruppen erheblich abweicht.
Besonders deutlich lässt sich dies an Herzogs Verwendung der Begriffe „Solidarität", „Selbstständigkeit", „Reform" und anderen nachweisen. So könnte etwa Selbstständigkeit auch als Mündigkeit bzw. ökonomische Unabhängigkeit verstanden werden. Herzog versteht darunter aber vor allem die Bereitschaft zur Übernahme von Lebensrisiken. Auch beim Begriff Solidarität leugnet Herzog zwar nicht, dass damit auch die Hilfe für den Schwächeren und damit Solidarität der Gemeinschaft gegenüber dem Einzelnen gemeint ist, legt aber den Schwerpunkt mehr darauf, dass der Einzelne solidarisch gegenüber der Gemeinschaft sein solle, indem er ihr nicht unnötig zur Last fällt. Mit den Schülern könnte dieser Sachverhalt anhand folgender Leitfragen erarbeitet werden.

❏ *Versuchen Sie eine persönliche Definition der Begriffe „Freiheit", „Solidarität", „Selbstständigkeit" und „Reform". Tauschen Sie sich anschließend mit ihrem Nachbarn über ihre Definitionen aus und vergleichen Sie sie miteinander.*

❏ *Vergleichen Sie ihre Definition mit der Verwendung dieser Begriffe durch Roman Herzog.*

Alternativ ist auch ein Schreibgespräch möglich: Jede Gruppe erhält zunächst ein Blatt/Plakat mit einem der oben angegebenen Begriffe in der Mitte.

Anschließend verfasst jeder der Schüler eine persönliche Definition zu dem Begriff. Nach einigen Minuten wird das Blatt gedreht und die Schüler erhalten den Auftrag, die nun vor ihnen liegende Definition zu kommentieren. Nach weiteren Minuten wird das Blatt ein weiteres Mal gedreht usw.

[1] Dieckmann, Walther: Sprache in der Politik. Heidelberg 1975, S. 70ff.

Fernsehansprache Konrad Adenauers am 4.9.1962

Der erste Bundeskanzler Konrad Adenauer bemühte sich seit 1949 um eine Aussöhnung mit dem früheren „Erbfeind" Frankreich. Höhepunkt seiner Bemühungen waren zwei gegenseitige Staatsbesuche im Jahre 1962, die die Unterzeichnung des deutsch-französischen Freundschaftsvertrages 1963 vorbereiteten. Einen Tag vor der Ankunft des französischen Staatspräsidenten de Gaulle in der Bundesrepublik Deutschland wurde folgende Rede des deutschen Bundeskanzlers Adenauer vom Fernsehen übertragen.

Konrad
Adenauer
(1876–1967)

Der französische Staatspräsident, General de Gaulle, trifft morgen zu einem mehrtägigen Staatsbesuch in der Bundesrepublik Deutschland ein. Es ist das erste Mal, dass der Präsident unseres
5 Nachbarlandes Frankreich einen Staatsbesuch bei uns Deutschen macht. Allein dieser Umstand macht deutlich, dass der Besuch geschichtlichen Rang hat.
Frankreich und Deutschland. Lassen Sie uns in
10 diesem Augenblick bedenken, was in diesen beiden Worten beschlossen liegt. Viel Größe und Glanz, aber auch viel Elend und Leid.
Heute ist die Zeit reif geworden, sich auf den gemeinsamen Ursprung zu besinnen und sich ein
15 gemeinsames Ziel zu setzen. Wir wollen in Frieden und Freiheit ein Dasein führen, das dem Range Europas entspricht, das der Menschen würdig

ist. In dieser Überzeugung sind nicht nur die Staatsmänner in Frankreich und Deutschland sich einig. Die Völker selbst, die Deutschen und Fran- 20 zosen, sind von diesem Willen durchdrungen und fordern von ihren Regierungen, ihm Geltung zu verschaffen.
Diese Erfahrung habe ich von meinem Besuch in Frankreich mitgebracht, und ich bin sicher, dass 25 der französische Staatspräsident die gleichen Erfahrungen in der Bundesrepublik Deutschland machen wird.
Unser hoher Gast hat den Wunsch, unmittelbar zu dem deutschen Volk in allen seinen Schichten und 30 Ständen zu sprechen, und so werden Sie selbst Gelegenheit haben, meine verehrten Zuhörerinnen und Zuhörer, aus seinem Munde die Botschaft Frankreichs an Deutschland zu vernehmen.
Ich empfinde am Vorabend des Besuchs von Prä- 35 sident de Gaulle eine tiefe Befriedigung darüber, dass der große Plan, den wir seit Beginn unserer politischen Arbeit in der Bundesrepublik verfolgten, nämlich zwischen Deutschland und Frankreich eine dauernde Freundschaft zu begründen, 40 verwirklicht werden konnte. Diese Politik haben wir zu einem weithin wirkenden Erfolg geführt, mit der einhelligen Zustimmung des ganzen deutschen Volkes nicht nur, sondern auch der Ermutigung und dem Zuspruch und der Zustimmung al- 45 ler freien Völker, die wissen, dass ein gutes deutsch-französisches Verhältnis den Frieden in Europa sichert.
Gemeinsam mit unseren Freunden werden wir entschlossen an der Einigung Europas weiterar- 50 beiten, zu unserem Wohl, aber auch im Dienst des Friedens und der Freiheit, nach denen die ganze Menschheit verlangt. Deshalb ist der Staatsbesuch, den Herr Präsident de Gaulle, dieser große Franzose, uns in Deutschland abstattet, ein Er- 55 eignis, das alle Menschen, die guten Willens sind, mit Genugtuung und Freude erfüllt. Und in dieser Gewissheit wollen wir unseren hohen Gast begrüßen.

In: Frankfurter Allgemeine Zeitung vom 6.9.1962.

❑ *Welchem Ziel dient diese Rede?*

❑ *Wie stellt Adenauer das deutsch-französische Verhältnis in Vergangenheit und Gegenwart dar?*

❑ *Unterstreichen Sie die sinntragenden Wörter und auffälligen Formulierungen der Rede.*

EinFach Deutsch: Unterrichtsmodell: Rhetorik © Schöningh Verlag 2005

John F. Kennedy: Rede vor dem Schöneberger Rathaus am 26.6.1963

Kennedy hielt diese Rede anlässlich seines Deutschlandbesuchs im Juni 1963. West-Berlin befand sich in einer schwierigen Lage, da den Menschen durch den Mauerbau die letzten Kontaktmöglichkeiten genommen worden waren und eine große Unsicherheit bezüglich der Zukunft herrschte.

John F. Kennedy (1917 – 1963)

Meine Berliner und Berlinerinnen!
Ich bin stolz, heute in Ihre Stadt zu kommen als Gast Ihres hervorragenden Regierenden Bürgermeisters, der in allen Teilen der Welt als Symbol
5 für den Kampf und den Widerstandsgeist West-Berlins gilt. Ich bin stolz, auf dieser Reise die Bundesrepublik Deutschland zusammen mit Ihrem hervorragenden Herrn Bundeskanzler besucht zu haben, der während so langer Jahre die
10 Politik bestimmt hat nach den Richtlinien der Demokratie, der Freiheit und des Fortschritts. Ich bin stolz darauf, heute in Ihre Stadt in der Gesellschaft eines amerikanischen Mitbürgers gekommen zu sein, General Clay, der hier tätig war in der
15 Zeit der schwersten Krise, durch die diese Stadt gegangen ist, und der wieder nach Berlin kommen wird, wenn es notwendig werden sollte.
Vor zweitausend Jahren war der stolzeste Satz, den ein Mensch sagen konnte, der: „Ich bin ein
20 Bürger Roms!" Heute ist der stolzeste Satz, den jemand in der freien Welt sagen kann: „Ich bin ein Berliner!" Wenn es in der Welt Menschen geben

sollte, die nicht verstehen oder die nicht zu verstehen vorgeben, worum es heute in der Auseinandersetzung zwischen der freien Welt und dem 25 Kommunismus geht, dann können wir ihnen nur sagen, sie sollen nach Berlin kommen. Es gibt Leute, die sagen, dem Kommunismus gehöre die Zukunft. Sie sollen nach Berlin kommen! Und es gibt wieder andere in Europa und in anderen Tei- 30 len der Welt, die behaupten, man könne mit den Kommunisten zusammenarbeiten. Auch sie sollen nach Berlin kommen! Und es gibt auch einige wenige, die sagen, es treffe zwar zu, dass der Kommunismus ein böses und ein schlechtes System 35 sei; aber er gestatte es ihnen, wirtschaftlichen Fortschritt zu erreichen. Aber lasst auch sie nach Berlin kommen!
Ein Leben in der Freiheit ist nicht leicht, und die Demokratie ist nicht vollkommen. Aber wir hatten 40 es nie nötig, eine Mauer aufzubauen, um unsere Leute bei uns zu halten und sie daran zu hindern, woanders hinzugehen. Ich möchte Ihnen im Namen der Bevölkerung der Vereinigten Staaten, die viele Tausende Kilometer von Ihnen entfernt auf 45 der anderen Seite des Atlantiks lebt, sagen, dass meine amerikanischen Mitbürger sehr stolz darauf sind, mit Ihnen zusammen selbst aus der Entfernung die Geschichte der letzten 18 Jahre teilen zu können. Denn ich weiß nicht, dass jemals eine 50 Stadt 18 Jahre lang belagert wurde und dennoch lebt mit ungebrochener Vitalität, mit unerschütterlicher Hoffnung, mit der gleichen Stärke und mit der gleichen Entschlossenheit wie heute West-Berlin. 55
Die Mauer ist die abscheulichste und die stärkste Demonstration für das Versagen des kommunistischen Systems. Die ganze Welt sieht dieses Eingeständnis des Versagens. Wir sind darüber keineswegs glücklich, denn, wie Ihr Regierender 60 Bürgermeister gesagt hat, die Mauer schlägt nicht nur der Geschichte ins Gesicht, sie schlägt der Menschlichkeit ins Gesicht. Durch die Mauer werden Familien getrennt, der Mann von der Frau, der Bruder von der Schwester; Menschen werden mit 65 Gewalt auseinandergehalten, die zusammen leben wollen.
Was von Berlin gilt, gilt von Deutschland: Ein echter Friede in Europa kann nicht gewährleistet werden, solange jedem vierten Deutschen das Grund- 70 recht einer freien Wahl vorenthalten wird. In 16 Jahren des Friedens und der erprobten Verläss-

Einfach Deutsch: Unterrichtsmodell: Rhetorik © Schöningh Verlag 2005

lichkeit hat diese Generation der Deutschen sich das Recht verdient, frei zu sein, einschließlich des
75 Rechts, die Familien und die Nationen in dauerhaftem Frieden wieder vereint zu sehen im guten Willen gegen jedermann.

Sie leben auf einer verteidigten Insel der Freiheit. Aber Ihr Leben ist mit dem des Festlandes ver-
80 bunden, und deswegen fordere ich Sie zum Schluss auf, den Blick über die Gefahren des Heute hinweg auf die Zukunft des Morgen zu richten: über die Freiheit dieser Stadt Berlin, über die Freiheit Ihres Landes hinweg auf den Vormarsch der
85 Freiheit überall in der Welt, über die Mauer hinweg, auf den Tag des Friedens in Gerechtigkeit. Die

Freiheit ist unteilbar, und wenn auch nur einer versklavt ist, dann sind nicht alle frei. Aber wenn der Tag gekommen sein wird, an dem alle die Freiheit haben und Ihre Stadt und Ihr Land wieder vereint 90 sind, wenn Europa geeint ist und Bestandteil eines friedvollen und zu höchsten Hoffnungen berechtigten Erdteils, dann können Sie mit Befriedigung von sich sagen, dass die Berliner und diese Stadt Berlin 20 Jahre lang die Front gehalten ha- 95 ben. Alle freien Menschen, wo immer sie leben mögen, sind Bürger dieser Stadt West-Berlin, und deshalb bin ich als freier Mann stolz darauf, sagen zu können: Ich bin ein Berliner!

Aus: Pelster, Theodor: Rede und Rhetorik. Düsseldorf 1972, S. 279f.

❐ *Gliedern Sie die Rede und fassen Sie ihren Inhalt schlagwortartig zusammen.*

❐ *Untersuchen Sie die Einleitung der Rede daraufhin, mit welchen inhaltlichen und sprachlichen Mitteln Kennedy versucht, das Wohlwollen der Berliner zu erlangen (captatio benevolentiae).*

❐ *Welche weiteren Ziele seiner Rede werden bereits angedeutet?*

❐ *Untersuchen Sie den Text auf Worthäufungen und unterstreichen Sie Schlüsselbegriffe.*

❐ *Untersuchen Sie die Argumentationsstruktur des Hauptteils und bewerten Sie die Qualität der Argumente.*

❐ *Weisen Sie anhand entsprechender rhetorischer Mittel nach, wie Kennedy versucht, die Berliner weiter für sich einzunehmen.*

EinFach Deutsch: Unterrichtsmodell: Rhetorik © Schöningh Verlag 2005

Fernsehansprachen

von Bundeskanzler K. G. Kiesinger (CDU) und Bundesjustizminister G. Heinemann (SPD) zu den Studentenunruhen von 1968

Die beiden Ansprachen entstanden kurz hintereinander anlässlich der schweren Osterunruhen 1968. Grund für die Unruhen war ein Attentat auf den Studentenführer Rudi Dutschke, bei dem dieser schwer verletzt wurde und für das die Studenten die Berichterstattung über Dutschke in der Springerpresse verantwortlich machten. Die Politisierung der Studenten hatte jedoch schon seit Mitte der 60er-Jahre eingesetzt und entzündete sich vor allem am Vietnamkrieg bzw. der Kritik an den verkrusteten Zuständen in der bundesrepublikanischen Gesellschaft.

Kurt Georg Kiesinger:

Meine sehr verehrten Zuhörer!

Im Zusammenhang mit dem verbrecherischen Anschlag auf Rudolf Dutschke haben in den letzten Tagen radikale studentische Gruppen in einigen
5 deutschen Städten eine Reihe von gewalttätigen Aktionen unternommen. Diese Studentengruppen werden angeführt von kleinen, aber
10 militanten links-extremistischen Kräften, die sich die Zerstörung unserer parlamentarisch-demokratischen Ord-
15 nung offen zum Ziel gesetzt haben. Sie haben seit langem derartige Gewalttätigkeiten propagiert und durch-
20 geführt.

Kurt Georg Kiesinger
(1904–1988)

In unserer Demokratie haben die Vertreter jeder politischen Meinung das unstreitbare Recht, diese zum Ausdruck zu bringen und für sie zu werben. Keiner Gruppe kann aber das Recht zuge-
25 standen werden, ihre politischen Auffassungen und Ziele mit Gewalt durchsetzen zu wollen. Die staatlichen Reaktionen waren bisher bewusst zurückhaltend, um unnötige Opfer zu vermeiden. Seit Wochen wurden jedoch diese Gruppen davor
30 gewarnt, ihre ungesetzlichen Aktionen fortzusetzen, weil sonst zwangsläufig die Mittel der staatlichen Abwehr verschärft werden müssten. Darüber hinaus ist zu befürchten, dass sich Gegenaktionen aus der Bevölkerung entwickeln
35 könnten, die zu gefährlichen Zusammenstößen und Unruhen führen müssten.

Die Bundesregierung verfügt über keine eigenen Polizeikräfte zur Abwehr derart ger Störungen der öffentlichen Ordnung. Dafür sind die Länder und Gemeinden mit ihren Polizeikräften allein zustän-
40 dig. Ich habe aber veranlasst, dass das Bundesministerium in ständiger Bereitschaft Verbindung mit den Innenministerien der Länder hält, deren Polizeikräfte in der Lage sind, diese Störungen abzuwehren.
45
Das Attentat eines keiner politischen Gruppe angehörenden abseitigen Verbrechers sollte für uns ein Alarmsignal sein. Gewalt provoziert Gegengewalt, die sich zwangsläufig ständig ausbreiten und steigern muss. Um eine solche unheilvolle Ent-
50 wicklung zu vermeiden, muss sich der weit überwiegende Teil der Studentenschaft, der für die Aufrechterhaltung unserer demokratisch-parlamentarischen Ordnung eintritt, den radikalen Rädelsführern verweigern.
55
Unsere Bevölkerung erwartet, dass der Staat die öffentliche Ordnung sichert. Dies aber ist ohne Verschärfung der staatlichen Abwehrmittel nur möglich, wenn die radikale studentische Minderheit sich auf den Boden des Rechts zurückbegibt.
60 Ich weiß, dass manche von Ihnen härtere Zusammenstöße bewusst provozieren wollen. Ich warne Sie vor den dann unvermeidlichen Folgen, für die Sie die Verantwortung tragen müssten. Ich weiß mich in der Entschlossenheit, keine ge-
65 waltsame Störung der rechtsstaatlichen Ordnung, komme sie, von wem sie wolle, zu dulden, mit unserem Volke einig.

Gustav Heinemann:

Verehrte Mitbürger!

Diese Tage erschütternde Vorgänge und gesteigerter Unruhe rufen uns alle zu einer Besinnung. Wer mit dem Zeigefinger allgemeiner Vorwürfe auf
5 den oder die vermeintlichen Anstifter oder Drahtzieher zeigt, sollte daran denken, dass in der Hand mit dem ausgestreckten Zeigefinger zugleich drei andere Finger auf ihn selbst zurückweisen.
Damit will ich sagen, dass wir alle uns zu

15 Gustav Heinemann
(1899–1976)

Einfach Deutsch: Unterrichtsmodell: Rhetorik © Schöningh Verlag 2005

fragen haben, was wir selber in der Vergangenheit dazu beigetragen haben könnten, dass ein Anti-kommunismus sich bis zum Mordanschlag stei-
20 gerte und dass Demonstranten sich in Gewaltta-ten der Verwüstung bis zur Brandstiftung verloren haben.

Sowohl der Attentäter, der Rudi Dutschke nach dem Leben trachtete, als auch die elftausend Stu-
25 denten, die sich an den Demonstrationen vor Zei-tungshäusern beteiligten, sind junge Menschen.

Heißt das nicht, dass wir Älteren den Kontakt mit Teilen der Jugend verloren haben oder ihnen un-glaubwürdig wurden? Heißt das nicht, dass wir
30 Kritik ernst nehmen müssen, auch wenn sie aus der jungen Generation laut wird? Besserungen hier und an anderen Stellen können nur dann ge-lingen, wenn jetzt von keiner Seite neue Erregung hinzugetragen wird. Gefühlsaufwallungen sind bil-
35 lig, aber nicht hilfreich – ja sie vermehren die Ver-wirrung.

Nichts ist jetzt so sehr geboten wie Selbstbeherr-schung – auch an den Stammtischen oder wo im-mer sonst das Geschehen dieser Tage diskutiert
40 wird.

Das Kleid unserer Freiheit sind die Gesetze, die wir uns selber gegeben haben.

Diesen Gesetzen die Achtung und Geltung zu ver-schaffen ist Sache von Polizei und Justiz. Es be-
45 steht kein Anlass zu bezweifeln, dass Polizei und Justiz tun, was ihre Aufgabe ist.

Wichtiger aber ist es, uns gegenseitig zu dem de-mokratischen Verhalten zu verhelfen, das den Ein-satz von Justiz und Polizei erübrigt.

Zu den Grundrechten gehört auch das Recht zum 50 Demonstrieren, um öffentliche Meinung zu mobi-lisieren. Auch die junge Generation hat einen An-spruch darauf, mit ihren Wünschen und Vorschlä-gen gehört und ernst genommen zu werden. Gewalttat aber ist gemeines Unrecht und eine 55 Dummheit obendrein. Es ist eine alte Erfahrung, dass Ausschreitungen und Gewalttaten genau die gegenteilige öffentliche Meinung schaffen, als ih-re Urheber wünschen. Das sollten – so meine ich – gerade politisch bewegte Studenten begreifen 60 und darum zur Selbstbeherrschung zurückfinden. Unser Grundgesetz ist ein großes Angebot. Zum ersten Mal in unserer Geschichte will es in einem freiheitlich-demokratischen und sozialen Rechts-staat der Würde des Menschen volle Geltung ver- 65 schaffen. In ihm ist Platz für eine Vielfalt der Mei-nungen, die es in offener Diskussion zu klären gilt. Uns in diesem Grundgesetz zusammenzufinden und seine Aussagen als Lebensform zu verwirk-lichen ist die gemeinsame Aufgabe. Die Bewegt- 70 heit dieser Tage darf nicht ohne guten Gewinn bleiben.

Aus: Bulletin des Presse- und Informationsamtes der Bundesregierung Nr. 49, (17. 4. 68) S. 3931.

❐ *Unterstreichen Sie die Ihrer Meinung nach am häufigsten vorkommenden Nomen in beiden Tex-ten und ordnen Sie sie unter dem Gesichtspunkt, ob sie in der Rede eher positiv oder negativ kon-notiert sind.*

❐ *Mit welchen rhetorischen Mitteln versuchen die Redner, ihre Absicht hervorzuheben?*

EinFach Deutsch: Unterrichtsmodell: Rhetorik © Schöningh Verlag 2005

Walter Jens: Eine Republik im Widerspruch

Rundfunkansprache am 11.3.1979

Leicht macht sie's ihren Bürgern nicht, die Republik, in der wir leben, sich ein Bild von ihr zu
5 machen: Widersprüche, wohin immer man blickt. Da gibt es, zunächst einmal, eine Verfassung, die Freiheiten
10 gewährt, wie so leicht kein zweites Staats-Gesetz: Meinungsfreiheit, Versammlungsfreiheit,

Walter Jens (geb. 1923)

Gewissensfreiheit – ein Eldorado unbeschränkter
15 Liberalität! Aber Verfassungsnorm, das haben wir in den letzten Jahren in zunehmendem Maße erfahren, ist das eine und Verfassungswirklichkeit das andere – und je weiter wir kommen, in den Siebzigern, desto größer, dies beobachten be-
20 sonnene Bürger mit Sorge, wird die Spanne zwischen Norm und Realität.

Wo bleibt, in concreto, die Meinungsfreiheit – und was ist sie wert! –, wenn das Bekenntnis zum Frieden um jeden Preis, verbunden mit der Absage an
25 die Ideologie eines militanten Antikommunismus, dem jungen Staatsbürger eine Gefährdung seiner Lebens-Chancen einträgt, weil ihm eine öffentliche Tätigkeit untersagt wird?[1] Und was ist mit der Versammlungsfreiheit, die im gleichen Augenblick
30 zu einem Un-Recht wird, wo man jugendlichen Demokraten in Anhörungsverfahren vorhält, sie hätten sich an Demonstrationen gegen das Pinochet-Regime[2] in Chile beteiligt ... gegen das Wüten einer Junta[3] wohlgemerkt, der nicht zu oppo-
35 nieren doch suspekter sein müsste als die bekundete Entschlossenheit: „Wir wollen kein Gewaltregime, sondern die Demokratie der Freien und Gleichen."

Und dann die Gewissensfreiheit: ein Grundrecht
40 auf dem Papier, das in der Realität, im Angesicht einer inquisitorisch vorgehenden Bürokratie, oft genug zur Farce wird: Beispiele bieten sich an.

Ein ideales Grundgesetz, geprägt von Brecht'scher Freundlichkeit und von Vernunft, und eine Wirklichkeit, die immer dreister, immer unverhohlener
45 auf die Verfassungsnormen pfeift: Das ist die Situation, dreißig Jahre nach der Gründung dieser Republik. Eine Situation, die durch die Diskrepanz[4] zwischen Begriff und Realität charakterisiert wird. „Soziale Marktwirtschaft" als Formel
50 der scheinbar einzig Verfassungstreuen: all derer, die das Bekenntnis zu einer bestimmten Wirtschaftsordnung mit dem Bekenntnis zu unserem Gemeinwesen identifizieren und dabei nicht merken, dass sie, mit solcher These, gegen Geist und
55 Buchstaben des Grundgesetzes argumentieren, das von der Verpflichtung der Republik auf eine bestimmte ökonomische Grundstruktur nicht das Geringste weiß. „Soziale Marktwirtschaft": eine quasi-Verfassungs-Formel, die darüber hinweg-
60 täuschen soll, dass, was sich da so liberal und biedermeierlich gibt, durch Konzerne und Kartelle – und deren den Markt aufhebende Preis-Absprachen – längst außer Kraft ist ... außer Kraft gesetzt wie jene Meinungsfreiheit im Bereich der Presse,
65 die zur Verlegerfreiheit deformiert worden ist.

Die Worte bringen's an den Tag, wie es um die Republik bestellt ist, an der Schwelle zum einunddreißigsten Jahr: „Freiheit" (die freilich nur selten als Freiheit der Andersdenkenden[5] qualifiziert wird)
70 ausgespielt gegen „Gleichheit", die, identifiziert mit „Gleichmacherei", sehr bald vergessen lässt, dass es ohne ein Mindestmaß von Gleichheit, im Sinne von Chancengleichheit, für die Mehrzahl der Bevölkerung nicht die geringste Chance gibt,
75 sie selbst zu werden, um derart Freiheit zu realisieren und sich als ein zum Ungleichen Emanzipierter in der Gesellschaft personal zu bewähren. Die Worte sind verlässliche Zeugen. Während der „Individualismus" hoch in Ehren steht, gilt die
80 Chiffre von der „gesellschaftlichen Natur des Menschen" als Ausdruck der Ideologie: [...]

Welch eine Wandlung im letzten Jahrzehnt! „Gesellschaft" – vermeintlich eine problematische Eti-

---

1 Anspielung auf die sogenannten „Berufsverbote" in den 70er-Jahren. Gemeint ist, dass die Mitgliedschaft in verfassungsfeindlichen, meist linken Gruppen zu einem Ausschluss aus dem öffentlichen Dienst führen konnte.
2 Augusto Pinochet, ein chilenischer General, hatte sich 1973 durch einen Militärputsch gegen die gewählte Regierung an die Macht gebracht.
3 Bezeichnung für die herrschende Gruppe in einer Militärdiktatur in Süd- bzw. Mittelamerika
4 Missverhältnis
5 Anspielung auf einen bekannten Ausspruch der Mitbegründerin der KPD, Rosa Luxemburg (1870–1919)

EinFach Deutsch: Unterrichtsmodell: Rhetorik © Schöningh Verlag 2005

85 kettierung, linkslastig auf jeden Fall und damit durch Gegen-Begriffe konterkarierungsbedürftig[1]. „Staat" – da leuchten die Augen. „Republik der Freien und Gleichen": ein radikaldemokratischer Terminus, der, jakobinisch[2] und libertär, wie er
90 klingt, durch die Zauber-, Eides- und Verpflichtungs-Formel „Freiheitlich demokratische Grundordnung" (abgekürzt FDGO) zu begegnen ist. Eine Republik im Widerspruch. [...]

Ein Staat, der, Substantiv mit Adjektiv tauschend,
95 in Gefahr geraten ist, immer mehr rechter Staat zu werden und derart an Rechtsstaatlichkeit und Liberalität zu verlieren: in welchem Ausmaß, das wird sofort sichtbar, wenn man bedenkt, dass Sätze aus alten CDU-Wahlaufrufen („Der Kapita-
100 lismus ist zusammengebrochen. Wir sind die letzten, die ihm eine Träne nachweinen. Eine neue Zeit bricht an. Sie trägt sozialistisches Gepräge": unter diesem Zeichen trat die Rechte anno 47 hierzulande an![3]) heute wie rote Konterbande[4] er-
105 scheinen und dass Liberale von 1968, wenn sie hier und jetzt die gleichen Thesen wie vor zehn Jahren vertreten, sich als „Sympathisanten" und „Schreibtischtäter" eingestuft sehen ... und dabei reden sie doch nur, moderat und besonnen (wenn-
110 gleich entschieden), wie jene radikalen Achtundvierziger[5], deren Angedenken, auch dies ist ein Symptom, in dieser Republik, mit ihren tausend Hindenburgstraßen und ihrer Handvoll von Virchow[6]-, Einstein- oder Ossietzky[7]-Gassen, immer
115 bedenkenloser preisgegeben wird. [...]

Wäre es anders, könnten alte Nationalsozialisten nicht über junge Kommunisten befinden, könnte man nicht den Linken versagen, was man den Rechten zugestand nach dem Krieg, sich in der Demokratie zu bewähren, könnte man das Ehren-
120 wort „Antifaschist" nicht den Kommunisten zum Exklusiv-Gebrauch überlassen, könnte man – im Zeichen von „Holocaust"![8] – nicht einen Mann, der nationalsozialistisches Recht in Theorie und Praxis zu seinem eigenen machte[9], zu seiner zweiten
125 Natur, für würdig erachten, diese Republik zu repräsentieren – ein Gemeinwesen, dessen Mängel – den Abstand zwischen der Idee des Grundgesetzes und deren Realisierung – zu betonen nicht von Distanzierung und nicht von Beckmesserei,
130 sondern eher von enttäuschter Liebe zeugt. Wer „unsere Republik" sagt, möchte keine *andere*: Er möchte diese Republik *anders*, als sie sich jetzt manifestiert.

Er möchte eine Republik, die sich nicht nur auf die
135 Sieger und deren Geschichte, sondern vor allem auf die Besiegten beruft: die deutschen Jakobiner zum Beispiel, die Achtundvierziger, die Freiheitskämpfer von Rastatt[10], die Opfer des borussischen[11] Militarismus, derer – auch sie eine Figur
140 der missachteten Gegen-Geschichte! – Rosa Luxemburg vor wilhelminischen Tribunalen gedacht hat.

Er möchte eine Republik, in der die vom Nationalsozialismus Verfolgten so behandelt werden
145 wie jetzt die Verfolger: dem Herrn Oberreichsanwalt und dem Herrn Staatssekretär von anno dazumal eine Fürsten-Pension und dem Häftling, nach langem Prozess, ein paar Groschen gewährt – nein, so handelt ein Gemeinwesen nicht, das
150

---

[1] konterkarieren = hintertreiben, einer Sache entgegenarbeiten
[2] Jakobiner, „Partei" in der franz. Revolution, die sich besonders radikal für die Freiheit eingesetzt hatte
[3] Anspielung auf das „Ahlener Programm" der CDU, in dem sich die CDU unter dem Eindruck der NS-Herrschaft noch für einen gemäßigten Sozialismus ausgesprochen hatte
[4] Konterbande, veraltet für Schmuggelware
[5] Teilnehmer der letztlich gescheiterten Revolution von 1848/49, die sich für eine Demokratisierung bzw. Liberalisierung Deutschlands eingesetzt hatten
[6] Rudolf Virchow (1821–1890), dt. Liberaler
[7] Carl von Ossietzky (1889–1938), dt. Publizist und Pazifist, Friedensnobelpreisträger 1935
[8] Anspielung auf eine amerikanische Fernsehserie gleichen Namens, die in der Bundesrepublik noch einmal über eine Kontroverse über die Judenvernichtung geführt hatte
[9] Wer genau gemeint ist, lässt sich nicht zweifelsfrei klären. Möglicherweise bezieht sich die Äußerung auf den baden-württembergischen Ministerpräsidenten Hans Filbinger (CDU), der 1978 von seinem Amt zurücktreten musste, als bekannt geworden war, dass er in seiner Funktion als Marinerichter noch kurz vor Kriegsende einen jungen Matrosen wegen Fahnenflucht zum Tode verurteilt hatte.
[10] Gemeint sind die letzten Kämpfer für die Durchsetzung der Verfassung von 1848/49, die sich im Mai 1849 in Rastatt versammelt hatten.
[11] Borussia, lat. für Preußen

EinFach Deutsch: Unterrichtsmodell: Rhetorik © Schöningh Verlag 2005

nicht nur, kraft seiner *potestas*[1], zähneknirschend respektiert, sondern, dank der Moral verbürgender *auctoritas*[2], geachtet werden will.

Er möchte eine Republik, in der die praktische Po-
155 litik nicht zum Hohn auf hoch geheiligte Erklärungen wird: Dem Terrorismus den Kampf angesagt – und Pinochet, von Bruder zu Bruder, gepriesen! Das *Schnüffeln* in brauner Vergangenheit an den Pranger gestellt, sobald es rechte Prominenz an-
160 geht – und Tausende junger Linker (ach, Linker, Liberaler! Pazifisten!) bis ins Privateste hinein, an der Grenze der Sippenhaft, exegisiert[3]! [...]

Nein, eine Republik – ohne Moral: das ist nicht meine Republik, wohl aber die, für deren Integrität
165 Gustav Heinemann[4] steht.

Das Grundgesetz, der Bürgerpräsident und der Mann, der, im Warschauer Ghetto kniend[5], aufrechter stand als die Pharisäer mit ihrer Doppel-Moral und ihrem schlechten Gedächtnis: Mit die-
170 sem Papier in der Hand, mit dem Angedenken an diesen Toten und mit dem Blick auf den Republikaner, der schon damals, im Faschismus, für ein Land stand, das auch heute noch das andere und bessere ist – das vorgegebene in sehr weiter Fer-
175 ne: Im Zeichen solcher Dreiheit lässt es sich leben, bei uns.

Aus: Günther, Rolf und Thiel, Hans (Hrsg.): Politische Reden der Bundesrepublik Deutschland. Frankfurt o. J., S. 129–132.

❒ *Versuchen Sie anhand des ersten Absatzes (Z. 1–21) die zentrale These zu ermitteln, die der Rede zugrunde liegt.*

❒ *Unterstreichen Sie im Hauptteil (Z. 22–134) Schlüsselbegriffe, mit denen Jens die Verfassungsnorm von der Verfassungsrealität abgrenzt.*

❒ *Erläutern Sie die Schlussfolgerung, die Jens aus seiner Beschreibung zieht.*

---

[1] lat.: Macht
[2] lat.: Ansehen
[3] Exegese = Auslegung von Texten, im engeren Sinne vor allem der Bibel
[4] Gustav Heinemann (1899–1976): deutscher Bundespräsident (1969–1974)
[5] Gemeint ist Bundeskanzler Willi Brandt, der während seines Warschau-Besuchs 1970 als Zeichen des Gedenkens vor dem Mahnmal im Warschauer Getto niedergekniet war. Diese Geste war in der konservativen Presse zum Teil auf heftige Kritik gestoßen.

EinFach Deutsch: Unterrichtsmodell: Rhetorik © Schöningh Verlag 2005

Roman Herzog: Aufbruch ins 21. Jahrhundert

Rede zur Neueröffnung des Hotels Adlon in Berlin am 26.4.1997

Ich freue mich, heute Abend im Hotel Adlon zu Ihnen zu sprechen. Vor 90 Jahren wurde
5 das alte Adlon von Kaiser Wilhelm II. eingeweiht. Ich für meinen Teil weihe heute nicht ein, sondern ich bin ei-
10 ne Art republikanischer Vorkoster, der sich allerdings nicht weniger darüber freut, dass dieses Traditionshaus an alter Stelle wieder entsteht.

Roman Herzog (geb. 1934)

15 Das neue Adlon steht in gewisser Weise auch für das neue Berlin: Gebaut ist es an einer Stelle, an der über Jahrzehnte die Wunden des Krieges klafften: am Pariser Platz, wo während der Zeit der DDR das gespenstisch leere Sichtfeld auf das un-
20 erreichbare Brandenburger Tor gähnte. Heute werden in Berlins Mitte, der größten Baustelle Europas, die Konturen der neuen deutschen Hauptstadt sichtbar.

In Berlin wird Zukunft gestaltet. Nirgendwo sonst in
25 unserem Land entsteht so viel Neues. Hier spürt man: Wir können etwas gestalten, ja sogar etwas verändern. Einen neuen Aufbruch schaffen, wie ihn nicht nur Berlin, sondern unser ganzes Land braucht. Ich wünsche mir, dass von dieser Berlin-
30 Erfahrung Impulse auf ganz Deutschland ausgehen. Denn was im Laboratorium Berlin nicht gelingt, das wird auch in ganz Deutschland nicht gelingen.

Ich komme gerade aus Asien zurück. In vielen Ländern dort herrscht eine unglaubliche Dynamik.
35 Staaten, die noch vor kurzem als Entwicklungsländer galten, werden sich innerhalb einer einzigen Generation in den Kreis der führenden Industriestaaten des 21. Jahrhunderts katapultieren. Kühne Zukunftsvisionen werden dort entworfen
40 und umgesetzt, und sie beflügeln die Menschen zu immer neuen Leistungen.

Was sehe ich dagegen in Deutschland? Hier herrscht ganz überwiegend Mutlosigkeit, Krisenszenarien werden gepflegt. Ein Gefühl der Läh-
45 mung liegt über unserer Gesellschaft.

Dabei stehen wir wirtschaftlich und gesellschaftlich vor den größten Herausforderungen seit 50 Jahren: 4,3 Millionen Arbeitslose, die Erosion der Sozialversicherung durch eine auf dem Kopf ste-
50 hende Alterspyramide, die wirtschaftliche, technische und politische Herausforderung der Globalisierung.

Lassen wir uns nicht täuschen: Wer immer noch glaubt, das alles gehe ihn nichts an, weil es ihm selbst noch relativ gut geht, der steckt den Kopf
55 in den Sand.

Ich will heute Abend kein Blatt vor den Mund nehmen, sondern die Probleme beim Namen nennen. Was ist los in unserem Land? Im Klartext: Der Verlust wirtschaftlicher Dynamik, die Erstarrung der
60 Gesellschaft, eine unglaubliche mentale Depression – das sind die Stichworte der Krise. Sie bilden einen allgegenwärtigen Dreiklang, aber einen Dreiklang in Moll.

In der Tat: Verglichen mit den Staaten in Asien oder
65 – seit einigen Jahren wieder – auch den USA ist das Wachstum der deutschen Wirtschaft ohne Schwung. Und: In Amerika und Asien werden die Produktzyklen immer kürzer, das Tempo der Veränderung immer größer. Es geht auch nicht nur um
70 technische Innovation und um die Fähigkeit, Forschungsergebnisse schneller in neue Produkte umzusetzen. Es geht um nichts Geringeres als um eine neue industrielle Revolution, um die Entwicklung zu einer neuen, globalen Gesellschaft
75 des Informationszeitalters. Der Vergleich mit Amerika und seinem leergefegten Arbeitsmarkt zeigt: Deutschland droht tatsächlich zurückzufallen. Wer Initiative zeigt, wer vor allem neue Wege gehen will, droht unter einem Wust von wohlmeinenden
80 Vorschriften zu ersticken. Um deutsche Regulierungswut kennenzulernen, reicht schon der Versuch, ein simples Einfamilienhaus zu bauen. Kein Wunder, dass es – trotz ähnlicher Löhne – so viel billiger ist, das gleiche Haus in Holland zu bauen.
85 Und dieser Bürokratismus trifft nicht nur den kleinen Häuslebauer. Er trifft auch die großen und kleinen Unternehmer und er trifft ganz besonders den, der auf die verwegene Idee kommt, in Deutschland ein Unternehmen zu gründen. Bill Gates fing in ei-
90 ner Garage an und hatte als junger Mann schon ein Weltunternehmen. Manche sagen mit bitterem Spott, dass sein Garagenbetrieb bei uns schon an der Gewerbeaufsicht gescheitert wäre.

Und der Verlust der wirtschaftlichen Dynamik geht
95 Hand in Hand mit der Erstarrung unserer Gesellschaft.

EinFach Deutsch: Unterrichtsmodell: Rhetorik © Schöningh Verlag 2005

Die Menschen bei uns spüren, dass die gewohnten Zuwächse ausbleiben, und sie reagieren darauf verständlicherweise mit Verunsicherung. Zum ersten Mal werden auch diejenigen, die bisher noch nie von Arbeitslosigkeit bedroht waren, von Existenzangst für sich und ihre Familien geplagt. Das amerikanische Nachrichtenmagazin „Newsweek" sprach schon von der „Deutschen Krankheit". Das ist gewiss übertrieben. Aber so viel ist doch richtig: Wer heute in unsere Medien schaut, der gewinnt den Eindruck, dass Pessimismus das allgemeine Lebensgefühl bei uns geworden ist. Das ist ungeheuer gefährlich; denn nur zu leicht verführt Angst zu dem Reflex, alles Bestehende erhalten zu wollen, koste es, was es wolle. Eine von Ängsten erfüllte Gesellschaft wird unfähig zu Reformen und damit zur Gestaltung der Zukunft. Angst lähmt den Erfindergeist, den Mut zur Selbstständigkeit, die Hoffnung, mit den Problemen fertig zu werden. Unser deutsches Wort „Angst" ist bereits als Symbol unserer Befindlichkeit in den Sprachschatz der Amerikaner und Franzosen eingeflossen. „Mut" oder „Selbstvertrauen" scheinen dagegen aus der Mode gekommen zu sein. Unser eigentliches Problem ist also ein mentales: Es ist ja nicht so, als ob wir nicht wüssten, dass wir Wirtschaft und Gesellschaft dringend modernisieren müssen. Trotzdem geht es nur mit quälender Langsamkeit voran. Uns fehlt der Schwung zur Erneuerung, die Bereitschaft, Risiken einzugehen, eingefahrene Wege zu verlassen, Neues zu wagen.

[Ich behaupte: Wir haben kein Erkenntnisproblem, sondern ein Umsetzungsproblem. Während die Auswirkungen des technischen Wandels auf dem Arbeitsmarkt und die Folgen der Demografie für die sozialen Netze auch andere Industrieländer, etwa Japan, heimsuchen, gibt es für den Modernisierungsstau in Deutschland keine mildernden Umstände. Er ist hausgemacht, und wir haben ihn uns selbst zuzurechnen.
Dabei leisten wir uns auch noch den Luxus, so zu tun, als hätten wir zu Erneuerung beliebig viel Zeit: Ob Steuern, Renten, Gesundheit, Bildung, selbst der Euro – zu hören sind vor allem die Stimmen der Interessengruppen und Bedenkenträger. Wer die großen Reformen verschiebt oder verhindern will, muss aber wissen, dass unser Volk insgesamt dafür einen hohen Preis zahlen wird. Ich warne alle, die es angeht, eine dieser Reformen aus wahltaktischen Gründen zu verzögern oder gar scheitern zu lassen. Den Preis dafür zahlen vor allem die Arbeitslosen.
Alle politischen Parteien und alle gesellschaftlichen Kräfte beklagen übereinstimmend das große Problem der hohen Arbeitslosigkeit. Wenn sie wirklich meinen, was sie sagen,

erwarte ich, dass sie jetzt schnell und entschieden handeln! Ich rufe auf zu mehr Entschlossenheit! Eine Selbstblockade der politischen Institutionen können wir uns nicht leisten.
Innovationsfähigkeit fängt im Kopf an, bei unserer Einstellung zu neuen Techniken, zu neuen Arbeits- und Ausbildungformen, bei unserer Haltung zur Veränderung schlechthin. Ich meine sogar: Die mentale und die intellektuelle Verfassung des Standorts Deutschland ist heute schon wichtiger als der Rang des Finanzstandorts oder die Höhe der Lohnnebenkosten. Die Fähigkeit zur Innovation entscheidet über unser Schicksal. 20 Jahre haben wir gebraucht, um den Ladenschluss zu reformieren. Die zentralen Herausforderungen unserer Zeit werden wir mit diesem Tempo gewiss nicht bewältigen. Wer 100 Meter Anlauf nimmt, um dann zwei Meter weit zu springen, der braucht gar nicht anzutreten.]

Allzu oft wird versucht, dem Zwang zu Veränderungen auszuweichen, indem man einfach nach dem Staat ruft; dieser Ruf ist schon fast zum allgemeinen Reflex geworden. Je höher aber die Erwartungen an den Staat wachsen, desto leichter werden sie auch enttäuscht; nicht nur wegen knapper Kassen. Der Staat und seine Organe sind der Komplexität des modernen Lebens – mit all seinen Grenz- und Sonderfällen – oft einfach nicht gewachsen, und sie können es auch gar nicht sein.

[Der Staat leidet heute besonders unter dem Mythos der Unerschöpflichkeit seiner Ressourcen. Man könnte das auch so sagen: Die Bürger überfordern den Staat, der Staat seinerseits überfordert die Bürger. Je höher die Steuerlast, desto höher die Erwartungen an den Staat. Dem bleibt dann nichts anderes übrig, als sich weiter zu verschulden oder erneut die Steuer zu erhöhen. Bei überhöhter Verschuldung bleibt nur noch die Rosskur der Haushaltssanierung mit schmerzhaften konjunkturellen Folgen. Ein Teufelskreis!
Mit dem rituellen Ruf nach dem Staat geht ein – wie ich finde – gefährlicher Verlust an Gemeinsinn einher. Wer hohe Steuern zahlt, meint allzu leicht, damit seine Verpflichtungen gegenüber der Gemeinschaft abschließend erfüllt zu haben. Vorteilssuche des Einzelnen zu Lasten der Gemeinschaft ist geradezu ein Volkssport geworden. Wie weit sind wir gekommen, wenn derjenige als clever gilt, der das soziale Netz am besten für sich auszunutzen weiß, der Steuern am geschicktesten hinterzieht oder der Subventionen am intelligentesten abzockt? Und jeder rechtfertigt sein Verhalten mit dem Hinweis auf die anderen, die es – angeblich – ja auch so machen.
Führen wir angesichts dieser Probleme überhaupt noch die richtigen Debatten? Ich will ganz unten ansetzen: Die Welt um uns herum ist hochkompliziert geworden, der Bedarf an differenzierten Antworten wird infolgedessen immer größer. Aber gerade bei den Themen, die am heftigsten diskutiert werden, ist der Informationsstand des Bürgers erschreckend gering. Umfragen belegen, dass nur eine Min-

derheit weiß, um was es bei den großen Reformen derzeit eigentlich geht. Das ist ein Armutszeugnis für alle Beteiligten: die Politiker, die sich allzu leicht an Detailfragen festhaken und die großen Linien nicht aufzeigen, die Medien, denen billige Schlagzeilen oft wichtiger sind als saubere Information, die Fachleute, die sich oft zu gut dafür sind, in klaren Sätzen zu sagen, „was Sache ist".

Statt dessen gefallen wir uns in Angstszenarien. Kaum eine neue Entdeckung, bei der nicht zuerst nach den Risiken und Gefahren, keineswegs aber nach den Chancen gefragt wird. Kaum eine Anstrengung zur Reform, die nicht sofort als „Anschlag auf den Sozialstaat" unter Verdacht gerät. Ob Kernkraft, Gentechnik oder Digitalisierung: Wir leiden darunter, dass die Diskussionen bei uns bis zur Unkenntlichkeit verzerrt werden – teils ideologisiert, teils einfach „idiotisiert". Solche Debatten führen nicht mehr zu Entscheidungen, sondern sie münden in Rituale, die immer wieder nach dem gleichen Muster ablaufen, nach einer Art Sieben-Stufen-Programm:

1. Am Anfang steht ein Vorschlag, der irgendeiner Interessengruppe Opfer abverlangen würde.
2. Die Medien melden eine Welle kollektiver Empörung.
3. Spätestens jetzt springen die politischen Parteien auf das Thema auf, die einen dafür, die anderen dagegen.
4. Die nächste Phase produziert ein Wirrwarr von Alternativvorschlägen und Aktionismen aller Art, bis hin zu Massendemonstrationen, Unterschriftensammlungen und zweifelhaften Blitzumfragen.
5. Es folgt allgemeine Unübersichtlichkeit, die Bürger werden verunsichert.
6. Nunmehr erschallen von allen Seiten Appelle zur „Besonnenheit".
7. Am Ende steht meist die Vertagung des Problems. Der Status quo setzt sich durch. Alle warten auf das nächste Thema.

Diese Rituale könnten belustigend wirken, wenn sie nicht die Fähigkeit, zu Entscheidungen zu kommen, gefährlich lähmen würden. Wir streiten uns um die unwichtigen Dinge, um den wichtigen nicht ins Auge sehen zu müssen. Erinnert man sich heute noch an den Streit über die Volkszählung, der vor ein paar Jahren die ganze Nation in Wallung brachte? Scheinsachverständige mit Doktortitel äußerten sich zu beliebigen Themen, Hauptsache, es wird kräftig schwarzgemalt und Angst gemacht. Wissenschaftliche und politische Scheingefechte werden so lange geführt, bis der Bürger restlos verwirrt ist; ohnehin wird die Qualität der Argumente dabei so oft durch verbale Härte, durch Kampfbegriffe und „Schlagabtausche" ersetzt. Und das in einer Zeit, in der die Menschen durch die großen Umbrüche ohnehin verunsichert sind; in einer Zeit, in der der Verlust von eigenem Erfahrungswissen durch äußere Orientierung ersetzt werden müsste. Ich mahne zu mehr Zurückhaltung: Worte können verletzen und Gemeinschaft zerstören. Das können wir uns nicht auf Dauer leisten, schon gar nicht in einer Zeit, in der wir mehr denn je auf Gemeinschaft angewiesen sind.

Können unsere Eliten über die dogmatischen Schützengräben hinweg überhaupt noch Entscheidungen treffen? Wer bestimmt überhaupt noch den Gang der Gesellschaft: diejenigen, die die demokratische Legitimation dazu haben, oder jene, denen es gelingt, die Öffentlichkeit für ihr Thema am besten zu mobilisieren? Interessenvertretung ist

sicher legitim. Aber erleben wir nicht immer wieder, dass einzelne Gruppen durch die kompromisslose Verteidigung ihrer Sonderinteressen längst überfällige Entscheidungen blockieren können? Ich mahne zu mehr Verantwortung!

In Amerika hat man Interessengruppen, die durch die Mobilisierung der öffentlichen Meinung ihre Sonderinteressen verfechten, „Veto-Gruppen" genannt, wahrlich eine treffende Bezeichnung. Sie führen dazu, dass über Probleme nur noch geredet, aber nicht mehr gehandelt wird. Die Parole heißt dann: Durchwursteln, unter angestrengter Suche nach dem kleinsten gemeinsamen Nenner. Folge ist der Verlust der großen Perspektive.

Ich vermisse bei unseren Eliten in Politik, Wirtschaft, Medien und gesellschaftlichen Gruppen die Fähigkeit und den Willen, das als richtig Erkannte auch durchzustehen. Es kann ja sein, dass einem einmal der Wind der öffentlichen Meinung ins Gesicht bläst. Unser Land befindet sich aber in einer Lage, in der wir es uns nicht mehr leisten können, immer nur den Weg des geringsten Widerstandes zu gehen.

Ich glaube sogar: In Zeiten existenzieller Herausforderung wird nur der gewinnen, der wirklich zu führen bereit ist, dem es um Überzeugung geht und nicht um politische, wirtschaftliche oder mediale Macht – ihren Erhalt oder auch ihren Gewinn. Wir sollten die Vernunft- und Einsichtsfähigkeit der Bürger nicht unterschätzen. Wenn es um die großen Fragen geht, honorieren sie einen klaren Kurs. Unsere Eliten dürfen den notwendigen Reformen nicht hinterherlaufen, sie müssen an ihrer Spitze stehen!

Eliten müssen sich durch Leistung, Entscheidungswillen und ihre Rolle als Vorbild rechtfertigen. Ich erwarte auch eine klare Sprache! Wer – wo auch immer – führt, muss den Menschen, die ihm anvertraut sind, reinen Wein einschenken, auch wenn das unangenehm ist. Ich mache den 35-jährigen Kohlekumpeln, die in Bonn für den Erhalt ihres Arbeitsplatzes demonstriert haben, keinen Vorwurf. Ich weiß, dass den Bergleuten jetzt viel abverlangt wird, und ich fühle mit ihnen. Mein Vorwurf gilt aber denjenigen, die vor zwanzig Jahren die damals 15-Jährigen ermutigt haben, diesen Beruf zu ergreifen, indem sie ihnen wider besseres Wissen erzählt haben, er habe uneingeschränkt eine Zukunft.

Die einfache Wahrheit ist heute doch: Niemand darf sich darauf einrichten, in seinem Leben nur einen Beruf zu haben. Ich rufe auf zu mehr Flexibilität! In der Wissensgesellschaft des 21. Jahrhunderts werden wir alle lebenslang lernen, neue Techniken und Fertigkeiten erwerben und uns an den Gedanken gewöhnen müssen, später einmal in zwei, drei oder sogar vier verschiedenen Berufen zu arbeiten.

Das Problempanorama ließe sich beliebig vervollständigen. Aber ich habe vorhin gesagt, es fehlt uns nicht an Analysen, sondern am Handeln. Deshalb will ich mich jetzt der Frage zuwenden: Was muss geschehen?

Ich meine, wir brauchen einen neuen Gesellschaftsvertrag zugunsten der Zukunft. Alle, wirklich alle Besitzstände müssen auf den Prüfstand. Alle müssen sich bewegen. Wer nur etwas vom anderen fordert – je nach Standort von den Arbeitgebern, den Gewerkschaften, dem Staat, den Parteien, der Regierung, der Opposition –, der bewegt gar nichts.]

Einfach Deutsch: Unterrichtsmodell: Rhetorik © Schöningh Verlag 2005

Zuerst müssen wir uns darüber klarwerden, in welcher Gesellschaft wir im 21. Jahrhundert leben wollen. Wir brauchen wieder eine Vision. Visionen sind nichs anderes als Strategien des Handelns.
145 Das ist es, was sie von Utopien unterscheidet. Visionen können ungeahnte Kräfte mobilisieren: Ich erinnere nur an die Vitalität des „American Dream", an die Vision der Perestroika, an die Kraft der Freiheitsidee im Herbst 1989 in Deutschland.
150 Auch die Westdeutschen hatten einmal eine Vision, die sie aus den Trümmern des Zweiten Weltkrieges emporführte: die Vision der sozialen Marktwirtschaft, die Wohlstand für alle versprach und dieses Versprechen gehalten hat. Die Vision,
155 das im Krieg geschlagene und moralisch diskreditierte Deutschland in die Gemeinschaft demokratischer Staaten und nach Europa zurückzuführen. Und schließlich die Vision der Vereinigung des geteilten Deutschlands.
160 Niemand darf von mir Patentrezepte erwarten. Aber wenn ich versuche, mir Deutschland im Jahre 2020 vorzustellen, dann denke ich an ein Land, das sich von dem heutigen doch wesentlich unterscheidet.
165 Erstens: Wäre es nicht ein Ziel, eine Gesellschaft der Selbstständigkeit anzustreben, in der der Einzelne mehr Verantwortung für sich und andere trägt, und in der er das nicht als Last, sondern als Chance begreift? Eine Gesellschaft, in der nicht
170 alles vorgegeben ist, die Spielräume öffnet, in der auch dem, der Fehler macht, eine zweite Chance eingeräumt wird. Eine Gesellschaf, in der Freiheit der zentrale Wert ist und in der Freiheit sich nicht nur durch die Chance auf materielle Zuwächse be-
175 gründet.
Zweitens: Wäre es nicht ein Ziel, eine Gesellschaf anzustreben, die nicht mehr wie heute strikt in Arbeitsplatzbesitzer und Menschen ohne Arbeit geteilt ist? Arbeit wird in Zukunft anders sein als heu-
180 te: Neue, wissensgestützte Berufe werden unqualifizierte Jobs verdrängen und es wird mehr Dienstleistungen als industrielle Arbeit geben. Statt Lebensarbeitsplätzen wird es mehr Mobilität und mehr Flexibilität geben, auch zur besseren
185 Vereinbarkeit von Beruf und Familie. Arbeit dient nicht nur dem Lebensunterhalt, Arbeit kann und soll auch Freude machen und Stolz vermitteln. Niemandem, der sich mit voller Kraft engagiert, darf deswegen ein schlechtes Gewissen eingere-
190 det werden.

Drittens: Wäre es nicht ein Ziel, eine Gesellschaft der Solidarität anzustreben – nicht im Sinne der Maximierung von Sozialtransfers, sondern im Vertrauen auf das verantwortliche Handeln jedes Einzelnen für sich selbst und die Gemeinschaft? So- 195 lidarität ist Hilfe für den, dem die Kraft fehlt, für sich selbst einzustehen. Solidarität heißt aber auch Rücksicht auf die kommenden Generationen.
Viertens: Ich erwarte eine Informations- und Wissensgesellschaft. Das ist die Vision einer Gesell- 200 schaft, die jedem die Chance einräumt, an der Wissensrevolution unserer Zeit teilzuhaben. Das heißt: bereit zum lebenslangen Lernen zu sein, den Willen zu haben, im weltweiten Wettbewerb um Wissen in der ersten Liga mitzuspielen. Dazu 205 gehört vor allem auch ein aufgeklärter Umgang mit Technik.
Fünftens: Ich wünsche mir eine Gesellschaft, die die europäische Einigung nicht als Technik des Zusammenlebens versteht, sondern die Europa 210 als Teil ihrer politischen und kulturellen Identität empfindet und bereit ist, diese in der bunter werdenden Welt zu bewahren und zu bewähren.
Sechstens: Ich wünsche mir deshalb eine Gesellschaft, die die internationale Verantwortung 215 Deutschlands annimmt und sich für eine Weltordnung einsetzt, in der die Unterschiedlichkeit der Kulturen nicht neue Konflikt- und Kampflinien schafft. Auch im Inneren muss eine offene Gesellschaft entstehen, eine Gesellschaft der Toleranz, 220 die das Zusammenleben von Menschen unterschiedlicher Kulturen möglich macht.

Wir brauchen aber nicht nur den Mut zu solchen Visionen, wir brauchen auch d e Kraft und die Bereitschaft, sie zu verwirklichen. Ich rufe auf zur in- 225 neren Erneuerung! Vor uns liegt ein langer Weg der Reformen. Wir müssen heute mit dem ersten Schritt beginnen.

[Da sind zunächst die Reformen, über die wir schon viel zu lange reden:
– Beispiel Lohnnebenkosten:
Dass die Lohnnebenkosten zu hoch sind, weiß mittlerweile wirklich jeder. Wann endlich werden die Kosten der Arbeit von versicherungsfremden Leistungen befreit?
– Beispiel Arbeitsmarkt:
Wann finden Arbeitgeber und Gewerkschaften endlich die Kraft zu Abschlüssen, die Neueinstellungen möglich machen?
– Beispiel Subventionen:
Statt Subventionen mutig zu kürzen, fallen uns immer wieder neue Vorschläge für staatliche Leistungen ein. Dabei

EinFach Deutsch: Unterrichtsmodell: Rhetorik © Schöningh Verlag 2005

hat manches Förderprogramm längst seinen guten Sinn verloren.
– Beispiel öffentliche Verwaltung:
Ich frage mich manchmal, ob mancherorts bei öffentlichen Baumaßnahmen ein Wettlauf zwischen Ausbau und Rückbau stattfindet. Und überall gilt: Die vielen kleinen Fälle öffentlicher Verschwendung ergeben zusammen Milliardensummen. Wo bleibt ein modernes Haushaltsrecht, das Sparen belohnt und Verschwendung bestraft?
– Beispiel Deregulierung:
Ist es wirklich ein Naturgesetz, dass man in Deutschland bis zu 19 Behörden fragen muss, wenn man einen Produktionsbetrieb errichten will, obwohl der neue Arbeitsplätze schafft?
– Beispiel Arbeitslosigkeit bei den Niedriglohngruppen:
Alle wissen heute, dass Löhne und Sozialhilfeleistungen so weit auseinanderliegen müssen, dass es sich für den Einzelnen auch lohnt zu arbeiten. Dabei geht es mir nicht um die vielzitierte Mutter mit vier oder fünf Kindern. Aber warum ist es so schwierig, das Lohnabstandgebot für die durchzusetzen, die wirklich arbeiten könnten? Und sei es auch um den Preis öffentlicher Lohnzuschüsse, die immer noch billiger wären als die vollen Sozialhilfeleistungen?
– Beispiel Krankenversicherung:
Warum finanzieren die Krankenkassen immer noch Erholungskuren, während auf der anderen Seite das Geld für lebenserhaltende Operationen knapp wird? Ständig steigende Beiträge sind hier gewiss kein Ausweg, denn sie gefährden Arbeitsplätze.
– Und schließlich Beispiel Steuerreform:
Dazu fällt mir nach der Entwicklung der letzten Tage überhaupt nichts mehr ein.

Der Weg in die von mir skizzierte Gesellschaft beginnt mit dem Nachholen all der Reformen, die bislang liegengeblieben sind. Wir müssen endlich die Reform-Hausaufgaben machen, über die wir schon lange reden.
Wir müssen aber ebenso schon heute den Blick darüber hinaus richten. Die angesprochenen Reformen werden für sich allein genommen nicht ausreichen, die Zukunft zu gewinnen.
Ich möchte dazu etwas grundsätzlicher werden.
Wir erleben heute, dass dem Menschen ein Zuwachs an Sicherheit durch staatliche Vorsorge oft wichtiger ist als der damit einhergehende Verlust an Freiheit. Wir fordern Freiheit – aber was ist, wenn die Bürger ihre Freiheit als kalt empfinden und stattdessen auf die Geborgenheit staatlicher Für- und Vorsorge setzen?
Diese Frage lässt sich nicht mit dem Federstrich eines Gesetzestextes beantworten. Wir müssen also tiefer ansetzen: bei unserer Jugend, bei dem, was wir mit unserem Erziehungs- und Bildungssystem vermitteln.
Wir müssen unsere Jugend auf die Freiheit vorbereiten, sie fähig machen, mit ihr umzugehen. Ich ermutige zur Selbstverantwortung, damit unsere jungen Menschen Freiheit als Gewinn und nicht als Last empfinden. Freiheit ist das Schwungrad für Dynamik und Veränderung. Wenn es uns gelingt, das zu vermitteln, haben wir den Schlüssel der Zukunft in der Hand. Ich bin überzeugt, dass die Idee der Freiheit die Kraftquelle ist, nach der wir suchen und die uns helfen wird, den Modernisierungsstau zu überwinden und unsere Wirtschaft und Gesellschaft zu dynamisieren.

Deswegen gebe ich der Reform unseres Bildungssystems so hohe Priorität:
Bildung muss das Megathema unserer Gesellschaft werden. Wir brauchen einen neuen Aufbruch in der Bildungspolitik, um in der kommenden Wissensgesellschaft bestehen zu können.
Das ist nicht primär eine Frage des Geldes. Zuerst brauchen wir weniger Selbstgefälligkeit: Wie kommt es, dass die leistungsfähigsten Nationen in der Welt es schaffen, ihre Kinder die Schulen mit 17 und die Hochschulen mit 24 abschließen zu lassen? Es sind – wohlgemerkt – gerade diese Länder, die auf dem Weltmarkt der Bildung am attraktivsten sind. Warum soll nicht auch in Deutschland ein Abitur in zwölf Jahren zu machen sein? Für mich persönlich sind die Jahre, die unseren jungen Leuten bisher verlorengehen, gestohlene Lebenszeit.
Auch die Ausbildungsinhalte gehören auf den Prüfstand. Es geht in Zukunft noch weniger als bisher nur um die Vermittlung von Wissen. Mit dem Tempo der Informationsexplosion kann der Einzelne sowieso nicht mehr Schritt halten. Also müssen wir die Menschen lehren, mit diesem Wissen umzugehen. Wissen vermehrt sich immer schneller, zugleich veraltet es in noch nie dagewesenem Tempo. Wir kommen gar nicht darum herum, lebenslang zu lernen. Es kann nicht das Ziel universitärer Bildung sein, mit dreißig einen Doktortitel zu haben, dabei aber keine Perspektive auf dem Arbeitsmarkt. Unsere Hochschulen brauchen deshalb mehr Selbstverwaltung. Ich ermutige zu mehr Wettbewerb und zu mehr Spitzenleistungen. Ich weiß, dass solche Vorschläge schon lange auf dem Tisch liegen. Auch hier ist das Tempo der Umsetzung das Problem. Wir dürfen nicht so tun, als könnten wir die Schul- und Hochschulreform den Spezialisten überlassen. Es geht um eine zentrale Aufgabe. Sie betrifft die Zukunft unserer Gesellschaft insgesamt.

Wenn ich von der Zukunft unserer Gesellschaft rede, spreche ich – wie schon gesagt – zwangsläufig von der Jugend. Unsere Jugend ist das größte Kapital, das wir haben. Wir müssen ihr nur Perspektiven geben. Dazu gehört nicht nur, dass wir keine Schuldenpolitik zu ihren Lasten betreiben, mit der wir alle Spielräume verbauen.
Ich frage weiter: Warum gibt es so wenige Angebote für Jugendliche zu einem freiwilligen sozialen Engagement? Es gibt sie doch wieder, die Jugendlichen, die dazu bereit sind. Ich erlebe es in persönlichen Begegnungen, und ich sehe durch die Umfragen bestätigt, dass wir längst eine Trendwende in diesem Land haben: Die Pflichtwerte gewinnen wieder an Bedeutung gegenüber dem, was die Soziologen so schön die „Selbstverwirklichungswerte" nennen. Man könnte vermutlich auch einfach sagen: Egoismus allein ist nicht mehr „in", gerade unsere Jugend ist wieder bereit, sich für die Gemeinschaft einzusetzen. Wir müssen sie dann aber auch gewähren lassen, ihr Spielräume geben, Erfahrungen jenseits der materiellen Werte zu gewinnen.
Wir müssen unserer Jugend zu mehr Selbstständigkeit, zu mehr Bindungsfähigkeit, zu mehr Unternehmensgeist und mehr Verantwortungsbereitschaft Mut machen. Wir sollten ihr sagen: Ihr müsst etwas leisten, sonst fallt ihr zurück. Aber: Ihr könnt auch etwas leisten. Es gibt genug Aufgaben in unserer Gesellschaft, an denen junge Menschen ihre Verantwortung für sich und das Ganze beweisen können.

Einfach Deutsch: Unterrichtsmodell: Rhetorik © Schöningh Verlag 2005

Wir Älteren aber müssen uns die Frage stellen: Was leben wir den jungen Menschen vor? Welche Leitbilder geben wir ihnen? Das Leitbild des ewig irritierten, ewig verzweifelten Versorgungsbürgers kann es doch wahrhaftig nicht sein! Die Jungen beobachten uns Alte sehr genau. Wirklich überzeugen werden wir sie nur, wenn wir ihnen unsere eigene Verantwortung glaubhaft vorleben.

Und schließlich: Wir müssen von dem hohen Ross herunter, dass Lösungen für unsere Probleme nur in Deutschland gefunden werden können. Der Blick auf den eigenen Bauchnabel verrät nur wenig Neues. Jeder weiß, dass wir eine lernende Gesellschaft sein müssen. Also müssen wir Teil einer lernenden Weltgesellschaft werden, einer Gesellschaft, die rund um den Globus nach den besten Ideen, den besten Lösungen sucht.
Die Globalisierung hat nicht nur einen Weltmarkt für Güter und Kapital, sondern auch einen Weltmarkt der Ideen geschaffen, und dieser Markt steht uns auch offen.
Die meisten traditionellen Industriestaaten standen oder stehen vor ähnlichen Problemen wie wir. Eine ganze Reihe von ihnen hat aber bewiesen, dass diese Probleme lösbar sind.
– In Neuseeland hat man aus alten, ineffizienten Strukturen eine moderne Kommunalverwaltung aufgebaut.
– In Schweden hat man den überbordenden Sozialstaat erfolgreich modernisiert.
– In Holland hat man im Konsens mit den Tarifpartnern die Arbeitsbeziehungen flexibler gemacht. Folge: Die Arbeitslosigkeit ist in Holland drastisch gesunken.
– In den USA hat eine gezielte Strategie neuartiges Wachstum ausgelöst, das Millionen neue Arbeistsplätze geschaffen hat. Ich weiß, hier kommt gleich das Argument, dass nicht alles, was in Amerika geschieht, auf uns übertragbar ist und dass wir amerikanische Verhältnisse bei uns gar nicht wollen.
Das ist sicher richtig, aber es darf uns nicht hindern, einmal genauer hinzuschauen. Ich fordere auf, von anderen zu lernen, nicht sie zu kopieren! Tatsache ist doch: Die Mehrheit dieser Arbeitsplätze ist in Zukunftsindustrien und Zukunftsdienstleistungen wie Telekommunikation, Computer, Software, Finanzdienstleistungen entstanden. Das sind keine Billigjobs. Die Amerikaner haben nicht versucht, den Wandel aufzuhalten, sondern sie haben sich an die Spitze des Wandels gesetzt: Durch Förderung von Forschung und Technologie, durch Deregulierung, durch den Aufbau einer Infrastruktur für das Informationszeitalter. Sie haben das Potenzial der Durchbrüche in Mikroelektronik und Biotechnologie zur Schaffung neuer Produkte genutzt, aus denen ganz neue Industrien entstanden sind. Ein neues, wissensgestütztes Wachstum wurde zur Quelle für Millionen neuer Arbeitsplätze.
Auch wir müssen rein in die Zukunftstechnologien, rein in die Biotechnik, die Informationstechnologie. Ein großes, globales Rennen hat begonnen: Die Weltmärkte werden neu verteilt, ebenso die Chance auf Wohlstand im 21. Jahrhundert. Wir müssen jetzt eine Aufholjagd starten, bei der wir uns Technologie- und Leistungsfeindlichkeit einfach nicht leisten können.]

Die Aufgaben, vor denen wir stehen, sind gewaltig. Die Menschen fühlen sich durch die Fülle der

gleichzeitig notwendigen Veränderungen überlastet. Das ist verständlich, denn der Nachholbedarf an Reformen hat sich bei uns geradezu aufgestaut. Es wird Kraft und Anstrengung kosten, die Erneuerung voranzutreiben, und es ist bereits viel Zeit verlorengegangen. Niemand darf aber vergessen: In hochtechnisierten Gesellschaften ist permanente Innovation eine Daueraufgabe! Die Welt ist im Aufbruch, sie wartet nicht auf Deutschland.
Aber es ist auch noch nicht zu spät. Durch Deutschland muss ein Ruck gehen.

[Wir müssen Abschied nehmen von liebgewordenen Besitzständen. Alle sind angesprochen, alle müssen Opfer bringen, alle müssen mitmachen:
– die Arbeitgeber, indem sie Kosten nicht nur durch Entlassungen senken,
– die Arbeitnehmer, indem sie Arbeitszeit und -löhne mit der Lage ihrer Betriebe in Einklang bringen,
– die Gewerkschaften, indem sie betriebsnahe Tarifabschlüsse und flexiblere Arbeitsbeziehungen ermöglichen,
– Bundestag und Bundesrat, indem sie die großen Reformprojekte jetzt rasch voranbringen,
– die Interessengruppen in unserem Land, indem sie nicht zu Lasten des Gemeininteresses wirken.
Die Bürger erwarten, dass jetzt gehandelt wird. Wenn wir alle die vor uns liegenden Aufgaben als große, gemeinschaftliche Herausforderung begreifen, werden wir es schaffen. Am Ende profitieren wir alle davon.
Gewiss: Vor uns liegen einige schwere Jahre. Aber wir haben auch gewaltige Chancen: Wir haben mit die beste Infrastruktur in der Welt, wir haben gut ausgebildete Menschen. Wir haben Know-how, wir haben Kapital, wir haben einen großen Markt. Wir haben im weltweiten Vergleich immer noch ein nahezu einmaliges Maß an sozialer Sicherheit, an Freiheit und Gerechtigkeit. Unsere Rechtsordnung, unsere soziale Marktwirtschaft haben sich andere Länder als „Modell Deutschland" zum Vorbild genommen. Und vor allem: Überall in der Welt – nur nicht bei uns selbst – ist man überzeugt, dass „die Deutschen" es schaffen werden.

John F. Kennedy hat einmal gesagt: Unsere Probleme sind von Menschen gemacht, darum können sie auch von Menschen gelöst werden. Ich sage: Das gilt auch für uns Deutsche. Und ich glaube daran, dass die Deutschen ihre Probleme werden lösen können. Ich glaube an ihre Tatkraft, ihren Gemeinschaftsgeist, ihre Fähigkeit, Visionen zu verwirklichen. Wir haben es in unserer Geschichte immer wieder gesehen: Die Deutschen haben die Kraft und den Leistungswillen, sich am eigenen Schopf aus der Krise herauszuziehen – wenn sie es sich nur zutrauen.
Und wieder glaube ich an die jungen Leute. Natürlich kenne auch ich die Umfragen, die uns sagen, dass Teile unserer Jugend an der Lebens- und Reformfähigkeit unseres „Systems" zweifeln. Ich sage ihnen aber: Wenn ihr schon „dem System" nicht mehr traut, dann traut euch doch wenigstens selbst etwas zu!

EinFach Deutsch: Unterrichtsmodell: Rhetorik © Schöningh Verlag 2005

Ich bin überzeugt:

Wir können wieder eine Spitzenposition einnehmen, in Wissenschaft und Technik, bei der Erschließung neuer Märkte. Wir können eine Welle neuen Wachstums auslösen, das neue Arbeitsplätze schafft.

Das Ergebnis dieser Anstrengung wird eine Gesellschaft im Aufbruch sein, voller Zuversicht und Lebensfreunde, eine Gesellschaft der Toleranz und des Engagements. Wenn wir alle Fesseln abstreifen, wenn wir unser Potenzial voll zum Einsatz bringen, dann können wir am Ende nicht nur die Arbeitslosigkeit halbieren, dann können wir sogar die Vollbeschäftigug zurückgewinnen. Warum sollte bei uns nicht möglich sein, was in Amerika und anderswo längst gelungen ist?]

Wir müssen jetzt an die Arbeit gehen. Ich rufe auf zu mehr Selbstverantwortung. Ich setze auf erneuerten Mut. Und ich vertraue auf unsere Gestaltungskraft. Glauben wir wieder an uns selber. Die besten Jahre liegen noch vor uns. 245

© Roman Herzog

☐ *Welche Probleme stellen sich nach Herzogs Ansicht für Deutschland im 21. Jahrhundert? Welche Lösungsmöglichkeiten sieht er?*

☐ *Gliedern Sie die Rede und versehen Sie die einzelnen Abschnitte mit möglichst prägnanten Überschriften.*

☐ *Welche Ziele werden in den einzelnen Abschnitten deutlich und mit welchen Mitteln versucht Herzog, seine Zuhörer für sich einzunehmen bzw. von seinem Standpunkt zu überzeugen?*

EinFach Deutsch: Unterrichtsmodell: Rhetorik © Schöningh Verlag 2005

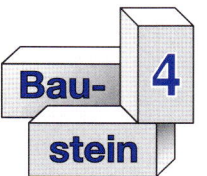 **4** *Abiturreden*

4.1 ⌐ Einführung und Hinweise für den Unterricht

Die Beschäftigung mit Abiturreden im Unterricht gehört seit langem zu den Standardthemen des Deutschunterrichts. Genau wie im vorliegenden Baustein dienen diese meist dazu, neben der Analyse von ausgewählten Reden auch das Produzieren eigener Reden einzuüben und zu erproben. Dies findet seine Berechtigung darin, dass die Form der Abiturrede neben dem Referat jene Redeform ist, die der Lebenswirklichkeit der Schüler in der Oberstufe am nächsten kommt. Zwar wird in der Regel nur ein Schüler bzw. Schülerin der Jahrgangsstufe tatsächlich die Aufgabe übernehmen, die Festrede zur Abiturentlassung zu entwerfen und zu halten, doch eignet sich diese Redeform auch deshalb für das Erlernen der Redeproduktion, da diese Reden sich mit dem Lebensfeld „Schule" beschäftigen, mithin dem einzigen, in dem alle Schüler „Experten" sind. Hingegen eignen sich politische oder gar historische Reden nur sehr bedingt für eine Redeproduktion, da die erste Voraussetzung für eine erfolgreiche Rede immer die Sachkenntnis ist. Fehlt diese, wird die Rede trotz aller rhetorischen Finessen fast immer scheitern.

Der vorliegende Baustein ist so aufgebaut, dass zunächst anhand eines typischen Beispiels die besonderen Merkmale einer solchen Abiturrede erarbeitet werden sollen (Arbeitsblatt 18, S. 100f.). Die sich anschließenden historischen Abiturreden (Arbeitsblatt 19 bzw. 20, S. 102ff.), die beide auf ihre Art aus dem Rahmen fallen, stellen ein Zusatzangebot dar und sind zum weiteren Vorgehen nicht unbedingt nötig. Im Anschluss daran können dann anhand einer neueren Abiturrede (Arbeitsblatt 21, S. 104f.) sowie Tucholskys Ratschlägen für einen schlechten Redner (Arbeitsblatt 22, S. 106f.) weitere Möglichkeiten der Gestaltung und des Vortrags einer Rede erarbeitet werden.

4.2 ⌐ Der Aufbau einer Abiturrede

Da viele Schüler möglicherweise bereits bei einer Entlassungsfeier anwesend waren bzw. zumindest ungefähre Vorstellungen vom Ablauf einer solchen Feier haben, können im Unterricht zunächst einmal Voreinstellungen bzw. Erwartungen an eine solche Rede abgeklärt und gesammelt werden. Hierbei empfiehlt es sich, das Dreiecksmodell der Kommunikation (Zusatzmaterial 11, S. 124) den Schülern zunächst als Folie zu präsentieren und Erwartungen an eine solche Festrede aus Schülersicht formulieren zu lassen.

⌐ *Erläutern Sie das Schema und konkretisieren Sie es anhand des Beispiels einer Schülerrede anlässlich einer Abiturentlassung.*

⌐ *Welche Erwartungen verbinden Sie persönlich mit einer solchen Rede?*

Die Erwartungen der Schüler können anschließend schlagwortartig an der Tafel gesammelt werden.

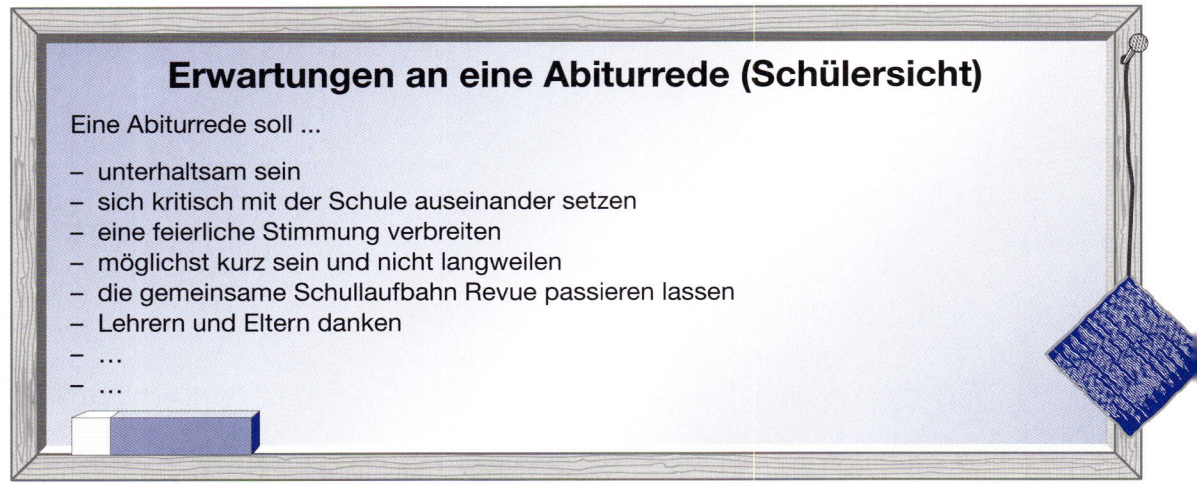

Erwartungen an eine Abiturrede (Schülersicht)

Eine Abiturrede soll ...

– unterhaltsam sein
– sich kritisch mit der Schule auseinander setzen
– eine feierliche Stimmung verbreiten
– möglichst kurz sein und nicht langweilen
– die gemeinsame Schullaufbahn Revue passieren lassen
– Lehrern und Eltern danken
– ...
– ...

Es wird vermutlich rasch deutlich werden, dass die Erwartungen, wenn nicht konträr, so doch zumindest unterschiedlich sind. Sollte unter den Schülern allzu große Einigkeit bezüglich der Gestaltung einer solchen Rede herrschen, empfiehlt es sich, nach den Erwartungen der Lehrer bzw. Eltern zu fragen. Spätestens jetzt sollte deutlich werden, dass der Redner bei einer solchen Feierrede darauf achten muss, die unterschiedlichen Interessen der Beteiligten angemessen zu berücksichtigen, will er nicht negative Reaktionen seines Publikums hervorrufen. Hieraus folgt dann als erste Schlussfolgerung, dass, um alle Interessen zu berücksichtigen, die Abiturrede notwendigerweise an Schärfe verlieren wird, da eine zu starke Hervorhebung des einen Aspekts möglicherweise einen anderen Teil der Zuhörer vor den Kopf stoßen oder verprellen würde. Im Anschluss soll dann die Abiturrede der Elternvertreterin (Arbeitsblatt 18, S. 100) des Paderborner Pelizaeus Gymnasiums analysiert und im Hinblick auf das zuvor Erarbeitete überprüft werden.

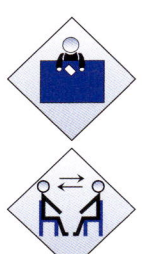

❑ *Womit beschäftigt sich diese Abiturrede inhaltlich und wie ist sie aufgebaut?*

❑ *Wie versucht die Elternvertreterin den Interessen ihrer Adressaten gerecht zu werden? Achten Sie hierbei auch auf die sprachliche Gestaltung.*

Kurzinterpretation

Diese Rede kann durchaus als gelungenes Beispiel einer typischen Abiturrede bezeichnet werden. Neben den typischen Elementen wie Einleitung und Begrüßung, Rückblick auf die Schullaufbahn, Danksagungen und (milde) Kritik und Wünsche für die Zukunft werden auch ernste Themen angeschnitten, die nicht unmittelbar mit dem Schulalltag zu tun haben wie zum Beispiel der Bürgerkrieg in Jugoslawien oder der ausländerfeindliche Brandanschlag von Solingen, wodurch die Rede auch eine nachdenkliche Note erhält.

Die Rede kontrastiert in der Einleitung (Z. 1–20) zunächst einmal die Situation der Einschulung mit der Entlassungsfeier, wobei die Rednerin unterstreicht, wie klein und hilflos ihr Sohn damals gewesen ist, was insbesondere durch die Wahl der Adjektive hervorgehoben wird (zaghaft, dünn, Z. 3f.).

Der Hauptteil (Z. 21–74) besteht dann im Wesentlichen aus einem Rückblick auf die Schullaufbahn und diversen Danksagungen und leichter Kritik. Aufhänger des Rückblicks ist zunächst ein Blättern in alten Kalendern. Die aus diesen Kalendern ersichtlichen vielen Termine stellen zugleich auch ein Lob an die Schule dar, die den Schülern „eine Fülle von Anstößen" (Z. 27) gegeben habe. Der Rückblick auf die Schullaufbahn erfährt durch die Orientierung an den Klassenfahrten eine klare Gliederung. Dieser Teil wird durch eine Danksagung an die begleitenden Lehrer abgeschlossen, wobei jedoch auch in milder Form auf offensichtliches Fehlverhalten der Schüler während der Mittelstufenklassenfahrt hingewiesen wird. Als Zeichen dieser großen Fürsorge der Schule für ihre Zöglinge wird anschließend das soziale und musische Engagement der Schule hervorgehoben. Im Zusammenhang mit der Schule fallen die häufigen Nennungen von Adjektiven und Adverbien wie „sehr", „besonders", „viel" u. Ä. auf, die den offenbar großen Respekt der Rednerin gegenüber der Schule durchscheinen lassen.

Doch auch Kritik an der Schule wird geübt, indem die Elternvertreterin auf „ein ungutes Erlebnis" (Z. 62f.) mit einem Lehrer auf einem Elternsprechtag verweist. Die Kritik bleibt durch die fehlende Nennung des Namens jedoch allgemein und wird zudem durch den Euphemismus ungut noch weiter abgeschwächt. Die Abiturrede schließt mit zwei Zitaten bekannter Schriftsteller sowie einer Ermahnung zur Bewahrung der „jugendlichen Unruhe" (Z. 87).

Der Aufbau, der als typisch zu bezeichnen ist, kann anschließend in folgendem Tafelbild gesichert werden.

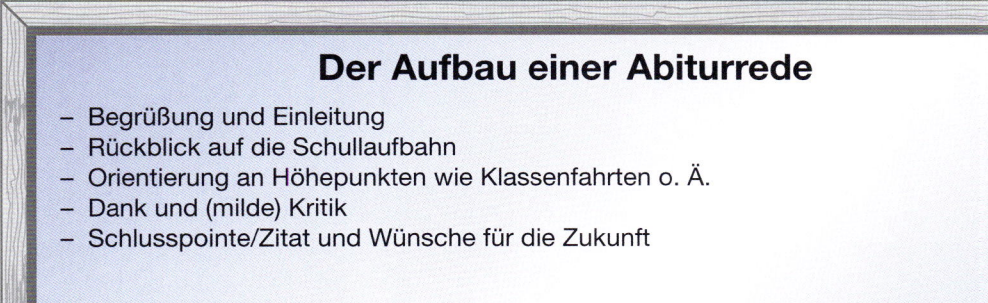

Der Aufbau einer Abiturrede

- Begrüßung und Einleitung
- Rückblick auf die Schullaufbahn
- Orientierung an Höhepunkten wie Klassenfahrten o. Ä.
- Dank und (milde) Kritik
- Schlusspointe/Zitat und Wünsche für die Zukunft

4.3 ❐ Zwei historische Abiturreden

Beide hier vorgestellten Abiturreden werfen – jede auf ihre Art – das Problem der Angemessenheit auf und spiegeln zudem ihre Entstehungszeit auf interessante Art und Weise wider. Beide Reden können im Unterricht entweder parallel oder einzeln besprochen werden. Der folgende Unterrichtsvorschlag geht von einer sukzessiven Besprechung aus.

4.3.1 Dank an den Staat: Abiturrede um 1965

Die etwa um das Jahr 1965 entstandene Abiturrede (Arbeitsblatt 19, S. 101) atmet noch ganz den restaurativen Geist der Adenauer-Ära. Die Rede ist insofern als unangemessen zu bezeichnen, als sie die Interessen der Zuhörer kaum berührt und daher unpersönlich wirkt. Gesteigert wird der negative Eindruck noch durch das hohle Pathos und die vielen Leerformeln, die den Text durchziehen. Es empfiehlt sich, den Text zunächst einmal kommentarlos von den Schülern lesen zu lassen und sie anschließend Stellung nehmen zu lassen. Die Reaktionen der Schüler werden sicherlich negativ ausfallen, da die Rede sehr anbiedernd und gestelzt wirkt. Das allein erklärt aber noch nicht den Eindruck der Lächerlichkeit, den die Rede intuitiv bei einem heutigen Leser hervorruft. Dieser entsteht zum einen durch den uns etwas fremd gewordenen Dank gegenüber dem Staat, den wir heute eher als mit Steuergeldern finanzierten Dienstleister verstehen. Zum anderen aber, und das soll in der folgenden Unterrichtsphase erarbeitet werden, wirkt auch die Mischung aus Servilität gegenüber Lehrern und Eltern und altväterlich-belehrendem Ton gegenüber den jüngeren Schülern grotesk und spricht zudem für ein ausgeprägt hierarchisches Denken des Verfassers (Radfahrerprinzip).

❐ *Erarbeiten Sie, wie der Redner sein Verhältnis zu Lehrern, Eltern, Staat und Mitschülern darstellt.*

❐ *Untersuchen Sie die Rede auf sprachliche Auffälligkeiten hinsichtlich der Wortwahl und bewerten Sie den Stil der Rede.*

Die Ergebnisse können in folgendem Tafelbild gesichert werden:

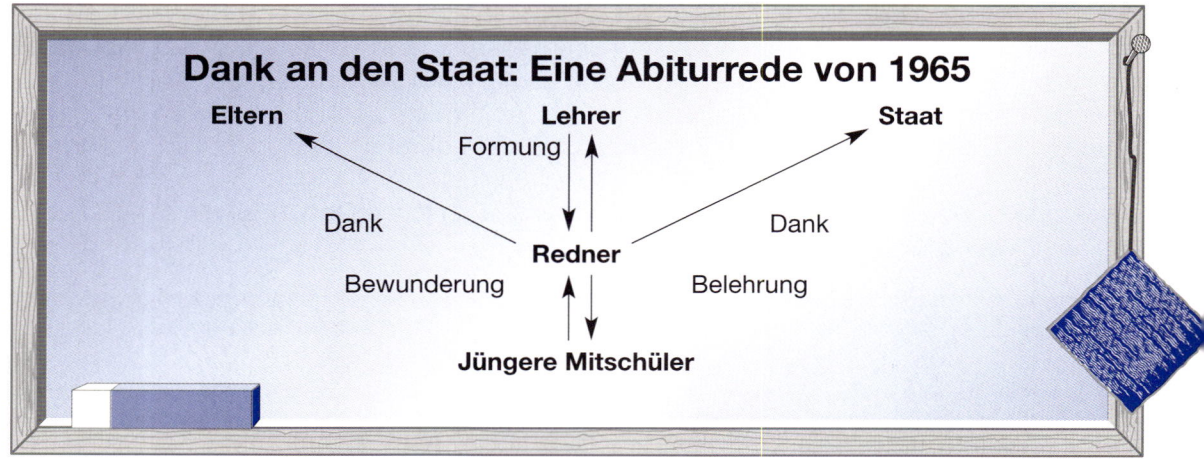

Dank an den Staat: Eine Abiturrede von 1965

Eine differenzierte Untersuchung auf rhetorische Mittel erscheint bei dieser Rede wenig sinnvoll. Die Untersuchung des Stils und der Wortwahl könnte Folgendes ergeben: Bei den Danksagungen und der Beschreibung des Staates ist der Verfasser sichtlich um die Verwendung möglichst hochwertig klingender Worte und Formulierungen bemüht („geformt und gebildet", Z. 15, „unser Tun uns selbst und Gott gegenüber verantworten", Z. 23f.). Zugleich verraten diese und andere Formulierungen aber auch einen ausgeprägten Untertanengeist. Der Jugendliche wird in der Schule „geformt", der Einzelne ist der „Staatsgemeinschaft" (Z. 25), ein Wort, das unwillkürlich an die Idee der Volksgemeinschaft der Nazis erinnert, gegenüber verpflichtet. Ebenso servil wie der Redner sich an die Eltern und Lehrer wendet, so gönnerhaft belehrend wendet er sich an die jüngeren Mitschüler („euch möchte ich sagen", Z. 34f.). Unglücklich, um nicht zu sagen misslungen, ist auch der Übergang von den allgemeinen Überlegungen zur Wendung an die Mitschüler: Zunächst bemerkt er, dass die Mitschüler ihn „verwundert" anschauen, was zumindest den heutigen Leser kaum zu überraschen vermag, dann wird aus der Ver- plötzlich eine Bewunderung und sogar Staunen (vgl. Z. 35f.). Zudem widersprechen sich die Aussagen den Eltern und den Schülern gegenüber: Werden im ersten Satz noch die langjährigen Mühen, Strapazen und Anstrengungen (vgl. Z. 4ff.) hervorgehoben, so betont er den Schülern gegenüber, dass die Zeit wie im Fluge vergangen sei (vgl. Z. 38f.).

❐ *Beurteilen Sie, ob diese Abiturrede als gelungen zu bezeichnen ist. Bedenken Sie hierbei, dass der konservative Inhalt damals von kaum einem der Anwesenden als anstößig beurteilt worden sein dürfte.*

Abschließend sollte die Rede noch daraufhin bewertet werden, inwiefern sie, unabhängig von ihrem reaktionären Inhalt, als Abiturrede als gelungen zu bezeichnen ist. Doch auch diese Frage muss weitgehend verneint werden. Zwar dürfte die Rede ihr Ziel, Eltern und Lehrern zu schmeicheln, klar erreicht haben, doch fehlt ihr jede persönliche Note. Da keinerlei Bezug zur gemeinsam erlebten Schulzeit hergestellt wird, könnte diese Rede praktisch an jedem Ort in jedem Jahr gehalten werden. Auch die belehrende Grundhaltung und der dozierende Stil passen eigentlich nicht zu einer Abiturrede.

4.3.2 Eine Abiturrede aus dem Jahre 1968

Historische Einführung

Die bereits zur Einleitung der Reden von Heinemann/Kiesinger kurz skizzierte Unruhe unter den Studenten (siehe Baustein 3) griff nach kurzer Zeit auch auf die Schulen über. Es kam, in Analogie zu den Universitäten, zur Bildung von Schülerräten, Fachschaften u. Ä. Gefordert wurden vor allem eine Änderung der Lehrpläne, mehr Transparenz bei der Notengebung, die Einführung des Sexualkundeunterrichts sowie eine Mitbestimmung bei der Wahl der Unterrichtsgegenstände. Die Schulen wurden im Jahr 1968 von dieser Protestwelle völlig überrascht. Die Schüler nutzten dabei auch das Forum der Abiturfeier, um ihre Forderungen vorzutragen, was bei den anwesenden Eltern und Lehrern natürlich auf Protest stieß und mitunter zum Abbruch von Abiturfeiern führte. In den folgenden Jahren fanden daraufhin an vielen Schulen überhaupt keine Entlassungsfeiern mehr statt. Die vorliegende Rede (Arbeitsblatt 20, S. 102f.) kann als gutes Beispiel für den kritischen Geist der damaligen Zeit dienen.

Interpretation der Rede

Die vorliegende Rede wurde im Jahre 1968 am Kaspar-Zeuss-Gymnasium in Kronach aus Anlass des Abiturs von einer Schülergruppe erarbeitet und von einem Abiturienten vor Eltern, Schülern und Lehrern gehalten. Zur spezifischen Situation dieser Rede gehört, dass sie aufgrund ihrer insgesamt kritischen Tendenz ein „Novum" (Z. 11) für die Schule darstellt. Daraus ergibt sich für den Redner die Notwendigkeit einer detaillierten Redestrategie, weil er der Erwartungshaltung des größten Teils des Publikums nicht entspricht, vor allem natürlich der der Eltern und der Lehrer.

Der Text lässt sich gliedern in eine Einleitung (Z. 1–32), in der der Redner in Abhängigkeit von der Erwartungshaltung des Publikums zum einen seine Redesituation erläutert und zum anderen die Elterngruppe innerhalb des Publikums anspricht. Dem folgt der eigentliche Hauptteil (Z. 33–106), der vorwiegend an die Lehrer gerichtet ist und in Form zahlreicher Forderungen die Konkretisierung der Rednerintention darstellt. Den Abschluss bilden ein Appell an die Schüler und ein kurzer Dank an die Lehrer (Z. 107ff.).

Der Schüler beginnt im Vorspann seiner Rede mit einem ironischen Seitenhieb auf Abiturreden vergangener Jahre (Z. 1–5), denen er einen Realitätsbezug abspricht und die er damit stark abwertet. Dieses wird deutlich durch die wiederholte Kennzeichnung der Reden als „Geschichten" und durch die Verwendung einer Reihe von abgegriffenen Metaphern wie zum Beispiel den „aus dem sicheren Hafen herausfahrenden Schiffen" (Z. 3f.). Er behauptet allerdings, dies seinem Publikum „ersparen" (Z. 6) zu wollen, und stellt seinen Bruch mit der Tradition so als einen Dienst am Publikum dar. Dem stellt er seine Intention („Kritik üben und gleichzeitig Vorschläge bringen", Z. 8f.) antithetisch gegenüber, der er durch die Verwendung zweier anaphorisch und klimaktisch gebauter Teilsätze („was an der ... kann" und „was unserer ... muss", Z. 9ff.) ein zusätzliches Gewicht verleiht. Im weiteren Verlauf informiert er sein Publikum über die kollektive Produktion der Rede und setzt dieses Verfahren durch den ironisierenden Einschub „des Primus womöglich" (Z. 13) von den Praktiken vergangener Jahre ab. Um sich vor möglicher Kritik gegen diesen Traditionsbruch abzusichern und seine eigene Position zu stärken, beruft er sich auf „die Zustimmung des größten Teils unserer Mitschüler" (Z. 19). Den zweiten Teil des Vorspanns beginnt er mit einer direkten Anrede an die Eltern, weil er davon ausgehen kann, dass die Diskrepanz zwischen Redeintention und Publikumserwartung bei dieser Gruppe am größten ist, und weil die Beziehung zu den Eltern auch über die konkrete Redesituation hinaus von Bedeutung ist. Er verwendet dabei das Mittel der Beschwichtigung bzw. des Schmeichelns („schönster Dank", Z. 29, „mitunter unangenehme Dinge", Z. 25), welches durch eine Alliteration noch verstärkt wird („wir wissen, was wir", Z. 27). Insgesamt dient der Vorspann vor allem der Vorbereitung des Publikums auf den Hauptteil der Rede, in dem die Intention der Schüler konkretisiert wird.

Diesen Hauptteil beginnt der Redner geschickt mit mehreren Zugeständnissen (Z. 33–41), um eine negative Einstellung des Publikums zu vermeiden, indem diese in ihrer Haltung scheinbar bestätigt werden. Dem folgt aber sofort eine Einschränkung (Z. 41ff.), in der der Redner seine Position andeutet und anschließend durch einen Appell an das Gemeinschaftsgefühl („für die gemeinsame Bewältigung der Arbeit", Z. 44f.) belegt. Es schließen sich sieben Punkte an, in denen der Schüler die Vorstellungen der Gruppe konkretisiert. Wiederum beginnt er zunächst mit einem Zugeständnis an sein Publikum, um dessen Position zu stärken und auf eine Basis gemeinsamer Überzeugungen hinzuweisen. Sofort leitet er jedoch in die erste Forderung über, die durch die Verwendung des Modalverbs „wollen" (Z. 70) noch in leicht abgeschwächter Form vorgetragen wird. Dieses ändert sich in den Punkten 3–7, in denen in parallel gebauten Sätzen ausschließlich das Modalverb „müssen" verwendet wird, wodurch den Aussagen Nachdruck verliehen wird. Weitere Mittel, die dem Publikum im Wesentlichen die Legitimität der vorgetragenen Forderungen verdeutlichen sollen und der Veranschaulichung dienen, sind das Anführen von Beispielen und der Verweis auf positive Erfahrungen (Z. 71–84).

Am Ende seiner Rede sucht der Schüler durch eine direkte Anrede („an euch, liebe Mitschüler", Z. 107) den Kontakt zur Schülergruppe und verweist auf die Konsequenzen, die seine Ausführungen für diese Gruppe haben. Hierdurch wird noch einmal der Standpunkt des Redners aufgewertet („dass diese Arbeit interessanter und hauptsächlich sinnvoller werden wird", Z. 119ff.). Zur Stützung seiner Argumentation folgt noch ein Verweis auf ein bereits bestehendes Schulmodell (Z. 121f.). Die Kürze der Danksagung an die Lehrer und die leichte Ironie zeigen noch einmal, dass letztlich diese Gruppe der Adressat der Kritik gewesen ist.

Insgesamt ist die Rede ein interessantes und gelungenes Beispiel für eine Rede, die mit der Erwartungshaltung des Publikums bricht.

Hinweise für den Einsatz im Unterricht

Falls die Rede nicht ohnehin parallel zur vorangegangenen untersucht wurde, bietet sich auch an, diese als schriftliche Arbeit analysieren und mit der Rede aus dem Jahre 1965 vergleichen zu lassen. Da die Rede ohne grundlegende Kenntnisse zur Studentenrevolution nicht leicht verständlich ist, ist es empfehlenswert, wenn die Kiesinger-/Heinemann-Ansprachen zuvor im Unterricht behandelt worden sind.

Es bietet sich an, die Rede zunächst allgemein bewerten zu lassen und sie nach Feststellung der Intention dann unter dem Aspekt des Umgangs mit den Erwartungshaltungen der Zuhörer zu analysieren.

❐ *Die Eltern und Lehrer erwarteten wahrscheinlich eine ähnliche Rede wie die Ihnen bekannte Rede aus dem Jahre 1965. Mit welchen Mitteln versucht der Redner in der Einleitung das Publikum für sich einzunehmen?*

❐ *Wie versucht er im Hauptteil seine eigene Position aufzuwerten und eine brüske Ablehnung seiner Kritik abzuwehren?*

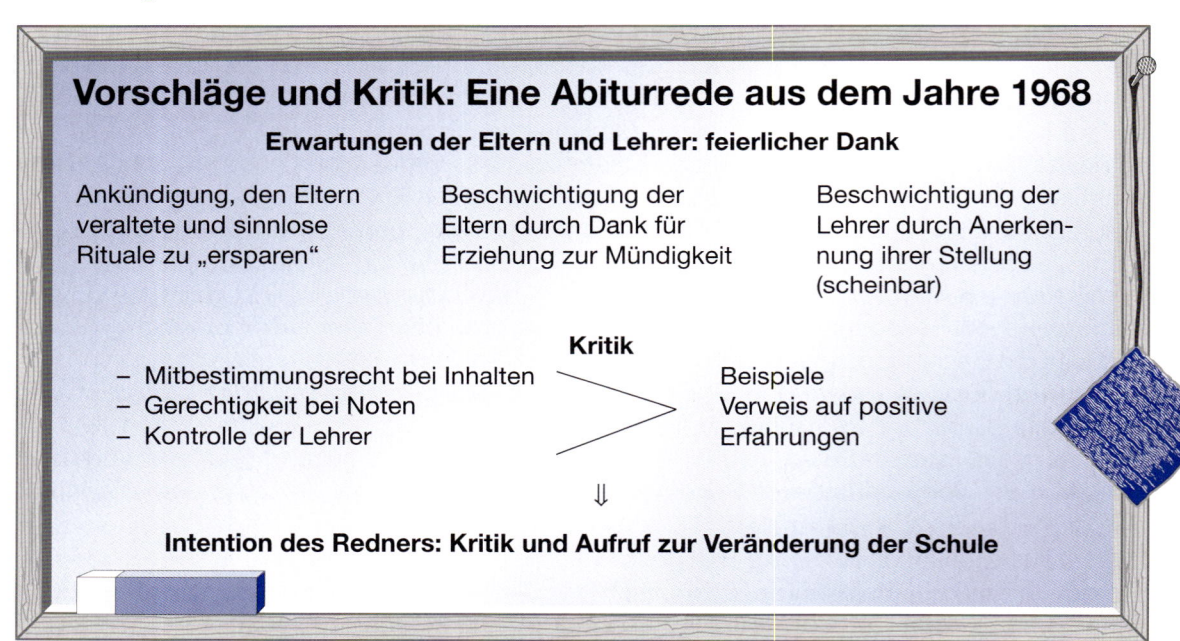

Vorschläge und Kritik: Eine Abiturrede aus dem Jahre 1968

Erwartungen der Eltern und Lehrer: feierlicher Dank

Ankündigung, den Eltern veraltete und sinnlose Rituale zu „ersparen"	Beschwichtigung der Eltern durch Dank für Erziehung zur Mündigkeit	Beschwichtigung der Lehrer durch Anerkennung ihrer Stellung (scheinbar)

Kritik

- Mitbestimmungsrecht bei Inhalten
- Gerechtigkeit bei Noten
- Kontrolle der Lehrer

Beispiele
Verweis auf positive
Erfahrungen

⇓

Intention des Redners: Kritik und Aufruf zur Veränderung der Schule

Zum Abschluss der Beschäftigung mit dieser Rede kann folgende Frage diskutiert werden:

❐ *Für wie aktuell halten Sie die Rede und wie bewerten Sie das Verhalten des Redners?*

4.4 ❐ Einführung in die Produktion einer Abiturrede anhand eines neueren Beispiels

Hinweise zum Einsatz im Unterricht

Die aus dem Jahre 1988 stammende Abiturrede eines Schülers des Gymnasiums Schloß Neuhaus (Arbeitsblatt 21, S. 104f.) ist insofern bemerkenswert, als sie konsequent mit Metaphern aus einem Bereich (Wasser) arbeitet und der Redner seine Ansprache dadurch strukturiert.

Die Rede kann zum einen auf herkömmlichem Wege textanalytisch untersucht werden. Möglich ist es aber auch, den Redetext nur einem Schüler (möglichst mindestens eine Stunde zuvor) als Kopie zur Verfügung zu stellen, verbunden mit dem Auftrag, diese zu Hause für einen wirkungsvollen Vortrag vorzubereiten. Dieses Verfahren ist insofern vorzuziehen, als die Hörer einer Rede den Text auch nicht vorliegen haben. Auf diese Weise lässt sich nachvollziehen, welche Teile einer solchen Rede am nachhaltigsten im Gedächtnis bleiben, und sie kann so auf ihre Wirksamkeit überprüft werden. Die Feinheiten des Aufbaus lassen sich so natürlich nicht analysieren, doch kann die Rede im Anschluss genutzt werden, wirkungsvolle Ideen für die Produktion einer eigenen Abiturrede zu liefern.

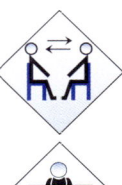

❐ *Nennen Sie Eindrücke, die Ihnen nach dem Hören der Rede im Gedächtnis geblieben sind.*

Sollte textanalytisch vorgegangen werden, wird folgender Weg vorgeschlagen:

❐ *Gliedern Sie die Rede und nennen Sie die Intention des Redners in den einzelnen Abschnitten.*

❐ *„Übersetzen" Sie die Metaphern der Rede zurück auf die Sachebene.*

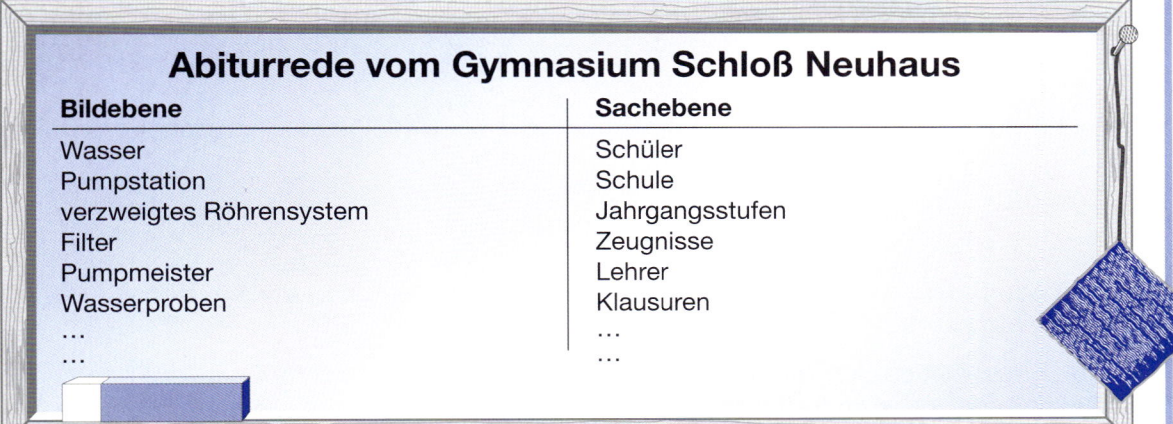

Abiturrede vom Gymnasium Schloß Neuhaus

Bildebene	Sachebene
Wasser	Schüler
Pumpstation	Schule
verzweigtes Röhrensystem	Jahrgangsstufen
Filter	Zeugnisse
Pumpmeister	Lehrer
Wasserproben	Klausuren
…	…
…	…

Im Anschluss sollen dann, ausgehend von diesem Text, Ideen für eine gelungene eigene Rede gesammelt werden.

❐ *Welche Kriterien scheinen Ihnen für die Produktion einer eigenen Abiturrede wichtig?*

❐ *Welche Mittel halten Sie für besonders geeignet?*

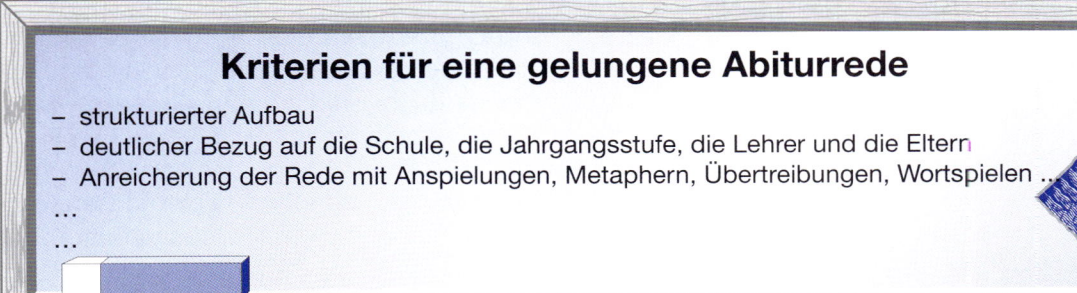

Kriterien für eine gelungene Abiturrede

– strukturierter Aufbau
– deutlicher Bezug auf die Schule, die Jahrgangsstufe, die Lehrer und die Eltern
– Anreicherung der Rede mit Anspielungen, Metaphern, Übertreibungen, Wortspielen …
…
…

4.5 ❐ Produktion einer eigenen Abiturrede

Sollten die Schüler im Hinblick auf wirkungsvolle Präsentationstechniken noch unsicher sein, sollten diese mit dem Angebot des eingeführten Lehrbuchs aufgegriffen werden. Fast alle gängigen Oberstufenbücher verfügen mittlerweile über ein entsprechendes Kapitel zum Thema angewandte Rhetorik. Sollte dieses Material als nicht ausreichend empfunden

werden, können alternativ auch Tucholskys „Ratschläge für einen schlechten Redner" (Arbeitsblatt 22, S. 106ff.) eingesetzt werden, verbunden mit folgendem Arbeitsauftrag:

❏ *Formulieren Sie Tucholskys Ratschläge für einen schlechten Redner in Ratschläge für einen guten Redner um.*

Die Besprechung des Tucholsky-Textes kann in folgendem Tafelbild gesichert werden:

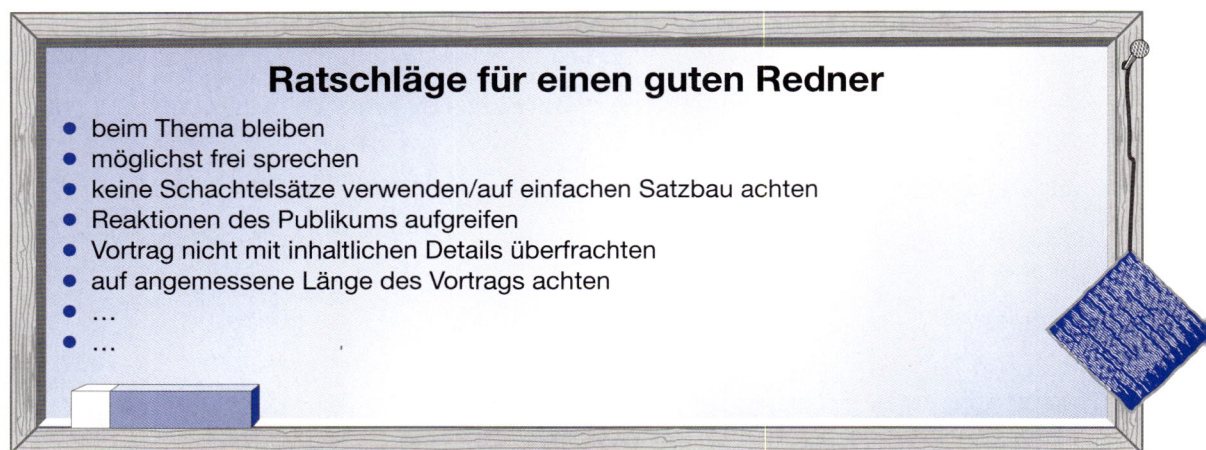

Ratschläge für einen guten Redner

- beim Thema bleiben
- möglichst frei sprechen
- keine Schachtelsätze verwenden/auf einfachen Satzbau achten
- Reaktionen des Publikums aufgreifen
- Vortrag nicht mit inhaltlichen Details überfrachten
- auf angemessene Länge des Vortrags achten
- ...
- ...

Anschließend können die Anregungen Tucholskys mithilfe folgender Arbeitsfragen ergänzt und vor allem systematisiert werden.

❏ *Welche Aspekte für die Vorbereitung und Präsentation einer Rede fehlen Ihrer Meinung nach noch?*

❏ *Fassen Sie die Ratschläge anschließend unter Ihnen geeignet erscheinenden Oberbegriffen zusammen.*

In der Regel fällt es Schülern aufgrund eigener positiver oder auch negativer Erfahrungen mit Referaten und Vorträgen nicht schwer, weitere „Ratschläge" zu formulieren. Auch diese sollten zunächst ungeordnet an der Tafel gesammelt werden.

Im Anschluss hieran sollen die zunächst ungeordneten Ratschläge dann unter geeigneten Oberbegriffen systematisiert werden. Diese können entweder von den Schülern im Unterrichtsgespräch entwickelt oder im Rückgriff auf die antike Rhetorik mit der so genannten IDEMA-Methode gesammelt werden. Die Abkürzung IDEMA steht hierbei für die fünf *officia oratoris* (siehe Arbeitsblatt 1): *inventio, dispositio, elocutio, memoria* und *actio*.

Die Ergebnisse können anschließend in einem Tafelbild (S. 99) gesichert werden.
Im Anschluss an die theoretische Erarbeitung der Voraussetzungen für einen gelungenen Vortrag kann dann die Produktion einer eigenen Abiturrede erfolgen. Möglich ist es hierbei zum einen, jeden Kursteilnehmer eine eigene Rede verfassen zu lassen. Dieses Verfahren hat jedoch den Nachteil, dass es im Anschluss kaum möglich sein wird, alle Reden im Unterricht zu besprechen und zu würdigen. Die Erarbeitung kann daher auch in Form einer Gruppenarbeit erfolgen, was zudem den Vorteil mit sich bringt, dass das Sammeln und Erproben von Ideen für eine solche Rede in der Gruppe vermutlich leichter fallen wird. Der Vortragende einer jeden Gruppe könnte im Anschluss etwa durch Losverfahren bestimmt werden.

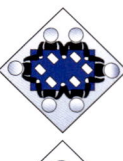

❏ *Verfassen Sie eine eigene Abiturrede, indem Sie die im Unterricht erarbeiteten Hinweise und Regeln für eine gute Rede beachten.*

Bei der Besprechung der Reden sollte neben der Form vor allem die Art des Vortrags in den Vordergrund gerückt werden. Hierzu ist es empfehlenswert, die Vorträge an einer geeigneten Örtlichkeit halten zu lassen (Aula o.Ä.) und diese gegebenenfalls mit einer Kamera aufzuzeichnen, um bei der Besprechung genauer auf Einzelheiten der Körpersprache und des Vortrags eingehen zu können. Sollten diese technischen Möglichkeiten nicht bestehen, so können ersatzweise die übrigen Kursteilnehmer den Auftrag erhalten, gezielt auf Besonderheiten der Vortragsweise zu achten.

Hinweise und Regeln für eine gute Rede

Inventio
– gründliche Vorbereitung auf das Thema des Vortrags: fachlich
– Vorwissen und Erwartungen des Publikums
...

Dispositio
– deutliche Gliederung des Vortrags (Einleitung/Hauptteil/Schluss),
– geeigneten „Aufhänger" und Schlusspointe suchen
...

Elocutio
– Gliederung und Ziel des Vortrags am Anfang kurz vorstellen
– auf Wortwahl achten/unnötige Fremdwörter vermeiden
– angemessene Stilebene einhalten
– Vortrag durch Beispiele veranschaulichen, doch nicht mit inhaltlichen Details überfrachten
– auf einfachen/verständlichen Satzbau achten
– Vortrag durch rhetorische Mittel „anreichern"
– auf angemessene Länge des Vortrags achten
...

Memoria
– übersichtlichen Stichwortzettel vorbereiten, um möglichst frei sprechen zu können
– geeignete Medien zur Unterstützung vorbereiten (auf Technik achten)
...

Actio
– auf Gestik und Mimik achten
– auf Körperhaltung achten/sich dem Publikum zuwenden etc.
– Stimmlage variieren
– langsam und deutlich sprechen
– Füllwörter und Floskeln vermeiden
– Blickkontakt mit den Zuhörern suchen
– Reaktionen des Publikums aufgreifen
– Vortrag evtl. vor einem Freund/einer Freundin erproben
...

❐ *Achten Sie beim Vortrag der Reden gezielt darauf, inwiefern der Vortragende die im Unterricht erarbeiteten Hinweise in seiner Rede umsetzt, und geben Sie ihm anschließend ein Feedback zu seiner Rede. Gehen Sie hierbei sowohl auf positive als auch auf negative Aspekte ein. Etwa: Gefallen hat mir ... Nicht so gut gefallen hat mir ...*

Notizen

_____

_____

_____

_____

_____

_____

_____

_____

Rede einer Elternvertreterin (1993)[1]

Liebe Abiturientia, verehrtes Lehrerkollegium, liebe Miteltern und Gäste!

Im Juni des Jahres 1983 kam ein zaghafter, dünner Grundschüler mit dichten weißen Locken an
5 der Hand seines Vaters in die Stadt, um das Überqueren von Straßen an Ampeln zu erlernen, denn der Stadtteil, in dem die Familie wohnte, hatte so etwas nicht. Seine Eltern hatten gerade von Herrn Floren die Zusage bekommen, dass ihr Kind mit
10 Beginn des neuen Schuljahres in seine Schule aufgenommen sei.

Heute, am 19. Juni 1993, sitzen dieser Junge und 108 weitere Abiturientinnen und Abiturienten hier vor uns, um gleich aus der Hand ihres Schulleiters
15 ihre Zeugnisse entgegenzunehmen, die das Ende ihres Schülerlebens bestätigen.

Ich bin erschrocken darüber, dass ihr, unsere Töchter und Söhne, einen so großen Teil eurer Jugend schon hinter euch habt. Aber zum Glück se-
20 hen wohl nur wir Eltern das so.

Nachdem ich gestern ein wenig in euren Zeugnissen und Kalendern der Vergangenheit geblättert hatte, wurde mir klar, warum ihr immer so beschäftigt wart: Viele von euch haben sich auf die
25 Anforderungen und Anregungen ihrer Schule eingelassen und haben so im Laufe der Jahre eine Fülle von Anstößen erfahren.

Als ihr noch Knirpse wart, erkundeten eure Lehrer mit euch Paderborn und seine Umgebung. In der
30 Mittelstufe, als ihr anfingt, schwierig zu werden, waren eure Klassenlehrer bereit zum Wachsein rund um die Uhr bei den Jugendherbergsaufenthalten. Da konntet ihr Gemeinsinn üben oder euch dagegen entscheiden. Beides ist vorgekommen,
35 und eure Schule hat sich der Auseinandersetzung gestellt. Auch das Erlebnis der großen Studienfahrt in die Toskana bzw. nach Holland ist eurer Erinnerungen an das Leben dieser Schule, welches euch so viel geboten hat. Herzlichen Dank
40 sagen wir allen, die für die Planung und Durchführung dieser Fahrten gesorgt haben.

Aber nicht nur an euer Wohl hat eure Schule gedacht, sondern auch an Hilfe für Fremde. Ich denke da zum Beispiel an eure Hilfsaktion für die Op-
45 fer des Krieges im ehemaligen Jugoslawien im vorletzten Winter und an die Weihnachtsfeier, als eure Turnhalle von Aussiedlerfamilien bezogen werden musste. Eure Lehrer haben nicht lamentiert, sondern gehandelt und damit auch in euch – so hoffe ich – keine Engstirnigkeit zurückgelas- 50 sen.

Besonders dankbar sind mit mir sicherlich die Eltern der musikalisch interessierten Schüler, die durch vielfältige Aufforderungen zum Mitmachen sehr gefördert werden konnten und große Freude 55 hatten. In vielen Konzerten konnten wir Eltern das miterleben.

Dank sei heute auch gesagt den netten Damen des Sekretariats und den Hausmeistern, die durch ihre ständige Bereitschaft immer ein ereignisrei- 60 ches Schulleben ermöglichten.

Nicht vergessen kann ich allerdings auch ein ungutes Erlebnis bei einem Elternsprechtag, da ein Lehrer weder mein Kind noch mich im Gespräch anerkannte, weil die Leistungsnote keine gute war. 65 Dass Menschen in Zensuren gemessen werden, hat mich erschreckt.

Nun, liebe Tochter, lieber Sohn, überkommt mich Wehmut, dass du heute nicht mehr meine Hand greifst, wenn etwas Fremdes auf dich zukommt, 70 sondern einfach losziehst. Und mich überkommt auch Freude, weil deine Eltern, deine Lehrer, die vielen Gespräche in Familie und Schule Abgründe überwunden und dich stark gemacht haben.

So lassen wir euch denn lächelnd gehen mit ei- 75 nem Wort aus den „Wahlverwandtschaften": „Dem Einzelnen bleibe die Freiheit, sich mit dem zu beschäftigen, was ihn anzieht, was ihm Freude macht, was ihm nützlich deucht; aber das eigentliche Studium der Menschheit ist der 80 Mensch." (J. W. Goethe: Die Wahlverwandtschaften. Aus Ottiliens Tagebuche 11,7)

Weil aber der Sommer eurer Reife auch der Sommer von Solingen[2] ist, füge ich noch einen Gedanken Hermann Hesses hinzu: „Man ist nur un- 85 ruhig, solange man noch Hoffnung hat."

Lasst also nicht ab von eurer jugendlichen Unruhe, bevor die Hoffnung auf Frieden nicht gesichert ist. Eure Eltern wünschen euch Beharrlichkeit und Erfolg. 90

❑ *Womit beschäftigt sich diese Abiturrede inhaltlich und wie ist sie aufgebaut?*

❑ *Wie versucht die Elternvertreterin, den Interessen ihrer Adressaten gerecht zu werden? Achten Sie hierbei auch auf die sprachliche Gestaltung.*

---

[1] anlässlich der Verabschiedung der Abiturientinnen und Abiturienten am Pelizaeus-Gymnasium Paderborn (19.6.1993)
[2] Kurz zuvor waren bei einem ausländerfeindlichen Brandanschlag fünf Menschen ums Leben gekommen.

EinFach Deutsch: Unterrichtsmodell: Rhetorik © Schöningh Verlag 2005

Abiturrede um 1965[1]

Sehr geehrte Festversammlung!
Mehr als ein Dutzend Jahre haben wir lernen müssen, um heute hier als Abiturienten diesen Festtag feiern zu können. Mühen und Strapazen haben wir auf uns genommen, um dieses Ziel zu erreichen. Doch unsere Anstrengungen allein reichten nicht aus, wir mussten die Hilfen vieler in Anspruch nehmen. An erster Stelle sind wohl unsere Eltern zu nennen, die uns diesen Weg haben gehen lassen. Aber ebenso danken wir dem Herrn Direktor, all unseren Lehrpersonen, besonders den Klassenlehrern der Oberstufe und den Herren, die mit uns Klassenfahrten unternommen haben. Sie alle haben uns für das kommende Leben geformt und gebildet.

Eine Frage gerade der heutigen Zeit ist, ob wir außer den vorhin Genannten auch dem Staat, der Allgemeinheit gegenüber zu Dank verpflichtet sind. Der Staat, die Gemeinschaft, in die wir geboren wurden, hat uns Schulen und Lernplätze zur Verfügung gestellt. Wir sind erzogen worden, in dieser Gesellschaftsform sinnvoll zu leben. Das heißt, wir müssen unser Tun zunächst uns selbst und Gott gegenüber verantworten, zum anderen aber auch der Staatsgemeinschaft gegenüber, die uns so viel geboten hat und bietet. Wir sollten dem Staat weiterhelfen, sei es durch eigene neue Ideen oder durch Verbesserung alter, oder aber indem wir einfach durch unserer Hände Kraft oder unseres Kopfes Arbeit seiner Fortentwicklung dienen. Die Schule hat uns Rüstzeug gegeben zur Verwirklichung dieser Ziele.

Ich sehe, die jüngeren Schüler hier schauen uns verwundert an; euch möchte ich sagen, bislang haben wir genau so bewundernd und bestaunend zu den Abiturienten emporgeschaut; und jetzt? Nach all den Mühen und Plagen, den Erfolgen und Misserfolgen sind wir, ehe wir es recht glauben konnten, am Ziel dieser Schule angelangt. Wir wünschen euch, euren Eltern und den Lehrern, dass es euch ebenso gelingen möge und ihr euch bald an dieser Stelle ebenso freut und dankt, wie wir es jetzt tun, und ihr ebenso als Abiturienten Abschied nehmen könnt.

Bevor wir uns jedoch ganz verabschieden,
möchten wir unsere Eltern,
das Lehrkollegium,
die Unterprima[2]
und die Freunde unserer Klasse
heute Abend um acht Uhr
in der Flora
ZUM KOMMERS[3]
einladen.

❑ *Erarbeiten Sie, wie der Redner sein Verhältnis zu Lehrern, Eltern, Staat und Mitschülern darstellt.*

❑ *Untersuchen Sie die Rede auf sprachliche Auffälligkeiten hinsichtlich der Wortwahl und bewerten Sie den Stil der Rede.*

❑ *Beurteilen Sie, ob diese Abiturrede als gelungen zu bezeichnen ist. Bedenken Sie hierbei, dass der konservative Inhalt damals von kaum einem der Anwesenden als anstößig beurteilt worden sein dürfte.*

---

[1] Redner: Joseph Kisting, Städtisches St.-Michael-Gymnasium, Monschau, Quelle konnte nicht ermittelt werden
[2] die Jahrgangsstufe 12
[3] festlicher Umtrunk

EinFach Deutsch: Unterrichtsmodell: Rhetorik © Schöningh Verlag 2005

Abiturrede von 1968[1]

Acht Jahre lang hörten wir in dieser Stunde Geschichten von wachsenden Bäumen, Geschichten von aus dem sicheren Hafen hinausfahrenden Schiffen und Geschichten von stufenweise sich
5 entwickelnden, dankbaren jungen Menschen.
Wir wollen Ihnen das alles heute ersparen, muten Ihnen aber dafür etwas anderes, Neueres zu: Wir wollen Kritik üben und gleichzeitig Vorschläge machen, was an der Schule geändert werden
10 kann und was unserer Ansicht nach sogar geändert werden muss. Das zweite Novum dieser Rede besteht darin, dass sie nicht mehr das Werk eines Einzelnen ist, des Primus womöglich, sondern sie wurde in Zusammenarbeit von acht Schülern
15 der Klasse 13 A geschrieben. Wir sind uns auch darüber im Klaren, dass diese Rede zwangsläufig nicht die genaue Meinung jedes Abiturienten widerspiegeln kann, besitzen aber doch die Zustimmung des größten Teiles unserer Mitschüler.
20 Die Tatsache, dass ich den Vortrag übernommen habe, ist rein zufällig.

Doch vor all dem noch ein Wort an Sie, liebe Eltern. Vielleicht sind Sie jetzt im Stillen enttäuscht, dass wir hier in der letzten Stunde unserer Schul-
25 zeit noch einmal mitunter unangenehme Dinge vorbringen werden. Bitte werten Sie es nicht als Undankbarkeit. Wir wissen, was wir Ihnen zu verdanken haben. Und so ist dies vielleicht der schönste Dank: Sie haben mitgeholfen, uns zu
30 einigermaßen kritischen und, wir hoffen doch, auch verantwortungsbewussten Menschen zu erziehen.

Meine Damen und Herren, die Schule dient in erster Linie, darüber sind wir uns wohl alle im Klaren,
35 der Wissensvermittlung. Die Notwendigkeit der Zensuren steht für alle außer Frage und damit auch die besondere Stellung des Lehrers. Das Verhältnis zwischen Lehrenden und Lernenden muss immer ein Abhängigkeitsverhältnis bedeu-
40 ten und kann deshalb eine vollkommene Demokratisierung der Schule nicht zulassen. Dieses Abhängigkeitsverhältnis scheint uns jedoch unnötig groß und auch unnötig stark zuungunsten der Schüler verschoben. Denn für die gemeinsame

Bewältigung der Arbeit von Schüler und Lehrer 45 kann nur eine wirkungsvollere Unterrichtsmethodik anstelle der bisherigen Unterrichtsform sowie Offenheit und Fairness zwischen den Partnern ausreichend sein. Das soll heißen:
1. Der Schüler kann keine Mitbestimmung in der 50 Notengebung erreichen.
   Weiterhin ist klar, dass in stark sachgebundenen Fächern (Latein, Mathematik usw.) der Schüler aufgrund fehlender Sachkenntnis kein Mitentscheidungsrecht in der Lehrmittelaus- 55 wahl und Lehrplangestaltung erhalten kann.
2. Dieses Mitbestimmungsrecht soll jedoch in Fächern wie Deutsch, Geschichte, Sozialkunde, Religion u. a. eingeführt werden. Ein Beispiel: Der Lehrer verfährt im Geschichtsunterricht 60 streng nach dem Lehrbuch. Die Schüler wollen aber über den Spanischen Bürgerkrieg mehr als 15 Zeilen erfahren. Da die Jahre 1936 bis 1939 im Stoffplan der entsprechenden Klasse enthalten sind, muss der Spanische Bürger- 65 krieg ausführlicher behandelt werden. Oder: Die Schüler wollen nicht, dass der Deutschunterricht spätestens bei den drei großen B's – Benn, Brecht, Borchert – zu Ende geht. Sie wollen auch über Handke und Enzensberger 70 sprechen. Wenn eine Mehrheit der Schüler das verlangt, muss der Lehrer der Forderung nachkommen. Dass dieses Mitspracherecht keine utopische Vorstellung aus unreifen Schülerhirnen ist, beweist die Tatsache, dass mit unge- 75 fähr dieser Methode seit Jahren in der Oberstufe gute Erfahrungen im Sozialkundeunterricht gemacht worden sind.
3. Der Lehrstoff muss von unsinnigen Details gereinigt werden, und dafür müssen größere Zu- 80 sammenhänge aufgezeigt werden. Der Unterricht muss sich mehr – und das gilt im Gegensatz zu Obigem schon für die Unter- und Mittelstufe – auf Arbeitsgruppen konzentrieren.
4. Die Noten der mündlichen Abfragen müssen 85 bekanntgegeben werden. Dass auch dies generell möglich ist, zeigt sich darin, dass einige Lehrer das heute schon praktizieren. Damit wurde die Zensurengebung offener, der berühmte Ermessensspielraum des Lehrers klei- 90

---

[1] Redner: Heiner Müller, Florian Weber und andere, Kaspar-Zeuss-Gymnasium, Kronach

EinFach Deutsch: Unterrichtsmodell: Rhetorik © Schöningh Verlag 2005

ner, die pythische Antwort[1] des Lehrers im Hin-blick auf die uneinsehbaren mündlichen Noten fiele dann weg, wenn der Schüler fragt, warum er mit 4,3 durchgefallen sei, der Mitschüler aber mit 4,7 das Klassenziel erreicht habe.

5. Neben den Sprechstunden der Lehrer für Eltern müssen auch Sprechstunden der Lehrer für Schüler eingeführt werden.

6. Jeder Fachlehrer muss verpflichtet sein, auf Wunsch die Arbeit eines Schülers, der sich von einem Lehrer ungerecht beurteilt fühlt, nach-zukorrigieren.

7. Einer Klasse muss die Möglichkeit gegeben werden, einen Lehrer, gegen den sie begrün-dete sachliche Vorwürfe erheben kann, für ein weiteres Unterrichtsjahr abzulehnen. [...]

Und nun ein Letztes an euch, liebe Mitschüler. Al-le heute genannten Forderungen und Vorschläge können nur dann verwirklicht werden, wenn sich erstens die Schüler einig sind, und zweitens auch bereit, sich für unsere Sache einzusetzen.

Die Zeit, in der man in den Klassensprechern nur die Dummen sieht und für die Schülerzeitung bes-tenfalls nur ein mitleidiges Lächeln übrig hat, soll-te ein für allemal vorüber sein. Um aber etwaigen Illusionen vorzubeugen, müssen wir ganz klar sa-gen, dass unsere Vorstellungen durchaus kein Pa-radies für Schüler bedeuten werden. Es wird mehr Arbeit geben, aber wir sind uns sicher, dass die-se Arbeit interessanter und hauptsächlich sinn-voller sein wird. Das Buxtehuder Schulmodell kann uns dafür als Beweis dienen.

Das allerletzte Wort soll noch an Sie, verehrte Leh-rer, gerichtet werden. Wir danken Ihnen, dass Sie uns bis zum Abitur und sogar durch das Abitur ge-bracht haben, auch wenn mancher glaubte, dass er es nie schaffen wird.

Aus: Meier-Siem, Martin (Hrsg.): Abiturientenreden. Gehalten in der Bundesrepublik. Hamburg 1969, S. 46 – 50

❑ *Die Eltern und Lehrer erwarteten wahrscheinlich eine ähnliche Rede wie die Ihnen bekannte Re-de aus dem Jahre 1965. Mit welchen Mitteln versucht der Redner in der Einleitung das Publikum für sich einzunehmen?*

❑ *Wie versucht er im Hauptteil seine eigene Position aufzuwerten und eine brüske Ablehnung sei-ner Kritik abzuwehren?*

---

[1] Die Anspielung bezieht sich auf das Orakel von Delphi. Die Priesterin des Gottes Appoll war für ihre rätselhaften und zwei-deutigen Antworten berüchtigt.

EinFach Deutsch: Unterrichtsmodell: Rhetorik © Schöningh Verlag 2005

Abiturrede von 1988[1]

Liebe Eltern, liebe Lehrer und Lehrerinnen, liebe Mitschüler und Mitschülerinnen, liebe Abiturientia!

Wir haben es geschafft. Wir haben 13 Jahre lang die Institution Schule durchlaufen, wie Wasser in einer Pumpstation ein System von Röhren durchläuft. Unsere Lehrer und Lehrerinnen lieferten dabei den nötigen Druck, um das Wasser hochzupumpen. Jedoch war an einigen Stellen der Druck für die dünnen Rohrwände zu groß, und es ging Wasser verloren. Von den 174 Tropfen, die beispielsweise an der Zweig- und Sammelstelle nach der vierten Jahresmarkierung das Rohr mit der Aufschrift „GSN" wählten, schafften es nur knapp 70 Tropfen, auf Anhieb durch das verzweigte und verzwickte Röhrensystem zu gelangen. Doch es war kein gerades Rohr. Rostige Nägel mussten genauso überwunden werden wie eisenharte Richtschleusen[2]. Viele blieben in den Filtern hängen, die uns jährlich in Form von Zeugnissen aufs Neue erwarteten. Andere Tropfen kapitulierten freiwillig, weil ihnen das Wasser bis zum Hals stand. Während einige Tropfen ständig mit den Wänden kollidierten und mit den Pumpmeistern in Dauerkonflikt standen, erwiesen sich andere als wahre Meisterschwimmer. Aalglatt glitten sie durch die Filteranlagen hindurch, ohne anzuecken, auf einem dünnen, aber stetigen Schleimfilm.

Auf uns warteten auch vielfältige Arten von Fallen und Hindernissen. So wurden laufend Wasserproben entnommen und diese auf ihre Brauchbarkeit getestet. Bei zu groben Abweichungen von den Sollwerten wurden sie weiteren Tests unterworfen, um sie schließlich einer tiefer gelegenen Wasserschicht beizumischen. Wobei die Brauchbarkeitstests mehr oder weniger von der Willkür des Wasserprüfers abhingen. So sollen, was uns nur wenig glaubhaft erscheint, unterschiedlich hohe Sollwerte als erstrebenswert angesehen und die Bewertung der Probe von der Sympathie des Prüfers abhängig gewesen sein.

Kurz vor dem Ende der Rohrleitung kam es sogar so weit, dass ganze Wasserschichten in Reihenuntersuchungen getestet wurden. Das steigerte sich bis hin zur großen Endkontrolle, in der zum letzten Mal in vier großen Prüfungen jeder einzelne Tropfen auf seine Inhalte geprüft wurde. Reichten diese nicht aus oder wichen sie zu sehr vom erwarteten Resultat ab, wurde eine neue Einzeluntersuchung angesetzt, die jedoch glücklicherweise zumeist keine zu großen Verunreinigungen mehr aufwies. Die Güte der einzelnen Tropfen wird ihnen nun heute mit einem Zertifikat bestätigt. Die so geprüften und mit Gütesiegel versehenen Wassertropfen sollen nun das Land fruchtbarer machen, um eine bessere Zukunft zu erreichen oder um das Meer der arbeitslosen Akademiker noch zu vergrößern.

Was die Zukunft auch immer bringen mag, ob wir uns als Grenadiere so tief im Schlamm einbuddeln, dass uns niemand mehr findet, oder ob uns der Stress des Alltags aufzehrt, ist noch nicht abzusehen. Noch vermag keiner zu sagen, wer von uns zum Nobelpreisraffer wird, wer zum Weltherrscher aufsteigt oder wer mit seinem besten Freund – einer Tüte Rotwein aus einer bekannten Supermarktkette – morgen schon den Marienplatz[3] als sein trautes Heim erwählt. Niemand weiß es. Ich weiß nur eins: Die Pumperei ist erst einmal zu Ende. Ich fühle mich auch schon ganz schön ausgepumpt.

Wir danken all denjenigen, die uns die Schleusentore öffneten, die die Löcher, aus denen Wasser austrat, sofort wieder flickten, und denen, die das Filterpapier der Notengebung möglichst weitmaschig und löcherig wählten, sodass viele Wassertropfen ungehindert hindurchfließen konnten. Daneben erhielt ich den Auftrag, im Namen der Hersteller von Filtereinsätzen all denjenigen zu danken, die dafür sorgten, dass ihre Filter schnell so voll waren, dass sie ausgewechselt werden mussten.

Wir gedenken all derjenigen, die im Laufe der Jahre ausgefiltert wurden, insbesondere der letzten 17, die im Verlauf der Oberstufe stecken blieben. Unter allen Wassertropfen sollen einige gewesen sein, für deren Münder keine Mauer zu hoch, kein Meer zu tief, kein Auto zu schwer zu transportieren und deren Kritikfähigkeit geradezu unermesslich war, doch deren Leistungsfähigkeit war nichts gegen den berühmten Tropfen auf den heißen

---
[1] Frank Heinze (Gymnasium Schloß Neuhaus, Paderborn)
[2] Wortspiele mit Lehrernamen
[3] Obdachlosentreffpunkt

104

EinFach Deutsch: Unterrichtsmodell: Rhetorik © Schöningh Verlag 2005

Stein. Ein großes Lob dagegen an all diejenigen Tropfen und Tropfinnen – man muss schließlich zweigeschlechtlich denken –, die ihre Kräfte un-
95 seren Projekten geopfert haben.

Wir danken darüber hinaus unseren Eltern, die dem Wasser die nötigen Nährstoffe zuführten sowie uns nach Enttäuschungen wieder aufbauten oder mit uns zitterten bei schweren Prüfungen
100 und sogar für uns beteten.

Unser Dank gilt weiter all denen, die diese beeindruckende Kulisse für uns aufgebaut haben, ins-
besondere Herrn Ellenbürger, sowie denen, die ihre Zeit für die Vorbereitung der heutigen Veran-staltung geopfert haben, und denen, die uns bei 105 unseren eigenen Vorbereitungen mit Rat und Tat zur Seite standen.

Zum Schluss sei noch gesagt:

Wer die Rede nicht höflich fand, der denke an Goethes Faust, 2. Teil, Zeile 6771: „Im Deutschen 110 lügt man, wenn man höflich ist."

(Frank Heinze, Abitur 1988)

Aus: Deutsch in der Oberstufe. Paderborn 1998, S. 339–341

☐ *Gliedern Sie die Rede und nennen Sie die Intention des Redners in den einzelnen Abschnitten.*

☐ *„Übersetzen" Sie die Metaphern der Rede zurück auf die Sachebene.*

EinFach Deutsch: Unterrichtsmodell: Rhetorik © Schöningh Verlag 2005

Kurt Tucholsky: Ratschläge für einen schlechten Redner

Kurt Tucholsky (1890–1935)

Fang nie mit dem Anfang an, sondern immer drei Meilen vor dem Anfang! Etwa so: „Meine Damen und Herren! Bevor ich zum Thema des heutigen Abends komme, lassen Sie mich Ihnen kurz ..." Hier hast du schon so ziemlich alles, was einen schönen Anfang ausmacht: eine steife Anrede; der Anfang vor dem Anfang; die Ankündigung, dass du und was du zu sprechen beabsichtigst, und das Wörtchen kurz. So gewinnst du im Nu die Herzen und die Ohren der Zuhörer.

Denn das hat der Zuhörer gern: dass er deine Rede wie ein schweres Schulpensum aufbekommt; dass du mit dem drohst, was du sagen wirst, sagst und schon gesagt hast.

Immer schön umständlich.

Sprich nicht frei – das macht einen so unruhigen Eindruck. Am besten ist es: du liest deine Rede ab. Das ist sicher, zuverlässig, auch freut es jedermann, wenn der lesende Redner nach jedem Viertel Satz misstrauisch hochblickt, ob auch noch alle da sind. Wenn du gar nicht hören kannst, was man dir so freundlich rät, und du willst durchaus und durchum frei sprechen ... du Laie! Du lächerlicher Cicero! Nimm dir doch ein Beispiel an unsern professionellen Rednern, an den Reichstagsabgeordneten – hast du die schon mal frei sprechen hören? Die schreiben sich sicherlich zu Hause auf, wann sie „Hört! hört!" rufen ... ja, also wenn du denn frei sprechen musst:

Sprich, wie du schreibst. Und ich weiß, wie du schreibst.

Sprich mit langen, langen Sätzen – solchen, bei denen du, der du dich zu Hause, wo du ja die Ruhe, deren du so sehr benötigst, deiner Kinder ungeachtet, hast, vorbereitest, genau weißt, wie das Ende ist, die Nebensätze schön ineinandergeschachtelt, sodass der Hörer, ungeduldig auf seinem Sitz hin und her träumend, sich in einem Kolleg wähnend, in dem er früher so gern geschlummert hat, auf das Ende solcher Periode wartet ... nun, ich habe dir eben ein Beispiel gegeben. So musst du sprechen. Fang immer bei den alten Römern an und gib stets, wovon du auch sprichst, die geschichtlichen Hintergründe der Sache. Das ist nicht nur deutsch – das tun alle Brillenmenschen. Ich habe einmal in der Sorbonne einen chinesischen Studenten sprechen hören, der sprach glatt und gut französisch, aber er begann zu allgemeiner Freude so: „Lassen Sie mich Ihnen in aller Kürze die Entwicklungsgeschichte meiner chinesischen Heimat seit dem Jahre 2000 vor Christi Geburt ..." Er blickte ganz erstaunt auf, weil die Leute lachten.

So musst du das auch machen. Du hast ganz Recht: man versteht es ja sonst nicht, wer kann denn das alles verstehen, ohne die geschichtlichen Hintergründe ... sehr richtig! Die Leute sind doch nicht in deinen Vortrag gekommen, um lebendiges Leben zu hören, sondern das, was sie auch in den Büchern nachschlagen können ... sehr richtig! Immer gib ihm Historie, immer gib ihm. Kümmere dich nicht darum, ob die Wellen, die von dir ins Publikum laufen, auch zurückkommen – das sind Kinkerlitzchen. Sprich unbekümmert um die Wirkung, um die Leute, um die Luft im Saale; immer sprich, mein Guter. Gott wird es dir lohnen. Du musst alles in die Nebensätze legen. Sag nie: „Die Steuern sind zu hoch." Das ist zu einfach. Sag: „Ich möchte zu dem, was ich soeben gesagt habe, noch kurz bemerken, dass mir die Steuern bei weitem ..." So heißt das.

Trink den Leuten ab und zu ein Glas Wasser vor – man sieht das gern. Wenn du einen Witz machst, lach vorher, damit man weiß, wo die Pointe ist.

Eine Rede ist, wie könnte es anders sein, ein Monolog. Weil doch nur einer spricht. Du brauchst auch nach vierzehn Jahren öffentlicher Rednerei noch nicht zu wissen, dass eine Rede nicht nur ein Dialog, sondern ein Orchesterstück ist:

Eine stumme Masse spricht nämlich ununterbrochen mit. Und das musst du hören. Nein, das brauchst du nicht zu hören. Sprich nur, lies nur, donnere nur, geschichtele nur.

Zu dem, was ich soeben über die Technik der Rede gesagt habe, möchte ich noch kurz bemerken, dass viel Statistik eine Rede immer sehr hebt. Das beruhigt ungemein, und da jeder imstande ist, zehn verschiedene Zahlen mühelos zu behalten, so macht das viel Spaß. Kündige den Schluss deiner Rede lange vorher an, damit die Hörer vor

EinFach Deutsch: Unterrichtsmodell: Rhetorik © Schöningh Verlag 2005

Freude nicht einen Schlaganfall bekommen. (Paul Lindau hat einmal einen dieser gefürchteten Hochzeitstoaste so angefangen: „Ich komme zum Schluss.") Kündige den Schluss an, und dann be-
105 ginne deine Rede von vorn und rede noch eine halbe Stunde. Dies kann man mehrere Male wiederholen.

Du musst dir nicht nur eine Disposition machen, du musst sie den Leuten auch vortragen – das
110 würzt die Rede.

Sprich nie unter anderthalb Stunden, sonst lohnt es gar nicht erst, anzufangen.
Wenn einer spricht, müssen die andern zuhören – das ist deine Gelegenheit! Missbrauche sie.
[...] 115

Aus: Kurt Tucholsky: Gesammelte Werke. © 1960 by Rowohlt Verlag GmbH, Reinbek bei Hamburg.

❐ *Formulieren Sie Tucholskys Ratschläge für einen schlechten Redner in Ratschläge für einen guten Redner um.*

❐ *Welche Aspekte für die Vorbereitung und Präsentation einer Rede fehlen Ihrer Meinung nach noch?*

❐ *Fassen Sie die Ratschläge anschließend unter Ihnen geeignet erscheinenden Oberbegriffen zusammen und vergleichen Sie Ihre Lösung mit der Ihres Nachbarn.*

Arbeitsblatt zu den rhetorischen Figuren

Rhetorische Figuren (Stilfiguren)

Rhetorische Figur	Beleg	Erklärung
Die Akkumulation (lat. Anhäufung)	„Nun ruhen alle Wälder/Vieh, Menschen, Städte und Felder/ […]" (Paul Gerhardt): Es ruht alles.	Um stärkere Bildhaftigkeit zu erreichen, werden anstelle des Oberbegriffs mehrere Unterbegriffe aufgezählt.
Die Alliteration (lat. littera = Buchstabe)	**M**ilch **m**acht **m**üde **M**änner **m**unter. (Werbeslogan)	Wiederholung des Anfangslauts von Wörtern, auch als *Stabreim* bezeichnet.
Das (der) *Anakoluth* (gr. anakoluthos = ohne Folge, Satzbruch)	„Es geschieht oft, dass, je freundlicher man ist, nur Undank wird einem zuteil."	Die grammatische Bauform von Anfang und Ende eines Satzes stimmt nicht überein. Entweder Zeichen der Nachlässigkeit oder absichtsvolles Stilmittel.
Die Anapher (gr. anaphora = Rückbeziehung, Wiederaufnahme)	„*Wer nie* sein Brot mit Tränen aß,/*Wer nie* die kummervollen Nächte/[…]" (Goethe: *Harfenspieler*)	Wiederholung eines Wortes oder einer Wortgruppe am Anfang aufeinander folgender Sätze zur syntaktischen Gliederung und rhetorischen Verstärkung.
Die Antithese (gr. antithesis = Gegensatz)	„Der Wahn ist kurz, die Reu' ist lang." (Schiller: *Das Lied von der Glocke*)	Entgegenstellung: 1. als Gegenbehauptung zu einer These, 2. als stilistische Gegenüberstellung (Kontrastierung).
Der Chiasmus (lat. = in der Form des griech. Buchstabens chi = χ, d.h. in Überkreuzstellung)	„Die Kunst ist lang, und kurz ist unser Leben." (Goethe: *Faust I*, Vers 558 f.) „Eng ist die Welt und das Gehirn ist weit." (Schiller: *Wallenstein*)	Die symmetrische Überkreuzstellung (spiegelbildliche Anordnung) von syntaktisch oder bedeutungsmäßig einander entsprechenden Satzgliedern zur Verdeutlichung einer Antithese.
Die Contradictio in adiecto (lat. = der Widerspruch im Beiwort)	„Die kleinere Hälfte." „Beredtes Schweigen."	Eine Sonderform des Oxymoron, bei der ein Widerspruch zwischen Substantiv und adjektivischem Beiwort besteht.
Die Correctio (lat. = Verbesserung)	„Wir müssen darum unsere Stimme eindringlich, ja beschwörend erheben." (K.G. Kiesinger, 1.10.1958)	Selbstberichtigung zur Steigerung einer Aussage, indem ein schwächerer durch einen gewichtigeren Ausdruck ersetzt wird.
Die Ellipse (gr./lat. ellipsis = Auslassung, Mangel)	„Je schneller, desto besser." „Jung gewohnt, alt getan." „Woher so ein Atem?" (Schiller: *Fiesco*, III/4)	Auslassung eines Satzteils, der zum Verständnis nicht unbedingt notwendig ist. In der Dichtung wird so oft ein gesteigertes Gefühl ausgedrückt oder eine Pointierung erreicht.
Die Emphase (gr. emphasis = Verdeutlichung)	„Er ist ein Mensch", d.h. entweder – ein schwacher, irrender Mensch oder – ein guter, edler Mensch.	1. Nachdruck und Eindringlichkeit der Betonung und Gestik 2. Figur des uneigentlichen Ausdrucks
Der Euphemismus (gr. euphemia = Sprechen guter Worte)	„Freund Hein" für Tod; „das Zeitliche segnen" für sterben; „Nullwachstum" für Stagnation;	Hüllwort. Beschönigende Umschreibung einer unangenehmen, anstößigen oder unheilbringenden Sache.
Das Hendiadyoin (gr. = eins durch zwei)	„Hilfe und Beistand"; „Betrübnis und Trauer"	Ein Begriff wird zur Verstärkung durch zwei gleichwertige, mit „und" verbundene Wörter ausgedrückt.
Die Hyperbel (gr. hyperbole = das Übermaß) in Umgangssprache und Dichtung	1. blitzschnell, Schneckentempo 2. „Ein Schneidergesell, so dünn, dass die Sterne durchschimmern konnten […]" (H. Heine: *Harzreise*)	Übertreibung des Ausdrucks in vergrößerndem oder verkleinerndem Sinne

Rhetorische Figur	Beleg	Erklärung
Die Hypotaxe (gr. hypotaxis = Unterordnung)	„Der jüngere Hausherr hatte, als der allgemeine Aufbruch begann, mit der Hand nach der linken Brustseite gegriffen, wo ein Papier knisterte, […]" (Th. Mann: *Buddenbrooks*)	Im Gegensatz zur Parataxe eine kunstvoll geschachtelte Syntax, in der die Gedanken in Hauptsätze und abhängige Nebensätze gegliedert sind und so im Idealfall ein komplexes episches Gefüge ergeben.
Die Inversion (lat. inversio = Umkehrung)	1. Sog. Kaufmannsinversion: „[…] und habe ich mich bemüht […]" 2. „Groß ist die Diana der Epheser." (Apostelgesch. 19,28) „Unendlich ist die jugendliche Trauer." (Novalis: *Heinrich von Ofterdingen*)	1. Das Ich am Satzanfang soll vermieden werden. 2. Die regelmäßige Wortfolge (meist von Subjekt und Prädikat) wird zur Ausdrucksverstärkung umgestellt, denn die Erststellung gibt besonderen Nachdruck.
Die Ironie (gr. eironeia = Verstellung, Schalkhaftigkeit)	Das hast du ja ganz toll hinbekommen.	Behauptung, die durchblicken lässt, dass eigentlich das Gegenteil gemeint ist.
Die Katachrese (gr. katachresis = Missbrauch)	„Der Zahn der Zeit, der schon manche Träne getrocknet hat, wird auch über diese Wunde Gras wachsen lassen."	Meist als Bild- oder Stilbruch durch die Verbindung metaphorischer Wendungen, die nicht zusammenpassen.
Die Klimax (gr. = Steigleiter)	„Veni, vidi, vici." (Ich kam, sah, siegte.) „Heute back' ich, morgen brau' ich, übermorgen hol' ich der Königin ihr Kind." (*Rumpelstilzchen*)	Anordnung einer Wort- oder Satzreihe in kunstvoller Steigerung vom schwächeren zum stärkeren Ausdruck hin; vgl. Antiklimax = absteigende Stufenfolge
Die Litotes (gr. = Einfachheit, Schlichtheit)	„nicht übel" (= gut); „nicht gerade einer der Tapfersten" (= ironisch für feige)	Durch untertreibende Ausdrucksweise (Understatement) oder Verneinung des Gegenteils wird etwas betont.
Die Metapher (gr. metaphora = Übertragung)	Licht der Wahrheit	Bezeichnung für die nicht wörtliche, die übertragene Bedeutung eines Wortes bzw. einer Aussage
Die Metonymie (gr. metonymia = Umbenennung)	Das Weiße Haus zeigte sich besorgt.	Ersetzung des eigentlichen Wortes durch ein anderes, das zu ihm in enger Beziehung steht
Die Onomatopoesie oder *Onomatopöie* (gr. von onoma = Name und poiein = schöpfen)	„stocksteif", „knistern und knastern"; „So heult es verworren, und ächzet und girrt, und brauset und sauset und krächzet und klirrt." (H. Heine: *Buch der Lieder*)	Laut- und Klangmalerei bei Wortbildungen, wobei vor allem akustische Eindrücke durch Sprache wiedergegeben werden.
Das Oxymoron (gr. oxys = scharf, moros = dumm)	„Ein dunkler Ehrenmann" (J.W. v. Goethe: *Faust I*, Vor dem Tor); „alter Knabe"; „bittere Süße"; „traurigfroh"; „helldunkel"	Verbindung zweier sich logisch ausschließender Begriffe, die in pointierter Absicht eng miteinander verbunden werden. (Vgl. Contradictio in adiecto, Katachrese, Paradox)
Das Paradoxon (gr. = das Unerwartete)	„Wer sein Leben gewinnen will, der wird es verlieren." (Matth. 10,39) „Es ist merkwürdig, wie wenig im Ganzen die Erziehung – verdirbt." „Das Leben ist der Tod, und der Tod ist das Leben."	Eine zunächst scheinbar widersinnige Behauptung, die aber bei genauerer Betrachtung auf eine höhere Wahrheit hinweist.
Der Parallelismus (gr. parallelos = gleichlaufend)	„Heiß ist die Liebe, kalt ist der Schnee." „Gottes ist der Orient! Gottes ist der Okzident!" (Goethe: *Westöstlicher Divan*)	Im Gegensatz zum Chiasmus Wiederkehr derselben Wortreihenfolge in symmetrischer syntaktischer Konstruktion.

Rhetorische Figur	Beleg	Erklärung
Die Parataxe (gr. parataxis = danebenstellen)	„Der König sprach's, der Page lief;/ Der Knabe kam, der König rief: […]" (Goethe: *Der Sänger*)	Im Gegensatz zur Hypotaxe das Nebeneinanderstellen gleichberechtigter Hauptsätze, wodurch ein charakteristischer Rhythmus entsteht.
Die Parenthese (gr. parenthesis = Einschub)	„So bitt ich – ein Versehen war's, weiter nichts –/Für diese rasche Tat dich um Verzeihung." (Kleist: *Penthesilea*)	Grammatisch selbstständiger Einschub in einen Satz, der dessen Zusammenhang unterbricht, ohne die syntaktische Ordnung zu verändern.
Die Periphrase (gr. periphrasis = Umschreibung)	„Jenes höhere Wesen, das wir verehren" für Gott (H. Böll) „Ein Land, darinnen Milch und Honig fließt." (2. Mose 3,8)	Umschreibung einer Person, einer Sache, eines Begriffs durch mehrere kennzeichnende Wörter.
Die Personifikation (lat. persona = Maske, Gestalt und facere = machen)	„Frau Welt"; „Gevatter Tod"; „Vater Rhein"; „[…] es kam die Nacht und blätterte gleichgültig in den Bäumen." (R.M. Rilke: *Der Ölbaum-Garten*)	Vermenschlichung abstrakter Begriffe und lebloser Dinge, indem sie als sprechende und handelnde Personen auftreten.
Die rhetorische Frage (gr. rhetor = Redner)	„Wer glaubt denn das noch?" „Sind wir nicht Männer?"	Scheinbare Frage, weil keine Antwort erwartet wird. Sie verstärkt die Eindringlichkeit der Aussage.
Die Synästhesie (gr. synaisthesis = das Zugleichempfinden)	1. Umgangssprache: schreiendes Rot, heiße Musik, coole Nummer 2. Dichtung: Die Brillengläser „waren so dick, dass die Augen ganz leise aussahen." (W. Borchert: *An diesem Dienstag*)	Verschmelzung verschiedener Sinnesbereiche (Geruchs-, Gesichts-, Gehör- und Tastsinn) zur Steigerung der Aussage.
Der Vergleich	Ein Mann wie ein Baum	Verknüpfung zweier Begriffe durch Hervorhebung des Gemeinsamen (sog. tertium comparationis)
Die Wiederholung (lat. repetitio)	„O Mutter! Was ist Seligkeit? O Mutter! Was ist Hölle?" (G.A. Bürger: *Lenore*)	Steigerung der Eindringlichkeit
Das Wortspiel (*Die Paronomasie*) (gr. paronomasie = Wortumbildung zur Erreichung eines Nebensinns)	„Der Rheinstrom ist geworden zu einem Peinstrom,/Die Klöster sind ausgenommene Nester,/Die Bistümer sind verwandelt in Wüsttümer, […]" (F. Schiller: *Wallensteins Lager*)	Zusammenstellung gleich lautender oder ähnlicher Wörter von verschiedener oder entgegengesetzter Bedeutung, die irritieren und zum Nachdenken anregen sollen.

Der Aufbau einer Redeanalyse

1. Kennzeichnung der Redesituation:	Beantwortung der **W-Fragen:** Hinweise zum historischen Hintergrund, zur Person des Redners, zum Thema und zur Rednerintention, zum Publikum und dessen Zusammensetzung und den davon abhängenden möglichen Erwartungen, zum Ort und Zeitpunkt. Überlegen Sie, in welcher Weise diese Angaben relevant sind für die konkrete Gestaltung der Rede.
2. Redekonstellation:	Welche **Beziehung zwischen Redner und Publikum** liegt vor? Gibt es von Beginn an eine Übereinstimmung? Lehnt das Publikum den Redner möglicherweise ab? Gibt es verschiedene Gruppierungen im Publikum, die unterschiedlich eingestellt sind? In welcher Weise beeinflusst die Redekonstellation die Gestaltung der Rede?
3. Der inhaltliche Aufbau der Rede:	Welche **Redeabschnitte** lassen sich bestimmen? Nach welchen Kriterien kann die Rede gegliedert werden? Diese Aussagen können auch in die Linearanalyse einfließen, wenn vor allem die **Argumentationsstruktur** im Mittelpunkt stehen soll.
4. Beschreibung und Deutung der Redeabschnitte:	Worum geht es **inhaltlich**? Welche **Funktion** hat der Abschnitt im Zusammenhang der gesamten Rede?
	Hier geht es auch um **Argumentationsweisen** wie Behauptung/These, Argument, Beispiel, Rückblick, Berufung auf Autoritäten, Beschimpfung, Entschuldigung, Aufwertung und Abwertung, Beschwichtigung als strukturierende Elemente der Rede.
	Zu fragen ist auch, ob die Rede **antithetischen Charakter** besitzt. Werden Positionen inhaltlich gegenübergestellt, die am Schluss synthetisch zusammengefügt werden?
	Welche **rhetorischen Mittel** verwendet der Autor? Welche Wirkung soll durch sie erzielt werden?
	Besitzt die Rede eine besondere **Pronomenstruktur**? Wird eine Distanz zum Publikum aufgebaut? Werden Gemeinsamkeiten zwischen Redner und Publikum behauptet ...? (vgl. auch hier die mögliche antithetische-synthetische Struktur)
5. Kennzeichnung des Redetyps:	Diese Kennzeichnung können Sie auch in den Punkt 1 integrieren, wenn die Darstellungsweise offensichtlich ist. Manchmal ist diese Kennzeichnung jedoch auch das Ergebnis des Analyseprozesses. Zur Kennzeichnung des Redetyps stehen Ihnen verschiedene Begriffskategorien zur Verfügung: 1. Orientierung an der **antiken Rhetorik:** **Genus iudicale:** Gerichtsrede **Genus deliberativum:** politische Rede **Genus demonstrativum:** Festrede Diese Begriffe gehen zurück auf typische Redeanlässe in der antiken Demokratie.
	2. Orientierung an der Funktionsbeschreibung des sprachlichen Zeichens von Karl Bühler und am **Kommunikationsmodell:** **Ausdruck:** expressive Reden, in denen die Befindlichkeit des Redners im Mittelpunkt steht (Festrede, Trauerrede ...) **Darstellung:** darstellende Reden, in denen der Gegenstand im Mittelpunkt steht (wissenschaftliche Vorträge ...) **Appell:** appellative Reden, die unmittelbar an die Zuhörerschaft gerichtet sind und sie zu etwas auffordern wollen.
6. Schlussteil	Wie kann die **Rednerintention zusammengefasst** werden? Wie **bewerten** Sie die Rede? Ist sie Ihrer Meinung nach **wirkungsvoll**?

Auch das ist wichtig:

- Machen Sie die Analysemethode für den Leser/die Leserin transparent.

- Verleihen Sie Ihrer Darstellung einen „roten Faden". Wenn Sie linearanalytisch die einzelnen Abschnitte abarbeiten, formulieren Sie Überleitungen. Das gilt auch für die aspektgeleitete Analyse.

- Machen Sie die Struktur Ihrer Arbeit auch äußerlich durch Absätze deutlich.

- Arbeiten Sie mit Textbelegen. Achten Sie auf korrekte Zitierweisen.

- Vermeiden Sie floskelhafte Formulierungen, z.B. bei der Funktionalisierung der rhetorischen Figuren. („Die Metapher verstärkt die Aussage." ...)

- Arbeiten Sie in jedem Fall mit fachsprachlichen Wendungen. Das gilt auch für die Kennzeichnung der Argumentationsstruktur. Versuchen Sie, diese Struktur vorab auf dem Konzeptpapier durch ein Schaubild zu kennzeichnen, um sich einen Überblick zu verschaffen.

© Johannes Diekhans

Cesare Maccari: Cicero

Heinrich Mann: Der Untertan. Diederichs Rede zur Denkmalenthüllung

Diederich Heßling, Hauptfigur des Romans, ist Sohn eines Papierfabrikanten in der Provinzstadt Netzig, studiert um die Jahrhundertwende in Berlin, bewundert Wilhelm II. uneingeschränkt, übernimmt dann die Fabrik seines Vaters und versucht mit allen, auch unlauteren, Mitteln Geld und Einfluss in seiner Vaterstadt zu gewinnen. Auch die Errichtung eines Kaiserdenkmals und dessen prunkvolle Enthüllung unter Anwesenheit der Repräsentanten der Provinz geschehen aus sehr eigennützigen Motiven.

Auf der Ziviltribüne ward das Publikum von den Beamten gehalten, sich zu erheben, die Herren Offiziere taten es von selbst. Überdies stimmte die Kapelle „Ein feste Burg" an. Zillich schien trotzdem noch
5 irgendetwas vorzuhaben, aber der Oberpräsident, offenbar in der Annahme, dass der alte Alliierte nun genug habe, ließ sich, gelblichen Gesichts, auf seinen Sessel nieder, rechts von ihm der blühende Flügeladjutant, links die Divisionsgenerale. Als die ganze Ver-
10 sammlung im offiziellen Zelt nach den ihr innewohnenden Gesetzen gruppiert war, sah man den Regierungspräsidenten von Wulckow einen Wink erteilen, infolgedessen ein Schutzmann sich in Bewegung setzte. Er begab sich zu seinem Kollegen, der das
15 Rednerpult bewachte, worauf dieser das Wort an Diederich richtete: „Na, nu kommen Se man ran", sagte der Schutzmann.
Diederich gab Acht, dass er beim Hinaufsteigen nicht stolperte, denn die Beine waren ihm plötzlich weich
20 geworden, auch sah er verschwommen. Nach einigem Schnaufen unterschied er im kahlen Umkreis ein Bäumchen, das keine Blätter hatte, aber mit schwarzweißroten Blüten aus Papier übersät war. Der Anblick des Bäumchens gab ihm Gedächtnis und Kraft zurück;
25 er begann:
„Eure Exzellenzen! Höchste, hohe und geehrte Herren! Hundert Jahre sind es, dass der große Kaiser, dessen Denkmal der Enthüllung harrt, durch den Vertreter Seiner Majestät, uns und dem Vaterlande geschenkt
30 ward; gleichzeitig aber – das macht diese Stunde noch bedeutsamer – ist fast ein Jahrzehnt vergangen, seit sein großer Enkel den Thron bestiegen hat! Wie sollten wir da nicht vor allem auf die große Zeit, die wir selbst miterleben durften, einen stolzen und dankba-
35 ren Rückblick werfen." Diederich warf ihn. Er feierte abwechselnd den beispiellosen Aufschwung der Wirtschaft und des nationalen Gedankens. Längere Zeit verweilte er beim Ozean. „Der Ozean ist unentbehrlich für Deutschlands Größe. Der Ozean beweist
40 uns, dass auf ihm und jenseits von ihm ohne Deutschland und ohne den Deutschen Kaiser keine Entscheidung mehr fallen darf, denn das Weltgeschäft ist heute das Hauptgeschäft!" Aber nicht nur vom geschäftlichen Standpunkt, noch mehr geistig und sitt-
45 lich war der Aufschwung ein beispielloser zu nennen. Wie sah es denn früher aus mit uns? Diederich entwarf ein wenig schmeichelhaftes Bild des älteren Ge-

schlechts, das durch eine einseitige humanitäre Bildung zu zuchtlosen Anschauungen verführt, in nationaler Hinsicht noch keinen Komment gehabt hatte. 50 Wenn das jetzt gründlich anders geworden war, wenn wir, im berechtigten Selbstgefühl, das tüchtigste Volk Europas und der Welt zu sein, von Nörglern und Elenden abgesehen, nur noch eine einzige nationale Partei bildeten, wem verdankten wir es? Allein Seiner Ma- 55 jestät, antwortete Diederich. „Er hat den Bürger aus dem Schlummer gerüttelt, sein erhabenes Beispiel hat uns zu dem gemacht, was wir sind!" – wobei Diederich sich auf die Brust schlug. „Seine Persönlichkeit, seine einzige, unvergleichliche Persönlichkeit ist stark 60 genug, dass wir allesamt uns efeuartig an ihr emporranken dürfen!", rief er aus, obwohl es nicht in seinem Entwurf stand. „Was Seine Majestät der Kaiser zum Wohle des deutschen Volkes beschließt, dabei wollen wir ihm jubelnd behilflich sein, ob wir nun edel sind 65 oder unfrei. Auch der einfache Mann aus der Werkstatt ist willkommen!", fügte er wieder aus dem Stegreif hinzu, jäh inspiriert durch den Geruch des schwitzenden Volkes hinter dem Militärkordon; denn der Wind, der aufkam, trug ihn her. 70
„In staunender Weise ertüchtigt, voll hoher sittlicher Kraft zu positiver Betätigung, und in unserer blanken Wehr der Schrecken aller Feinde, die uns neidisch umdrohen, so sind wir die Elite unter den Nationen und bezeichnen eine zum ersten Male erreichte Höhe ger- 75 manischer Herrenkultur, die bestimmt niemals und von niemandem, er sei, wer er sei, wird überboten werden können!"
Hier sah man den Oberpräsidenten mit dem Kopf nicken, indes der Flügeladjutant die Hände gegenein- 80 ander bewegte: Da brachen die Tribünen in Beifall aus. Bei den Zivilisten wehten Taschentücher, Guste ließ es im Winde flattern, und trotz der Unstimmigkeit von vorhin auch Käthchen Zillich. Diederich, im Herzen leicht wie die wehenden Taschentücher, nahm 85 seinen hohen Flug wieder auf.
„Eine solche, nie da gewesene Blüte aber erreicht ein Herrenvolk nicht in einem schlaffen, faulen Frieden: Nein, sondern unser alter Alliierter hat es für notwendig gehalten, das deutsche Gold im Feuer zu bewäh- 90 ren. Durch den Schmelzofen von Jena und Tilsit haben wir hindurchgemusst, und schließlich ist es uns doch gelungen, siegreich überall unsere Fahnen aufzupflanzen und auf dem Schlachtfelde die deutsche Kaiserkrone zu schmieden!" 95
Und er erinnerte an das prüfungsreiche Leben Wilhelms des Großen, woraus wir, wie Diederich feststellte, erkannten, dass der Weltenschöpfer das Volk im Auge behält, das er sich erwählt hat, und sich auch das entsprechende Instrument baut. Der große Kaiser 100 seinerseits hatte sich hierüber niemals Irrtümern hingegeben, dies ward besonders deutlich in dem großen historischen Augenblick, wo er als König von Gottes Gnaden, das Zepter in der einen und das Reichsschwert in der anderen Hand, nur Gott die Ehre gab 105

und von ihm die Krone nahm. In erhabenem Pflichtgefühl hatte er es weit von sich gewiesen, dem Volke
die Ehre zu geben und vom Volk die Krone zu nehmen, und nicht zurückgeschreckt war er vor der
110 furchtbaren Verantwortung gegenüber Gott allein, von
der kein Minister, kein Parlament ihn hatte entbinden
können! Diederichs Stimme bebte ergriffen. „Dies erkennt das Volk denn auch an, indem es die Persönlichkeit des dahingegangenen Kaisers geradezu ver
115 göttert. Hat er doch Erfolg gehabt; und wo der Erfolg
ist, da ist Gott! Im Mittelalter wäre Wilhelm der Gro
ße heiliggesprochen worden. Heute setzen wir ihm ein
erstklassiges Denkmal!"
Wieder nickte der Oberpräsident und löste damit wie
120 der ungestüme Zustimmung aus. Die Sonne war fort,
es wehte kälter; und als sei er angeregt durch den verdüsterten Himmel, ging Diederich zu einer tiefernsten
Frage über.
„Wer hat sich ihm nun in den Weg gestellt, vor seinem
125 hohen Ziel? Wer war der Feind des großen Kaisers und
seines kaisergetreuen Volkes? Der von ihm glücklich
zerschmetterte Napoleon hatte seine Krone nicht von
Gott, sondern vom Volk, daher! Das gibt dem Richterspruch der Geschichte erst seinen ewigen, über
130 wältigenden Sinn!" Hier unternahm Diederich es, zu
malen, wie es in dem demokratisch verseuchten, daher von Gott verlassenen Reich Napoleons des Dritten ausgesehen habe. Der in leere Religiosität versteckte krasse Materialismus hatte den unbedenk
135 lichsten Geschäftssinn großgezogen, Missachtung des
Geistes schloss ihr natürliches Bündnis mit niederer
Genussgier. Der Nerv der Öffentlichkeit war Reklamesucht, und jeden Augenblick schlug sie um in Verfolgungsjagd. Im Äußeren nur auf das Prestige ge
140 stellt, im Innern nur auf die Polizei, ohne anderen
Glauben als die Gewalt, trachtete man nach nichts als
nach Theaterwirkung, trieb ruhmredigen Pomp mit
der vergangenen Heldenepoche, und der einzige Gipfel, den man wirklich erreichte, war der des Chauvi
145 nismus... „Von all dem wissen wir nichts!", rief Diederich und reckte die Hand gegen den Zeugen dort
oben. „Darum kann es mit uns nie und nimmer das
Ende mit Schrecken nehmen, das dem Kaiserreich unseres Erbfeindes vorbehalten war!"
150 An dieser Stelle blitzte es; zwischen dem Militärkordon und der Brandmauer, in der Gegend, wo das Volk
zu vermuten war, durchzuckte es grell die schwarze
Wolke, und ein Donnerschlag folgte, der entschieden
zu weit ging. Die Herren im offiziellen Zelt bekamen
155 missbilligende Mienen, und der Oberpräsident hatte
gezuckt. Auf der Offizierstribüne litt selbstverständlich die Haltung nicht im Geringsten, beim Zivil
machte sich immerhin eine gewisse Unruhe merklich.
Diederich brachte das Gekreisch zum Verstummen,
160 denn er rief, gleichfalls donnernd: „Unser alter Alliierter bezeugt es! Wir sind nicht so! Wir sind ernst,
treu und wahr! Deutsch sein, heißt eine Sache um ihrer selbst willen tun! Wer von uns hätte je aus seiner

Gesinnung ein Geschäft gemacht? Wo gar wären die
bestechlichen Beamten? Biederkeit des Mannes eint 165
hier sich weiblicher Reine, denn das Weibliche zieht
uns hinan, nicht ist es uns ein Werkzeug unedlen Vergnügens. Das strahlende Bild echt deutschen Wesens
aber erhebt sich auf dem Boden des Christentums und
das ist der einzig richtige Boden, denn jede heidnische 170
Kultur, mag sie noch so schön und herrlich sein, wird
bei der ersten Katastrophe erliegen, und die Seele
deutschen Wesens ist die Verehrung der Macht, der
überlieferten und von Gott geweihten Macht, gegen
die man nichts machen kann. Darum sollen wir nach 175
wie vor die höchste Pflicht in der Verteidigung des Vaterlandes sehen, die höchste Ehre im Rock des Königs
und die höchste Arbeit im Waffenhandwerk!"
Der Donner grollte, wenn auch eingeschüchtert, wie
es schien, durch Diederichs immer gewaltigere Stim 180
me; dagegen fielen Tropfen, die man einzeln hörte, so
schwer waren sie.
„Aus dem Lande des Erbfeindes", schrie Diederich,
„wälzt sich immer wieder die Schlammflut der Demokratie her, und nur deutsche Mannhaftigkeit und 185
deutscher Idealismus sind der Damm, der sich ihr entgegenstellt. Die vaterlandslosen Feinde der göttlichen
Weltordnung aber, die unsere staatliche Ordnung
untergraben wollen, die sind auszurotten bis auf den
letzten Stumpf, damit, wenn wir dereinst zum himm 190
lischen Appell berufen werden, dass dann ein jeder mit
gutem Gewissen vor seinen Gott und seinen alten Kaiser treten kann, und wenn er gefragt wird, ob er aus
ganzem Herzen für des Reiches Wohl mitgearbeitet
habe, er an seine Brust schlagen und offen sagen darf: 195
‚Ja!'"
Wobei Diederich sich einen solchen Schlag auf die
Brust versetzte, dass ihm die Luft ausblieb. Die notgedrungene Pause, die er eintreten ließ, benutzte die
Ziviltribüne, um durch Unruhe zu bekunden, dass sie 200
seine Rede für beendet halte; denn das Gewitter stand
jetzt genau über den Köpfen der Festversammlung,
und im schwefelgelben Licht einzeln, langsam und als
warnten sie, klopften immerfort diese eigroßen Regentropfen. Diederich hatte wieder Luft.   205
„Wenn jetzt die Hülle fällt", begann er mit neuem
Schwung, „wenn zum Gruß die Fahnen und Standarten sich neigen, die Degen sich senken und Bajonette
im Präsentiergriff blitzen" – da krachte es im Himmel
so ungeheuerlich, dass Diederich sich duckte und, be 210
vor er es sich versah, unter seinem Pult hockte. Zum
Glück kam er wieder hervor, ohne dass sein Verschwinden bemerkt worden wäre, denn allen war es
ähnlich ergangen. Kaum dass noch jemand hörte, wie
Diederich Seine Exzellenz, den Herrn Oberpräsiden 215
ten bat, er möge geruhen zu befehlen, dass die Hülle
falle. Immerhin trat der Oberpräsident vor das offizielle Zelt hinaus, er war gelber als es seine Natur war,
das Funkeln seines Sterns war erloschen, und er sagte schwach: „Im Namen Seiner Majestät befehle ich: 220
Die Hülle falle" – worauf sie fiel. Auch ertönte „Die

115

Wacht am Rhein". Und der Anblick Wilhelms des Großen, wie er durch die Luft ritt, in der Haltung eines Familienvaters, aber umringt von allen Furcht-
225 barkeiten der Macht, stählte die Untertanen noch einmal gegen die Drohungen von oben, das Kaiserhoch des Oberpräsidenten fand lebhaften Widerhall. Freilich, die Klänge von „Heil dir im Siegerkranz" gaben Seiner Exzellenz das Zeichen, dass sie sich nun bis an
230 den Fuß des Denkmals zu begeben, es zu besichtigen und den Schöpfer, der schon wartete, durch eine Anrede auszuzeichnen hatten. Jeder begriff es, dass der hohe Herr zweifelnd den Blick zum Himmel richtete; aber, wie nicht anders zu erwarten stand, siegte sein
235 Pflichtgefühl, und siegte umso glänzender, als er der

einzige Herr im Frack war unter so vielen tapferen Militärs. Er wagte sich kühn hinaus, hin ging er unter den großen, langsamen Tropfen, und mit ihm Ulanen, Kürassiere, Husaren und Train. Schon war die Inschrift „Wilhelm der Große" zur Kenntnis genommen wor- 240 den, der Schöpfer, durch eine Anrede ausgezeichnet, bekam seinen Orden, und gerade sollte auch der geistige Schöpfer Heßling vorgestellt und geschmückt werden, da platzte der Himmel. Er platzte ganz und auf einmal, mit einer Heftigkeit, die einem lange ver- 245 haltenen Ausbruch glich.

Aus: Heinrich Mann: Der Untertan. © S. Fischer Verlag GmbH, Frankfurt am Main 1995

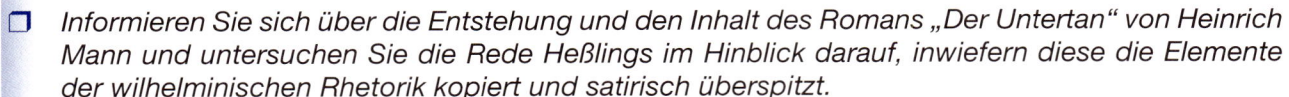

Informieren Sie sich über die Entstehung und den Inhalt des Romans „Der Untertan" von Heinrich Mann und untersuchen Sie die Rede Heßlings im Hinblick darauf, inwiefern diese die Elemente der wilhelminischen Rhetorik kopiert und satirisch überspitzt.

Max Kroner: Wilhelm II.

Hyacinthe Rigaud: König Ludwig XIV.

Politik und Gesellschaft im Zeitalter Wilhelms II.

Mit der Entlassung Bismarcks begann in Deutschland die Epoche des Wilhelminismus. Sie wurde geprägt durch das „Persönliche Regiment" Wilhelms II. Die Nachwelt hat über ihn zum Teil sehr kritisch geurteilt.
5 Im Zeitalter einer sich in rasantem Tempo vollziehenden Industrialisierung und wachsender demokratischer Bestrebungen blieb er vom eigenen Gottesgnadentum überzeugt und zeigte für demokratische Einrichtungen wenig mehr als Verachtung.
10 Er soll sich gerühmt haben, die Verfassung niemals gelesen zu haben. Die vielen Berichte, die der Nachwelt überliefert wurden, ergeben in der Zusammenfassung ein höchst problematisches Bild von Wilhelms Persönlichkeit. Charmant, wie er sein konnte, blendete er
15 seine Gesprächspartner, imponierte durch Faktenwissen, um andererseits launisch, unkontrolliert, aufbrausend und prahlerisch aufzutreten. Theatralisches Verhalten ging mit einer Vernachlässigung der Regierungsarbeit einher.
20 Eine Kluft öffnete sich zwischen fortschreitender industrieller Modernisierung auf der einen und dem Rückfall in ein mittelalterlich anmutendes romantisches Kaisertum auf der anderen Seite.
Wegen seines selbstherrlichen Auftretens wurde Wil-
25 helm II. wiederholt als gemütskrank charakterisiert. Seine Hassausbrüche riefen immer wieder Befremden – vor allem außerhalb Deutschlands – hervor. Das vielzitierte „Persönliche Regiment" bedeutete in der Praxis, dass die politische Richtlinienkompetenz vom
30 Reichskanzler auf den Kaiser überging. Nur wer das „Allerhöchste Vertrauen" besaß, konnte regieren. Mit der unumschränkten Kommandogewalt stand dem Kaiser zudem ein politisches Instrument zur Verfügung, das sich der demokratischen Kontrolle entzog.
35 Darum konnte der Einfluss einer kleinen Hofclique aus Militärs und persönlichen Freunden wachsen. Politische Entscheidungen wurden zusehends ohne Kontrolle durch den Reichstag getroffen. Trotz beziehungsweise wegen seiner schillernden Persönlichkeit
40 und seines zweifelhaften Auftretens gilt Wilhelm II. als Repräsentant der Epoche. Mit den Regeln einer konstitutionellen Monarchie war es kaum zu vereinbaren, wenn ein Monarch noch 1891 hervorhob, dass er im „Auftrage eines Höheren (...) berufen" sei.

Nach der Thronbesteigung Wilhelms II. (1888) taten 45 sich schon bald persönliche und sachliche Differenzen zwischen dem jungen 29-jährigen Kaiser und dem greisen Reichskanzler auf.
Der ehrgeizige Monarch wollte das politische Ruder selbst in die Hand nehmen. Dabei stand ihm der poli- 50 tisch erfahrene Bismarck im Wege. Dessen Entlassung bedeutete zweifellos einen Einschnitt. [...]
Die Regierungszeit Wilhelms II. brachte – zumindest bis 1914 – eine kontinuierliche Verbesserung des Lebensstandards breiter Bevölkerungsschichten. Der 55 wirtschaftliche Aufstieg des Reiches war beeindruckend. Aber hinter einer imponierenden Machtentfaltung entdeckten aufmerksame Beobachter manches Krisenzeichen.
Das politische Kräftefeld wurde geprägt durch gegen- 60 sätzliche Entwicklungsrichtungen. Während die monarchisch-adlige Führung an einem überlebten politischen System festhielt, das in vielen Aspekten den Zuschnitt einer vor-industriellen Gesellschaft aufwies, formierte sich eine breite demokratische und 65 zum Teil auch republikanische Bewegung. Seit 1890 erzielten Zentrum, Linksliberale und Sozialdemokraten deutliche Mehrheiten. Gleichwohl blieb ihr Einfluss auf die Regierung aufgrund der halb-absolutistischen Regierungsform gering. Folgerichtig nahm 70 das Drängen auf eine Parlamentarisierung zu, die die jeweilige Regierung von der Parlamentsmehrheit abhängig machen würde. Das wiederum wurde von den herrschenden Schichten als eine Bedrohung ihrer Vorrangstellung empfunden. 75
Exekutive und Legislative blockierten sich nach der Lage der Dinge gegenseitig. Zudem engten Finanzprobleme den politischen Spielraum der Reichsregierung ein. Das Reich verfügte nur über begrenzte eigene Einnahmequellen und war im Übrigen auf die 80 Beiträge der Länder angewiesen. Als wegen wachsender Rüstungsausgaben und ansteigender Sozialleistungen der Haushalt des Reiches immer mehr belastet wurde, stellte sich eine finanzielle Dauerkrise ein.

Aus: Frank Bahr (Hrsg.): Horizonte II. Geschichte für die Oberstufe. Braunschweig: Westermann 2003, S. 189f.

Erläutern Sie die in dem Text genannten Krisensymptome des Deutschen Kaiserreichs und beschreiben Sie, inwiefern das „Persönliche Regiment" Wilhelms II. diese noch verschärfte.

NS-Propaganda

Über das Wesen der Propaganda

Jede Propaganda hat volkstümlich zu sein und ihr geistiges Niveau einzustellen nach der Aufnahmefähigkeit des Beschränktesten unter denen, an die sie sich zu richten gedenkt. Damit wird ihre rein geistige
5 Höhe umso tiefer zu stellen sein, je größer die zu erfassende Masse der Menschen sein soll. Je bescheidener dann ihr wissenschaftlicher Ballast ist und je mehr sie ausschließlich auf das Fühlen der Masse Rücksicht nimmt, umso durchschlagender der Erfolg.
10 Dieser aber ist der beste Beweis für die Richtigkeit oder Unrichtigkeit einer Propaganda und nicht die gelungene Befriedigung einiger Gelehrter oder ästhetischer Jünglinge. Gerade darin liegt die Kunst der Propaganda, dass sie, die gefühlsmäßige Vorstellungswelt
15 der großen Masse begreifend, in psychologisch richtiger Form den Weg der Aufmerksamkeit und weiter zum Herzen der breiten Masse findet. Dass dies von unseren Neunmalklugen nicht begriffen wird, beweist nur deren Denkfaulheit oder Einbildung. Versteht man
20 aber die Notwendigkeit der Einstellung der Werbekunst der Propaganda auf die breite Masse, so ergibt sich weiter schon daraus folgende Lehre: Es ist falsch, der Propaganda die Vielseitigkeit etwa des wissenschaftlichen Unterrichts geben zu wollen.
25 Die Aufnahmefähigkeit der großen Masse ist nur sehr beschränkt, das Verständnis klein, dafür jedoch die Vergesslichkeit groß. Aus diesen Tatsachen heraus hat sich jede wirkungsvolle Propaganda auf nur sehr wenige Punkte zu beschränken und diese schlagwortar-
30 tig so lange zu vertreten, bis auch bestimmt der Letz-

te unter einem solchen Worte das Gewollte sich vorzustellen vermag. Sowie man diesen Grundsatz opfert und vielseitig werden will, wird man die Wirkung 35 zum Zerflattern bringen, da die Menge den gebotenen Stoff weder zu verdauen noch zu behalten vermag. Damit aber wird das Ergebnis wieder abgeschwächt und endlich aufgehoben. (v. 1925/26)

Aus: Hitler, Adolf: Mein Kampf. München 1935, S. 351f.

D. Griesewelle über die Organisation von NS-Veranstaltungen

Gemäß dem Grundsatz, dass „Aufklärung über den Gegner und Aufzeigen der eigenen Ziele in volkstümlicher Weise geschehen, sich mehr an das Gefühl als an das meist nicht vorhandene politische Verständnis der Massen richten" müssten, versuchten die 5 Nationalsozialisten, ihre großen Versammlungen als feierliche, imponierende Ereignisse zu gestalten: „Auf das Äußere dieser Kundgebung ist größte Sorgfalt zu legen." Plakate und Handzettel zeigten meist schon den Rahmen an: „Fahneneinmarsch! SA-Aufmarsch! 10 Großes Orchester!" Das alles bildete gleichsam den lebendigen Dekor, der für Stimmung sorgte: Aug' und Ohr' wurde etwas geboten. Eine Kapelle spielte, die Versammlung sang Kampflieder, eine uniformierte Fahnenabteilung marschierte ein und bildete eine Gas- 15 se für den kommenden Redner, das Publikum rief „Heil", ohne dass der Führer zu sehen gewesen wäre. Marschmusik, gemeinsamer Gesang, Aufstehen und Heilrufe wie Fahneneinmärsche förderten die gemeinschaftsbildenden Stimmungen und zeigten die 20 spezifische Eigenart der Bewegung; sie befreiten aus der Passivität des ausschließlichen Zuhörens und Zuschauens und luden die Versammlung emotional auf, disponierten das Publikum für das Hitler'sche Pathos. Man gestaltete die Szenerie, um auf die eigentliche 25 Aufführung vorzubereiten durch ein Repertoire, das den Widerstand des differenzierenden, analytischen Intellekts schwächte und suggestiv die Zustimmung zu einem gedanklichen Bedeutungsgehalt oder einer ihn repräsentierenden Vorstellung aus nicht logischen 30 Gründen förderte. Hier wurde oft schon vor Beginn der Rede jener Zustand erreicht, wo – als unmittelbarer „Ausfluss des Massenerlebnisses" – die Menge sich als lebendige Einheit und Macht fühlte, was dem Einzelnen ein erhöhtes Selbstbewusstsein gab und ihn 35 empfänglich machte für die Parolen, die den Inhalt der NS-Propaganda ausmachten. Selbst kritisch Veranlagte waren in Gefahr, diesem Fluidum zu erliegen.

Aus: Detlev Griesewelle: Propaganda der Friedlosigkeit. Eine Studie zu Hitlers Rhetorik 1920 – 1933. Stuttgart 1972, S. 35f.

Reichsparteitag der NSDAP 1933 in Nürnberg

Hitler redet auf einem Parteitag der NSDAP

❏ *Auf welche Punkte sollte der Redner nach Hitlers Meinung besonders achten?*

❏ *Welche Rolle spielte der äußere Rahmen für den Erfolg eines NS-Redners?*

Winston Churchill: Antrittsrede im Unterhaus nach der Ernennung zum Premierminister am 10.5.1940 (Auszug)

Winston Churchill begann seine politische Laufbahn in England im Jahre 1900 als Abgeordneter der konservativen Partei. In der Folgezeit bekleidete er unterschiedliche Ämter in verschiedenen Regierungen. In der Zeit von 1929–1939 war er jedoch ohne Amt und Einfluss. Nach dem Ausbruch des Zweiten Weltkrieges wurde er zunächst zum Marine-Minister ernannt und am 10.5.1940 erfolgte, unterstützt von einer starken öffentlichen Meinung, die offizielle Berufung zum Premierminister. Zu diesem Zeitpunkt hatte die deutsche Westoffensive gerade begonnen.

Freitagabend erhielt ich den Auftrag Seiner Majestät, eine neue Regierung zu bilden. Es war der deutliche Wunsch und Wille des Parlaments und der Nation, dass diese Regierung auf einer möglichst breiten Ba-
5 sis gebildet werden und alle Parteien einschließen solle, sowohl diejenigen, die die vorige Regierung unterstützt haben, als auch die Oppositionsparteien. Ich habe den wichtigsten Teil dieser Aufgabe bereits erfüllt. Es wurde ein aus fünf Ministern bestehendes
10 Kriegskabinett gebildet, das durch die Aufnahme der oppositionellen Liberalen die Einheit der Nation repräsentiert. Die Führer der drei Parteien haben sich bereit erklärt, an der Regierung teilzunehmen, sei es im Kriegskabinett oder in hohen Regierungsfunktionen.
15 Die drei militärischen Ressorts sind besetzt. Es war notwendig, dies binnen eines Tages zu tun, in Anbetracht der außerordentlichen Dringlichkeit und Schwere der Ereignisse. [...]
Eine Regierung von solchem Ausmaß und von solcher
20 Vielgestaltigkeit zu bilden, ist an sich eine schwere Aufgabe; man muss aber bedenken, dass wir uns im Anfangsstadium einer der größten Schlachten der Weltgeschichte befinden, dass wir an vielen Punkten Norwegens und Hollands kämpfen, dass wir im
25 Mittelmeer kampfbereit sein müssen, dass der Luftkrieg ohne Unterlass weitergeht und dass wir hier im Lande viele Vorbereitungen treffen müssen. Ich hoffe, man wird es mir verzeihen, wenn ich in dieser kritischen Lage mich heute nicht mit einer längeren Ansprache an das Haus wende. Ich hoffe, dass jeder 30 meiner Freunde und jeder meiner jetzigen oder früheren Kollegen, der von der Regierungsbildung berührt ist, den etwaigen Mangel an Förmlichkeit, mit dem wir vorgehen mussten, nachsehen wird. Ich möchte dem Hause dasselbe sagen, was ich den Mit- 35 gliedern dieser Regierung gesagt habe: Ich habe nichts zu bieten als Blut, Mühsal, Tränen und Schweiß.
Wir haben eine Prüfung von der allerschwersten Art vor uns. Wir haben viele, viele lange Monate des Kampfes und des Leidens vor uns. Sie werden fragen: 40 Was ist unsere Politik? Ich erwidere: Unsere Politik ist, Krieg zu führen, zu Wasser, zu Lande und zur Luft, mit all unserer Macht und mit aller Kraft, die Gott uns verleihen kann; Krieg zu führen gegen eine ungeheuerliche Tyrannei, die in dem finsteren, trübseligen Ka- 45 talog des menschlichen Verbrechens unübertroffen bleibt. Das ist unsere Politik.
Sie fragen: Was ist unser Ziel? Ich kann es in einem Wort nennen: Sieg – Sieg um jeden Preis, Sieg trotz allem Schrecken, Sieg, wie lang und beschwerlich der 50 Weg dahin auch sein mag; denn ohne Sieg gibt es kein Weiterleben. Möge man darüber im Klaren sein: kein Weiterleben für das Britische Weltreich; kein Weiterleben für den jahrhundertealten Drang und Impuls des Menschengeschlechts, seinem Ziel zuzustreben. Ich 55 übernehme meine Aufgabe voll Energie und Hoffnung und bin überzeugt, dass es nicht geduldet werden wird, dass unsere Sache Schiffbruch erleidet. So fühle ich mich in diesem Augenblick berechtigt, die Hilfe aller zu fordern, und ich rufe: ‚Kommt denn, 60 lasst uns gemeinsam vorwärtsschreiten mit vereinter Kraft.

Aus: Karl Heinrich Peter (Hrsg.): Reden, die die Welt bewegten. Stuttgart: Cotta'sche Verlagsbuchhandlung, 1959

Zusammenstellung der wichtigsten rhetorischen Figuren

Ein wichtiges Instrumentarium für die Analyse von Reden bilden die rhetorischen Figuren. Hans-Dieter Zimmermann unterscheidet als Redeziele Abwertung, Aufwertung und Beschwichtigung und ordnet diesen Zielen die verschiedenen rhetorischen Figuren zu.[1]

Aufwertung:

Günstige Seite hervorheben, ungünstige abschwächen oder verschweigen;

positive Attribute für Wir-Gruppe;

dynamisches Wortfeld für Wir-Gruppe;

Koppelung mit positiven Werten (Freiheit, Gerechtigkeit, Demokratie etc.);

aufgrund von zwei/drei konkreten Beispielen positive Verallgemeinerung;

eigennützige Ziele als uneigennützig ausgeben („Gemeinwohl");

Übersteigerung eigener Verdienste: einziger Garant für Sicherheit und Freiheit;

Fehler anderen zuschieben: anderer Gruppe oder den Umständen („unabwendbares Schicksal");

Einladung der Zuhörer zur Identifikation mit Wir-Gruppe;

wer anderer Meinung ist, dem gegnerischen Lager zuschlagen;

unverfängliche Zeugen aufrufen.

Abwertung:

Ungünstige Seite hervorheben, günstige abschwächen oder verschweigen;

Häufung negativer Attribute;

Koppelung des Gegners mit negativen Werten (Unfreiheit, Unrecht, Tyrannei);

aufgrund von zwei/drei konkreten Beispielen negative Verallgemeinerung;

uneigennützige Ziele des Gegners als eigennützig ausgeben;

Fehler des Gegners ins Maßlose vergrößern: „Untergang des Abendlandes";

Fehler dritter Gruppen dem Gegner zuschieben; Erfolge dem Gegner absprechen;

Deformation gegnerischer Argumente: ins Absurde übersteigern;

Verzerrung gegnerischer Zitate, um sie leichter widerlegen zu können;

Gegner verrät eigene Grundsätze; Gegner ist von Geschichte längst widerlegt;

gegnerische Forderungen halb anerkennen, doch: sie wurden längst von Wir-Gruppe erfüllt bzw. vor dem Gegner von Wir-Gruppe aufgestellt;

Diffamierung durch Assoziation;

Neudefinition gegnerischer Schlagworte;

Parzellierung des Gegners: Teil auf eigene Seite ziehen;

innenpolitischen Gegner mit außenpolitischem Feind koppeln;

unverfängliche Zeugen aufrufen.

Beschwichtigung:

Verständnis bekunden;

auf Gemeinschaft hinweisen: „wir sind alle eine Familie";

als Vertreter einer Gruppe sich zum Sprecher einer anderen machen;

Vermittlerrolle; alle Interessen als berechtigt anerkennen, Widersprüche verschweigen: sowohl – als auch, weder – noch; für jeden etwas;

auf „unabwendbares Schicksal" hinweisen;

allgemeine Weisheiten: Irren ist menschlich;

Formulierungen, die für jede Interpretation offen sind;

wenn eine Interessengruppe belastet wird: „alle müssen Lasten tragen", „Dienst am Allgemeinwohl";

Tabuisierung von Problemen, sodass deren Erörterung unmöglich wird.

---

[1] Die Zusammenstellung erfolgt nach: Hans-Dieter Zimmermann: Die politische Rede. Der Sprachgebrauch Bonner Politiker. Stuttgart 1969, S. 160f.

Folienvorschlag zum Dreiecksmodell der Rhetorik

Theodor Pelster: Die Arten der Rede (Auszug)

Die Rolle, die der Zuhörerschaft zukommt, entscheidet über die Art der Rede. Der Redner muss sich über die Kompetenz des Publikums im Klaren sein, er muss es bei der Ausgestaltung der Ansprache berücksichtigen. Er muss auch die berechtigten Erwartungen kennen und ihnen entsprechen. Viel charakteristischer als der Inhalt der Rede ist die Art, wie der Redner mit dem Publikum umgeht. [...]

In dem einen Fall hat der Redner eine jubelnde Zuschauerschaft vor sich, die an einem Geschehen teilhaben will. Der Redner hat sie von vornherein für sich gewonnen, wenn er nur ihren Erwartungen gerecht wird. Da er die Zuhörer selbst lobt, werden alle Anwesenden mit seiner Rede einverstanden sein. Auch andere Reden, die vor Festversammlungen gehalten werden und dem Lob einer zu ehrenden Person der Gegenwart oder der Geschichte, einer zu preisenden Institution oder Gemeinschaft und eines zu feiernden Ereignisses dienen, berücksichtigen in ähnlicher Weise die Gefühlslage des Publikums. Wird eine Person aber allgemein als schimpflich angesehen, so erwartet man vom Redner Tadel. Diese Arten der Rede, bei denen der Redner das Einverständnis der Hörer voraussetzen darf, werden in der antiken Rhetorik zum *genus demonstrativum* gezählt.

Der Parlamentsredner hat ein Publikum mit Entscheidungsgewalt vor sich. Die Zuhörer sind kritisch; sie sichten die Argumente und prüfen die Vorschläge. Sie wissen, dass sie zur Entschlussfassung aufgerufen sind. Meist handelt es sich darum, eine bestimmte Handlungsweise zu empfehlen oder von ihr abzuraten. Die Redner werden sich bemühen, ihre Vorschläge als nützlich hinzustellen und die der Gegenseite als schädlich. Die politische Rede kann als Musterfall dieser Art angesehen werden. Die Rhetorik spricht hier vom *genus deliberativum*.

Auch die Gerichtsrede wird vor einer Versammlung gehalten, die Entscheidungsgewalt hat. Hier gehört der behandelte Gegenstand jedoch der Vergangenheit an. In Anklage- und Verteidigungsrede wird nun verhandelt, ob der angesprochene Sachverhalt als gerecht oder ungerecht zu bewerten ist. Diese Redeart heißt in der Rhetorik *genus iudiciale*.

Eine Rede ist allerdings selten ganz eindeutig einem bestimmten *genus* zuzuordnen. Auch in einer Parlamentsrede werden Handlungsweisen der Vergangenheit erörtert. Weiter fällt es oft schwer zu entscheiden, ob ein Politiker, der in Rundfunk oder Fernsehen spricht, seine Zuhörer als Entscheidungsfäller anerkennt. Sogar Eröffnungsreden von Ausstellungen werden oft in Presse und Funk erwähnt, weil auch sie Vorschläge für eine künftige Politik enthalten. Dennoch hat die vorgetragene Einteilung ihren Sinn. Sie stellt Fragen bereit, mit denen man sich den Reden nähern kann. Man wird erkennen, wie der Redner seine Zuhörer einschätzt, und man wird prüfen, ob er recht daran tut. An die Wahlrede eines Politikers stellt man beispielsweise andere Ansprüche als an eine Ansprache zum Jahreswechsel. Die genera der Reden orientieren sich an Musterfällen. Doch nicht nur die großen Reden verdienen Beachtung. Auch wenn im kleinen Kreis über schuldig oder unschuldig verhandelt wird, zeigen sich die Strukturen der Gerichtsrede. Die Erörterung über Vorschläge sollte auch im Schülerparlament und in der Klasse den Bedingungen einer politischen Rede folgen. Festreden können nur dann gehalten werden, wenn Einverständnis über den Redegegenstand zwischen Redner und Publikum vorausgesetzt werden darf.

Ergebnis:
Man unterscheidet drei Gattungen der Rede:
1. Genus iudiciale: Namengebender Musterfall ist die Gerichtsrede, die vor den zum Urteil aufgeforderten Richtern über einen der Vergangenheit angehörenden Tatbestand im Sinne der Anklage ... oder der Verteidigung gehalten wird.
2. Genus deliberativum: Namengebender Musterfall ist die vor der zur Beratung zusammengekommenen und zur Entschlussfassung aufgeforderten Volksversammlung gehaltene politische Rede, in der der Redner eine der Zukunft angehörende Handlung empfiehlt oder von ihr abrät.
3. Genus demonstrativum: Musterfall ist die vor einer Festversammlung gehaltene Rede zum Lob einer zu feiernden (der Gegenwart, der Geschichte, dem Mythos angehörenden) Person, einer zu feiernden Gemeinschaft (Vaterland, Stadt), einer zu feiernden Tätigkeit (Beruf, Studium), einer zu feiernden Sache.

Aus: Theodor Pelster: Rede und Rhetorik. 14. Auflage 1987
© Cornelsen Verlag, Berlin

---

1. *Bestimmen Sie die behandelten Reden nach ihrer Genus-Zugehörigkeit!*

2. *Wo kann die Entscheidung eindeutig gefällt werden?*

3. *Wo verwischen die Grenzen der Genus-Zugehörigkeit?*

4. *Wo finden sich Merkmale einer Redeart, die in der bestimmten Situation eigentlich nicht gewählt werden dürfte?*

Klausurvorschlag 1
Marcus Tullius Cicero: Erste Rede gegen Verres (70 v. Chr.)

Nachdem Cicero sich im Vorverfahren gegen Caecilius durchgesetzt hatte, konnte er nun die Anklage gegen den korrupten Statthalter Gaius Verres vertreten, der die ihm anvertraute Provinz Sizilien über einen Zeitraum von drei Jahren systematisch ausgeplündert hatte. Das von Cicero zu diesem Zweck gesammelte Beweismaterial war erdrückend. Dennoch konnte er sich seines Erfolges in dem Verfahren nicht sicher sein, da er Hinweise erhalten hatte, dass Verres seinen Reichtum dazu benutzte, die genau wie Verres allesamt aus dem Senatorenstand stammenden Richter zu bestechen. In dieser Situation wendet sich Cicero zu Beginn seiner Anklagerede zunächst an die Richter:

Nicht menschliches Planen, sondern geradezu göttliche Fügung scheint euch jetzt, da es höchste Zeit für den Staat ist, gewährt und dargeboten zu haben, ihr Richter, was man sich am meisten wünschen musste
5 und was allein in höchstem Maße geeignet war, den Unwillen über euren Stand und den üblen Ruf der Gerichte zu mildern. Denn schon hatte sich die für den Staat verderbliche und für euch gefährliche Meinung eingenistet und sich bei uns und bei den auswärtigen
10 Völkerschaften in aller Mund verbreitet, von den Gerichten, wie sie jetzt sind, könne kein reicher Mann verurteilt werden, und sei er auch noch so schuldig. Jetzt, im kritischen Augenblick für euren Stand und eure Gerichtsbarkeit, [...] wird als Angeklagter Gaius
15 Verres vor Gericht gestellt, ein Mann, seines Lebens und Treibens wegen bereits in aller Augen verurteilt, doch durch sein vieles Geld, wie er selber hofft und prahlt, schon freigesprochen.
Ich aber, ihr Richter, habe diese Sache unter lebhafter
20 Billigung und Erwartung des römischen Volkes als Ankläger übernommen, nicht um den Unwillen über den Senatorenstand zu steigern, sondern um der allgemeinen Schmach zu steuern. Denn ich habe einen Menschen zur Verantwortung gezogen, bei dem ihr die ver-
25 lorene Ehre der Gerichte zurückgewinnen, euch mit dem römischen Volk wieder aussöhnen und den auswärtigen Nationen Genugtuung verschaffen könnt: den Plünderer der Staatskasse, den Peiniger Asiens und Pamphyliens[1], den Ausbeuter der städtischen Gerichts-
30 barkeit, das Unheil und Verderben der Provinz Sizilien. Wenn ihr über diesen Mann streng und gewissenhaft urteilt, dann wird das Ansehen, das euch bleiben muss, von Dauer sein; wenn jedoch sein ungeheurer Reichtum die richterliche Gewissenhaftigkeit und Wahr-
35 heitsliebe zu Fall bringen sollte, dann werde ich wenigstens zeigen können, dass eher dem Staat ein wirklicher Gerichtshof als den Richtern ein Angeklagter oder dem Angeklagten ein Ankläger gefehlt hat.

Was mich betrifft, so [...] sah ich mich niemals einer
40 so großen Gefahr gegenüber, und niemals habe ich so viel Bangigkeit empfunden wie gerade jetzt in dieser Verhandlung. Dabei ist es nicht so sehr die allgemeine Erwartung hinsichtlich meiner Anklage und das Zusammenströmen einer so großen Volksmenge, was
45 mich besorgt macht [...], vielmehr sind es die verbrecherischen Anschläge, die Verres zu gleicher Zeit mir, euch [...], dem römischen Volk, den Bündnern und den auswärtigen Nationen, schließlich dem Stand und Namen der Senatoren zu bereiten sucht. Er äußert immer wieder, nur wer nicht mehr zusammengerafft habe, als
50 allein für ihn selbst genug sei, müsse sich fürchten; er aber habe so viel geraubt, dass es wohl für viele ausreiche; nichts sei so heilig, was Geld nicht zu entweihen, nichts so fest verschanzt, was es nicht zu erobern
55 vermöge.

[...]

Was er sich hiervon erhofft und wohin seine Absicht zielt, durchschaue ich leicht; weshalb er jedoch glaubt, vor diesem Prätor[2] und diesem Richterrate etwas auszurichten, das vermag ich nicht einzusehen.
60

[...]

Denn wo fände sich ein so großes Talent, wo eine solche Gewandtheit und Fülle des Vertrags, das Leben dieses Mannes, das derart mit Lastern und Missetaten beladen, das schon längst durch aller Wunsch und Ur-
65 teil verdammt ist, in irgendeinem Punkte zu rechtfertigen?

[...]

Da der ganze Senatorenstand unter der Skrupellosig-
70 keit und Frechheit von wenigen leidet und der üble Ruf der Gerichte auf ihn drückt, erkläre ich, dass ich für diese Sorte von Leuten ein unnachsichtiger Ankläger, ein hasserfüllter, hartnäckiger und erbitterter Widersacher sein werde. Das nehme ich mir vor, das
75 beanspruche ich; das will ich in meiner Amtszeit, will ich von dem Platze aus vollbringen, auf den mich das römische Volk gestellt hat und an dem ich vom 1. Januar an über das öffentliche Wohl und über die verantwortungslosen Mitbürger mit ihm verhandeln soll;
80 dies, versichere ich, ist das größte und schönste Geschenk, das mein Ädilenamt[3] dem römischen Volke darbringen wird.

[...]

---
1 zwei römische Provinzen, in denen Verres vor seiner Zeit in Sizilien tätig gewesen war
2 Zweithöchstes römisches Staatsamt. Der Prätor übernahm zugleich auch den Vorsitz der Gerichtshöfe.
3 Cicero war für das folgende Jahr zum Ädilen gewählt worden.

Doch dies ist ein Prozess, in dem *ihr* über den Ange-
85 klagten, das römische Volk über *euch* zu Gericht sitzt.
Bei diesem Menschen wird sich zeigen, ob es möglich ist, dass ein ebenso schuldiger wie reicher Mann
von senatorischen Richtern verurteilt wird. Überdies
handelt es sich um einen Angeklagten, der nichts auf-
90 zuweisen hat als schwerste Verfehlungen und sehr viel
Geld; geht er also frei aus, so kann sich kein anderer
Verdacht festsetzen als der allerschimpflichste: Nicht
Ansehen, nicht Verwandtschaft, nicht anderweitige,

rechtmäßige Handlungen, ja nicht einmal ein nur ge-
wöhnlicher Fehler wird als Ausgleich für so viele und 95
so schwere Verbrechen gelten.

[...]

Es liegt in eurer Macht, die Schmach und Schande,
mit der dieser Stand schon seit einigen Jahren behaf-
tet ist, zu tilgen und aus der Welt zu schaffen. 100

Aus: Cicero. Reden gegen Verres. Band 1. Hrsg. und übersetzt von Manfred Fuhrmann, Zürich 1995, S. 62 – 109. © Patmos Verlag GmbH & Co.
KG/Artemis & Winkler Verlag, Düsseldorf, Zürich

Klausurvorschlag 2
Wilhelm II.: Ansprache in Bad Homburg am 10.2.1918

Das Deutsche Reich befand sich zu Beginn des Jahres 1918 in einer zwiespältigen Lage. Zwar war der Krieg an der Ostfront nach schwierigem Beginn günstig verlaufen und hatte schließlich zum Zusammenbruch des Zarenreichs geführt, doch gestaltete sich die Lage an der Westfront nach dem Kriegseintritt der USA 1917 zunehmend schwieriger. Die deutsche Öffentlichkeit träumte dennoch weiter von einem Siegfrieden. Bestärkt sah man sich hierin durch die für Deutschland sehr vorteilhaften Friedensschlüsse mit der Ukraine (10. Februar) und der Sowjetunion (5.3.1918). Bei einer Huldigung, die aus Anlass des Friedensschlusses mit der Ukraine die Homburger dem Kaiser am 10. Februar 1918 darbrachten, erwiderte Wilhelm II. auf eine Ansprache des Bürgermeisters mit folgenden Worten:

Meine lieben Homburger! Ich danke euch von ganzem Herzen für die schlichte Feier und die warmen Worte, die euer Stadtoberhaupt soeben zu mir gesprochen hat. Es sind *schwere Zeiten* über uns hingegangen. Ein
5 jeder hat seine Last zu tragen gehabt, Sorgen und Trauer, Kummer und Trübsal, nicht zum Mindesten der, der jetzt vor euch steht. In ihm vereinigen sich Sorge und Schmerz um das ganze Volk und sein Leid. In diesem selben Hofe habe ich damals im Jahre
10 1870/71 als kleiner Junge die Homburger stehen sehen, unter Führung vom alten Jacobi, als sie nach großen Siegesnachrichten meiner seligen Frau Mutter ihre Huldigung darbrachten[1]. Ein Bild, das sich mir ewig in die Seele eingeprägt hat! Ich habe damals
15 nicht geahnt, dass es mir bestimmt sein sollte, zur Erhaltung dessen, was damals mein Großvater und mein seliger Vater erworben und errungen haben, kämpfen zu müssen. Es hat unser Herrgott entschieden mit unserm deutschen Volke noch etwas vor; deswegen hat
20 er es *in die Schule* genommen; und ein jeder ernsthaft und klar Denkende unter euch wird mir zugeben, dass es notwendig war. Wir gingen oft falsche Wege. Der Herr hat uns durch diese harte Schule darauf hinge-

wiesen, wo wir hin sollen. Zu gleicher Zeit ist die Welt aber nicht auf dem richtigen Wege gewesen, und wer 25 die Geschichte verfolgt hat, kann beobachten, wie es unser Herrgott mit einem Volke nach dem andern versucht hat, die Welt auf den richtigen Weg zu bringen. Den Völkern ist es nicht gelungen. Das römische Reich ist versunken, das fränkische zerfallen und das 30 alte Deutsche Reich auch. Nun hat er uns Aufgaben gestellt. Wir Deutsche, die wir noch Ideale haben, sollen für die *Herbeiführung besserer Zeiten wirken;* wir sollen kämpfen für Recht, Treue und Sittlichkeit. Unser Herrgott will den Frieden haben, aber einen sol- 35 chen, in dem die Welt sich anstrengt, das Rechte und das Gute zu tun. Wir sollen der Welt den Frieden bringen, wir werden es tun auf jede Art. Gestern ist's im Gütlichen gelungen. Der Feind, der, von unseren Heeren geschlagen, einsieht, dass es nichts mehr nützt zu 40 fechten, und der uns die Hand entgegenhält, der erhält auch unsre Hand. Wir schlagen ein. Aber der, welcher den Frieden nicht annehmen will, sondern im Gegenteil, seines eignen und unsers Volkes Blut vergießend, den Frieden nicht haben will, der muss dazu gezwun- 45 gen werden. Das ist jetzt unsre Aufgabe, dafür müssen jetzt alle wirken, Männer und Frauen. Mit den Nachbarvölkern wollen wir in Freundschaft leben, aber vorher muss der *Sieg der deutschen Waffen anerkannt werden.* Unsre Truppen werden ihn weiter un- 50 ter unserm großen Hindenburg erfechten. Dann wird der Friede kommen. Ein Friede, wie er notwendig ist für eine starke Zukunft des Deutschen Reiches, und der den Gang der Weltgeschichte beeinflussen wird. (Bravo und Hurra!) Dazu müssen uns die gewaltigen 55 Mächte des Himmels beistehen, dazu muss ein jeder von euch, vom Schulkinde bis zum Greise hinauf, immer nur dem einen Gedanken leben: Sieg und ein deutscher Friede. Das deutsche Vaterland soll leben! Hurra!
60

Abgedruckt in: Theodor Pelster, Rede und Rhetorik. 14. Auflage 1987.
© Cornelsen Verlag Berlin

---
[1] während des siegreichen Krieges gegen Frankreich 1870/71

Klausurvorschlag 3
Goebbels in Prag anlässlich einer Parteikundgebung (November 1940)

Nach den militärischen Erfolgen im Frühjahr 1940, als in mehreren raschen Feldzügen nacheinander Dänemark, Norwegen, die Niederlande, Belgien und Frankreich von den deutschen Truppen militärisch besiegt und besetzt worden waren, befand sich das Dritte Reich auf dem Höhepunkt seiner Macht, da nur noch Großbritannien den Deutschen Widerstand leistete. Allerdings war es trotz des Sieges über die englischen Landtruppen in Frankreich nicht gelungen, England militärisch in die Knie zu zwingen. Daher versuchte die deutsche Luftwaffe mit ständigen Bombenangriffen eine Invasion der britischen Inseln vorzubereiten. Der Luftkrieg gegen England war jedoch für die deutsche Luftwaffe mit stetig steigenden Verlusten verbunden und musste schließlich im Frühjahr 1941 eingestellt werden.

Wenn ich aber heute Sieg und Niederlage gegeneinander abwäge und mir vor Augen halte, was hat England noch für Chancen und was haben wir für Chancen, so wird man mir zugeben: Ein Volk mit 90
5 Millionen gegen 40 Millionen, ein Volk, das den ganzen Kontinent beherrscht und ein anderes, das nur auf einer Insel verbannt lebt. Ein Volk, das seit Jahrhunderten die beste Armee der Welt besitzt, und ein anderes, das da mühsam so eine bessere Feuerwehr
10 zusammengetrommelt hat. Ein Volk, das sich wirtschaftlich seit sieben Jahren auf diese Auseinandersetzung vorbereitet hat, und ein anderes, das nur noch mit seinen Rohstoffquellen prahlt, aber kaum noch an sie herankommt. Ein Volk, das ernährungs-
15 mäßig gar nicht mehr zu treffen ist, während bei dem anderen schon die Lagerhäuser brennen und in Flammen aufgehen. Ein Volk, das von einer klaren und zielsicheren politischen Führung geführt wird, und ein anderes, das da, ich möchte fast sagen, Dutzendge-
20 stalten an die Oberfläche geschwemmt hat, die sich in einem eitlen Herostratentum[1] vor der Nation präsentieren. Wenn diese beiden Völker aufeinanderprallen und das chancenlose Volk auch noch eine alte vermodernde Welt repräsentiert und das junge, große und chancenreiche Volk eine moderne Weltanschauung re-
25 präsentiert, wer kann da noch fragen, wer gewinnen wird? Dann liegt der Sieg auf unserer Seite. [...]
Es gibt nun ganz weise Strategen, die uns die Frage stellen: Ja, warum macht ihr denn nicht voran? Greift doch an, greift doch an! Diese Frage kennen wir. Sie
30 ist so alt wie unsere Bewegung. Diese Frage haben wir so oft gehört, dass sie uns gar nicht mehr imponiert. Sie wurde im Jahre 1926, 27, 28, 30, 31, 32, da kamen alle Spießer, die niemals mit auf die Barrikaden gegangen wären, die aber nach jeder Wahl, wenn wir
35 10 oder 15 oder 100 Mandate gewonnen hatten, sagten: Ja, warum machen Sie denn keine Revolution, 'ran, 'ran, 'ran! Ha, ha, sehr einfach gesagt, aber schwer getan. Und auch in den folgenden Jahren haben die sich nicht geändert. Das haben sie in der Ös-
40 terreich-Krise[2] gesagt, das haben sie in der sudetendeutschen Krise[3] gesagt, das haben sie in der polnischen Krise gesagt. Denen konnte es niemals schnell genug gehen. Bei der ersten Provokation des Gegners haben sie immer nach der Aktion geschrien.
45 Es ist aber immer nationalsozialistische Sitte gewesen, niemals im Zorn zu handeln; denn wir waren der Meinung, die Rache ist ein Gericht, das wird kalt genossen. [...]
Wir wissen ganz genau, wenn der Schlag auf England
50 niedersaust, dann wird England zusammenbrechen. Es wird jetzt mürbe geprügelt, und zwar Tag um Tag und Nacht um Nacht. Wenn die Herren Engländer heute in der Welt die Mär und die Legende verbreiten, wir streckten Friedensfühler aus – sie werden so lange ge-
55 schlagen, bis sie um Frieden betteln kommen.

Abgedruckt in: Theodor Pelster, Rede und Rhetorik. 14. Auflage 1987.
© Cornelsen Verlag Berlin

---

[1] hier für Ruhmsucht
[2] Gemeint ist der „Anschluss" Österreichs im März 1938.
[3] Die von den Nazis inszenierte sudetendeutsche Krise führte noch einmal zum Zurückweichen der Westalliierten und damit zur Abtretung des Sudetenlandes an das Deutsche Reich im Münchner Abkommen.

129

Klausurvorschlag 4
Konrad Weiß: Ich schäme mich (1992)

Die folgende Rede (Auszug) hielt der Bundestagsabgeordnete Konrad Weiß vom Bündnis 90/Die Grünen am 8. Oktober 1992 im Deutschen Bundestag. Vorausgegangen waren gewalttätige Ausschreitungen von Rechtsradikalen gegen Ausländer und Asylbewerber.

Ich schäme mich. Ich schäme mich, Deutscher zu sein. Ich schäme mich, in einem Land zu leben, das eine Mauer der Gewalt, der Gefühllosigkeit, der Selbstsucht um sich baut. Ich schäme mich, in einem Land
5 zu leben, in dem Menschen Beifall klatschen, wenn Menschen angegriffen, verletzt, vertrieben werden. Ich schäme mich, Mitbürger von Feiglingen zu sein, die Frauen und Kinder schlagen und drangsalieren, die Jagd auf jene Menschen machen, die bei uns Zuflucht
10 und Hilfe suchen oder anders sind.

Weder die unbewältigte Vergangenheit noch die Deformierungen aus 60 Jahren Diktatur dürfen als Entschuldigung dafür dienen, dass Menschen wie Tiere über Menschen herfallen. Diese Fremdenfeindlich-
15 keit so vieler Deutscher ist eine Unmenschlichkeit, die unentschuldbar ist.

Haben wir Ostdeutschen aus 40 Jahren Unterdrückung und Eingesperrtsein wirklich nichts anderes gelernt als Ausgrenzen, Aussperren und Ausstoßen?
20 Und ist die westdeutsche Demokratie nach 40 Jahren wirklich so verkommen, dass sie sich nicht mehr zu wehren weiß?

Jeder und jede in unserem Land muss unsere Demokratie verteidigen. Das beginnt mit scheinbaren Klei-
25 nigkeiten, die aber so viel Mut, Wachheit und Zivilcourage erfordern. Denn es braucht Mut, dem Taxifahrer oder dem Kollegen, der von „Kanaken" spricht oder fremdenfeindliche Witze erzählt, über den Mund zu fahren. Und es braucht genauso Mut, denen ent-
30 gegenzutreten, die Polizisten als „Bullen" beschimpfen oder sie bei ihrer Arbeit zum Schutz von Mitbürgerinnen und Mitbürgern behindern. Es braucht Courage,

nicht wegzusehen oder sich davonzuschleichen, wenn Menschen Menschen beleidigen und misshandeln oder wenn Steine und Brandflaschen geworfen werden. Es 35 braucht Courage, dem Nachbarn, der zum Sturm auf Ausländer Beifall klatscht, in aller Eindeutigkeit zu sagen, was man von ihm hält.

Eine der Ursachen des Unheils, das wieder über Deutschland gekommen ist, ist die Bejahung von Ge- 40 walt. Die Barbarei der Rechtsradikalen wird aus den vielen kleinen Gewalttätigkeiten gespeist, an die wir uns gewöhnt haben und die wir fast widerstandslos hinnehmen. Wir haben es nur ungenügend gelernt, Konflikte gewaltfrei zu bewältigen, im Kleinen eben- 45 so wie im Großen. Wir dulden die Gewalt im Straßenverkehr und die Gewalt der Erwachsenen gegen die Kinder. Wir akzeptieren, dass Gewalt gegen Frauen als Kavaliersdelikt angesehen wird. Wir nehmen die vielfältigen, die verbalen oder handgreiflichen Ge- 50 walttätigkeiten gegen Minderheiten und Andersdenkende gedankenlos hin. Wir dulden unter dem Vorwand, die Freiheit der Kultur zu schützen, dass uns und unseren Kindern unentwegt die scheußlichsten Gewalttaten vorgeführt werden. Es ist die Saat dieser 55 Gewalt, die nun aufgeht.

Unsere Demokratie, unser Land können wir nur durch eine große Koalition der Menschlichkeit vor dem Rückfall in Barbarei und Totalitarismus bewahren. Diejenigen, die heute „Neger aufklatschen", werden 60 morgen uns und unsere Familien foltern und töten. Sie werden, wenn wir sie gewähren lassen, nicht danach fragen, ob wir Sozialdemokraten oder Kommunisten, ob wir christliche oder liberale Demokraten, ob wir Grüne oder Bürgerrechtler sind. Wir werden uns ge- 65 meinsam in ihren Vernichtungslagern wiederfinden, wie es 1933 geschah, wenn wir sie gewähren lassen.

Abgedruckt in: Die ZEIT vom 29.10.1992

Bildnachweis:

S. 7	© Ralph Edney
S. 26	Hirmer, München
S. 27, 58, 117, 118	© AKG, Berlin
S. 28, 30	© Scala Florenz
S. 32, 120	© bpk, Berlin
S. 51	Verlagsarchiv Schöningh
S. 56, 60 re.	Ullstein
S. 60 li.	Bilderdienst Süddeutscher Verlag
S. 76	Keystone
S. 77, 81, 84	dpa
79	Bundesbildstelle
S. 106	© Schiller-Nationalmuseum/Deutsches Literaturarchiv Marbach
S. 113	Scala, Florenz
S. 121	Bundesarchiv Koblenz

UNTERRICHTSMODELLE

Ausgewählte Titel der Reihe:

Unterrichtsmodelle Jahrgangsstufen 5 – 7

Antike Sagen
Von Franz Waldherr u.a.
105 Seiten, zahlr. Abb., DIN A4, kart., Best.-Nr. 022320-X

Max von der Grün:
Vorstadtkrokodile
Von Franz Waldherr.
40 Seiten, DIN A4, geh., Best.-Nr. 022269-6

Erich Kästner:
Emil und die Detektive
Von Kerstin Sterz.
59 Seiten, einige Abb., DIN A4, geh., Best.-Nr. 022399-4

Henning Mankell: Der Hund,
der unterwegs zu einem Stern war
Von Kirsten Köster und Verena Löcke.
64 Seiten, einige Abb., DIN A4, geh., Best.-Nr. 022358-7

Unterrichtsmodelle Jahrgangsstufen 8 – 10

Friedrich Dürenmatt:
Der Richter und sein Henker
Von Martin Kottkamp und Astrid Staude.
91 Seiten, einige Abb., DIN A4, kart., Best.-Nr. 022415-X

Max Frisch:
Andorra
Von Udo Volkmann und Ute Volkmann.
82 Seiten, einige Abb., DIN A4, geh., Best.-Nr. 022329-3

E.T.A. Hoffmann:
Das Fräulein von Scuderi
Von Kerstin Prietzel.
76 Seiten, einige Abb., DIN A4, geh., Best.-Nr. 022436-2

Gottfried Keller:
Kleider machen Leute
Von Carmen Daldrup und Sandra Greiff-Lüchow.
64 Seiten, einige Abb., DIN A4, geh., Best.-Nr. 022326-9

Friedrich Schiller:
Wilhelm Tell
Von Günter Schumacher und Klaus Vorrath.
90 Seiten, DIN A4, geh., Best.-Nr. 022301-3

Unterrichtsmodelle Jahrgangsstufen 11 – 13

Romantik
Von Markus Apel.
155 Seiten, einige Abb., DIN A4, kart., Best.-Nr. 022382-X

Expressionismus
Von Norbert Schläbitz unter Mitwirkung von Katharine Pappas.
141 Seiten, DIN A4, kart., Best.-Nr. 022384-6

Kommunikation
Von Volkrad Wolf.
110 Seiten, DIN A4, kart., Best.-Nr. 022371-4

Bertolt Brecht:
Mutter Courage und ihre Kinder
Von Karin Kampa.
103 Seiten, zahlr. Abb., DIN A4, kart., Best.-Nr. 022419-2

Georg Büchner:
Woyzeck
Von Norbert Schläbitz.
115 Seiten, einige Abb., DIN A4, kart., Best.-Nr. 022313-7

Johann Wolfgang von Goethe:
Iphigenie auf Tauris
Von Michael Fuchs.
104 Seiten, einige Abb., DIN A4, kart., Best.-Nr. 022307-2

Johann Wolfgang von Goethe:
Die Leiden des jungen Werthers
Von Hendrik Madsen und Rainer Madsen.
128 Seiten, einige Abb., DIN A4, kart., Best.-Nr. 022365-X

Gotthold Ephraim Lessing:
Emilia Galotti
Von Martin Heider.
141 Seiten, DIN A4, kart., Best.-Nr. 022279-3

Gotthold Ephraim Lessing:
Nathan der Weise
Von Johannes Diekhans und Luzia Schünemann.
133 Seiten, einige Abb., DIN A4, kart., Best.-Nr. 022285-8

Friedrich Schiller:
Kabale und Liebe
Von Gerhard Friedl.
128 Seiten, einige Abb., DIN A4, kart., Best.-Nr. 022306-4

Friedrich Schiller:
Maria Stuart
Von Gerhard Friedl.
127 Seiten, einige Abb., DIN A4, kart., Best.-Nr. 022373-0

Bernhard Schlink:
Der Vorleser
Von Bettina Greese und Almut Peren-Eckert.
143 Seiten, einige Abb., DIN A4, kart., Best.-Nr. 022350-1

Patrick Süskind:
Das Parfum
Von Elisabeth Becker.
121 Seiten, einige Abb., DIN A4, kart., Best.-Nr. 022342-0

Fordern Sie unseren Prospekt zur kompletten Reihe an:
Informationen zum Nulltarif ✆ 08 00 / 1 81 87 87

SCHÖNINGH VERLAG
Postfach 2540 · 33055 Paderborn

Schöningh

E-Mail: info@schoeningh.de
Internet: http://www.schoeningh.de

EINFACH DEUTSCH